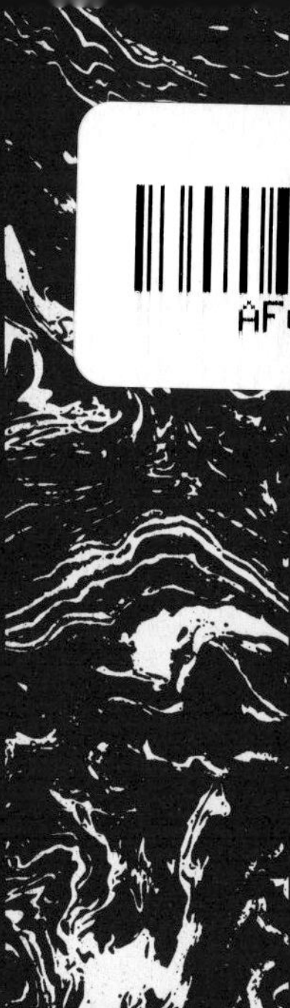

# KABUKICHO BAD TRIP

-1-

EIJI NAGISA

Aus dem Japanischen von Christina Rinnerthaler

Kabukicho Bad Trip

Wenn ein Mann verliebt ist, hält er mehr aus als zu jeder anderen Zeit: Er unterwirft sich allem.

## 1st night

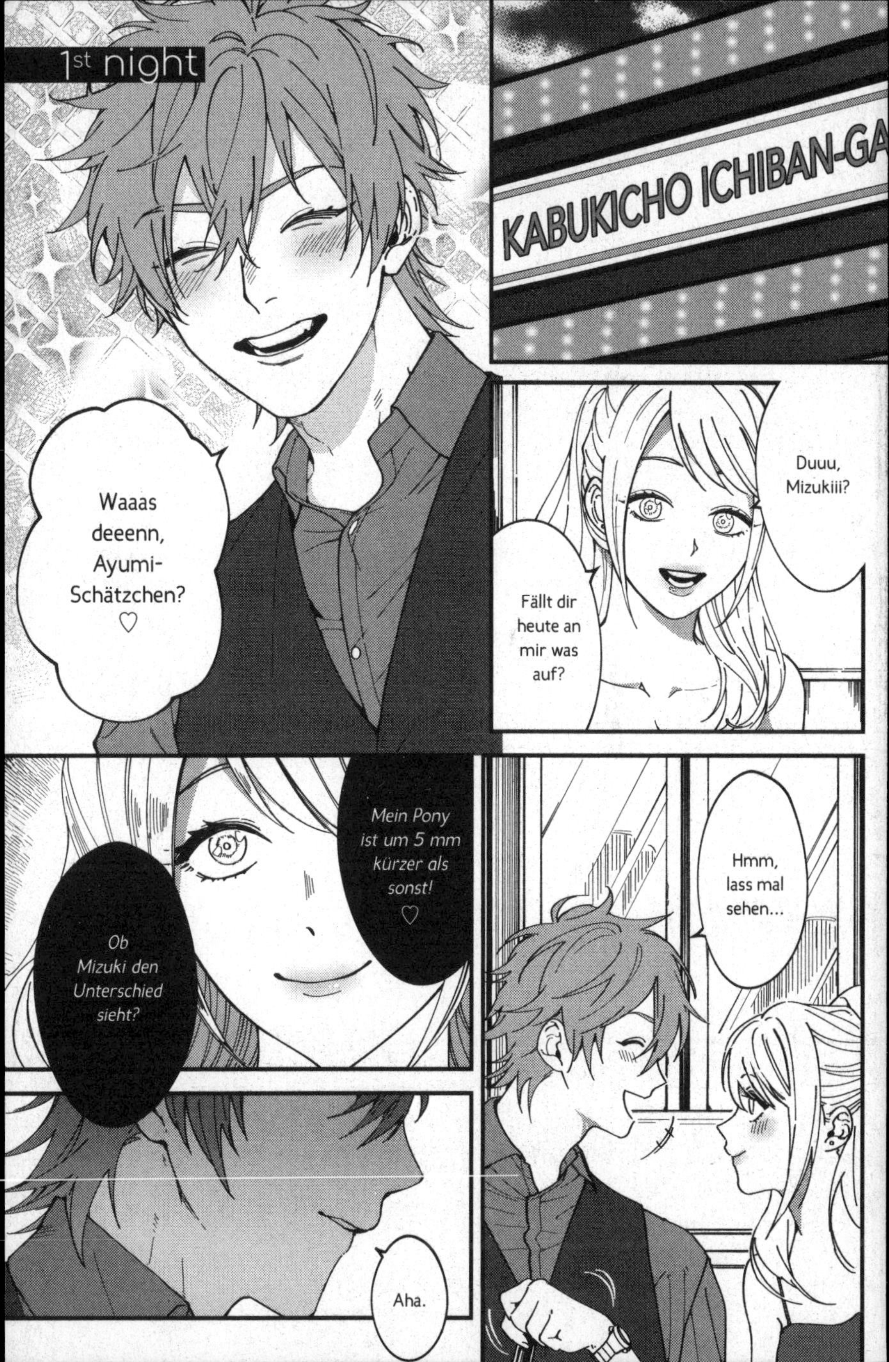
KABUKICHO ICHIBAN-GA
Duuu, Mizukiii?
Fällt dir heute an mir was auf?
Waaas deeenn, Ayumi-Schätzchen? ♡
Hmm, lass mal sehen...
Mein Pony ist um 5 mm kürzer als sonst! ♡
Ob Mizuki den Unterschied sieht?
Aha.

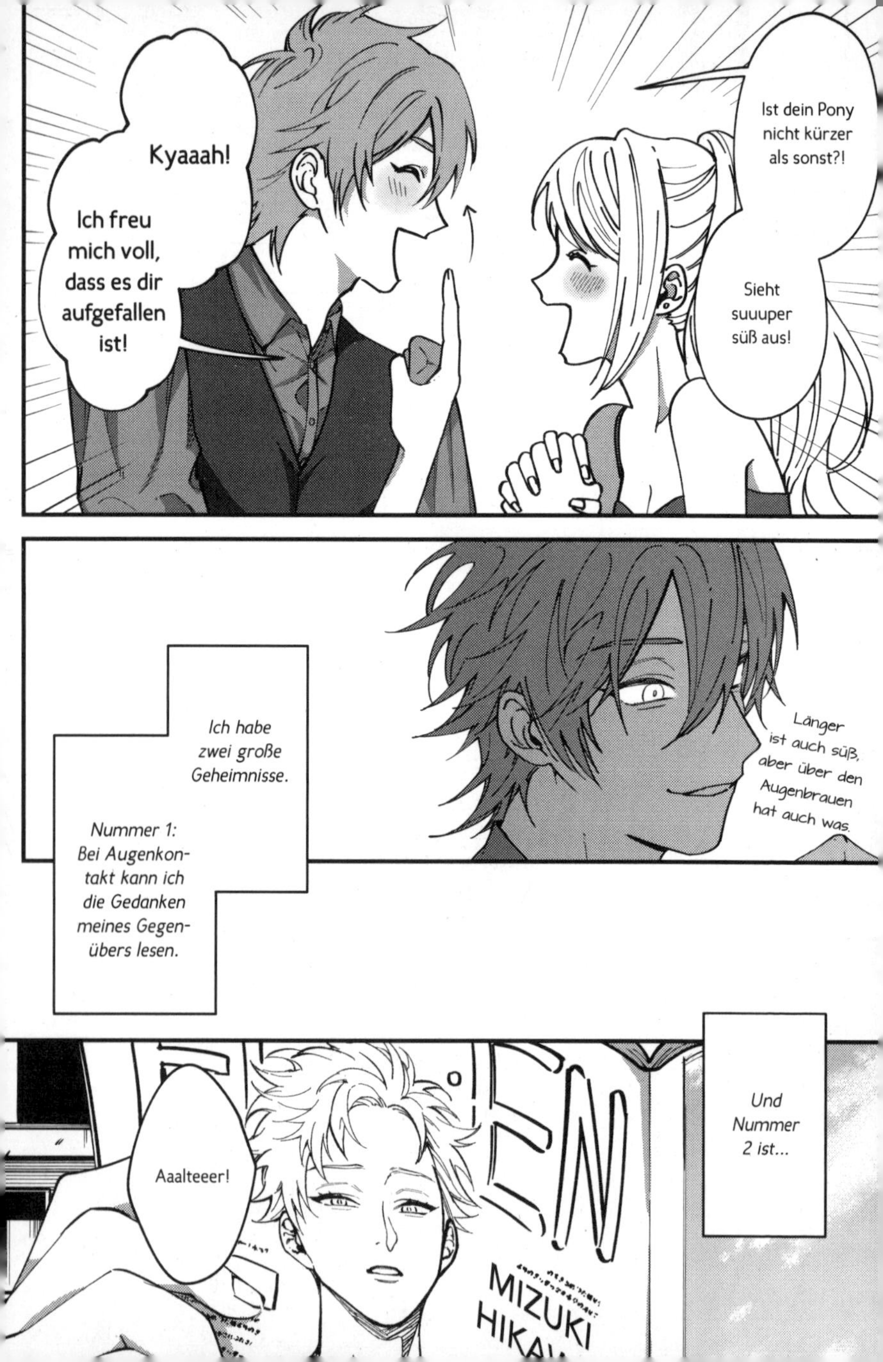
Ist dein Pony nicht kürzer als sonst?!
Sieht suuuper süß aus!
Kyaaah!
Ich freu mich voll, dass es dir aufgefallen ist!
Länger ist auch süß, aber über den Augenbrauen hat auch was.
Ich habe zwei große Geheimnisse.
Nummer 1: Bei Augenkontakt kann ich die Gedanken meines Gegenübers lesen.
Und Nummer 2 ist...
Aaalteeer!
MIZUKI

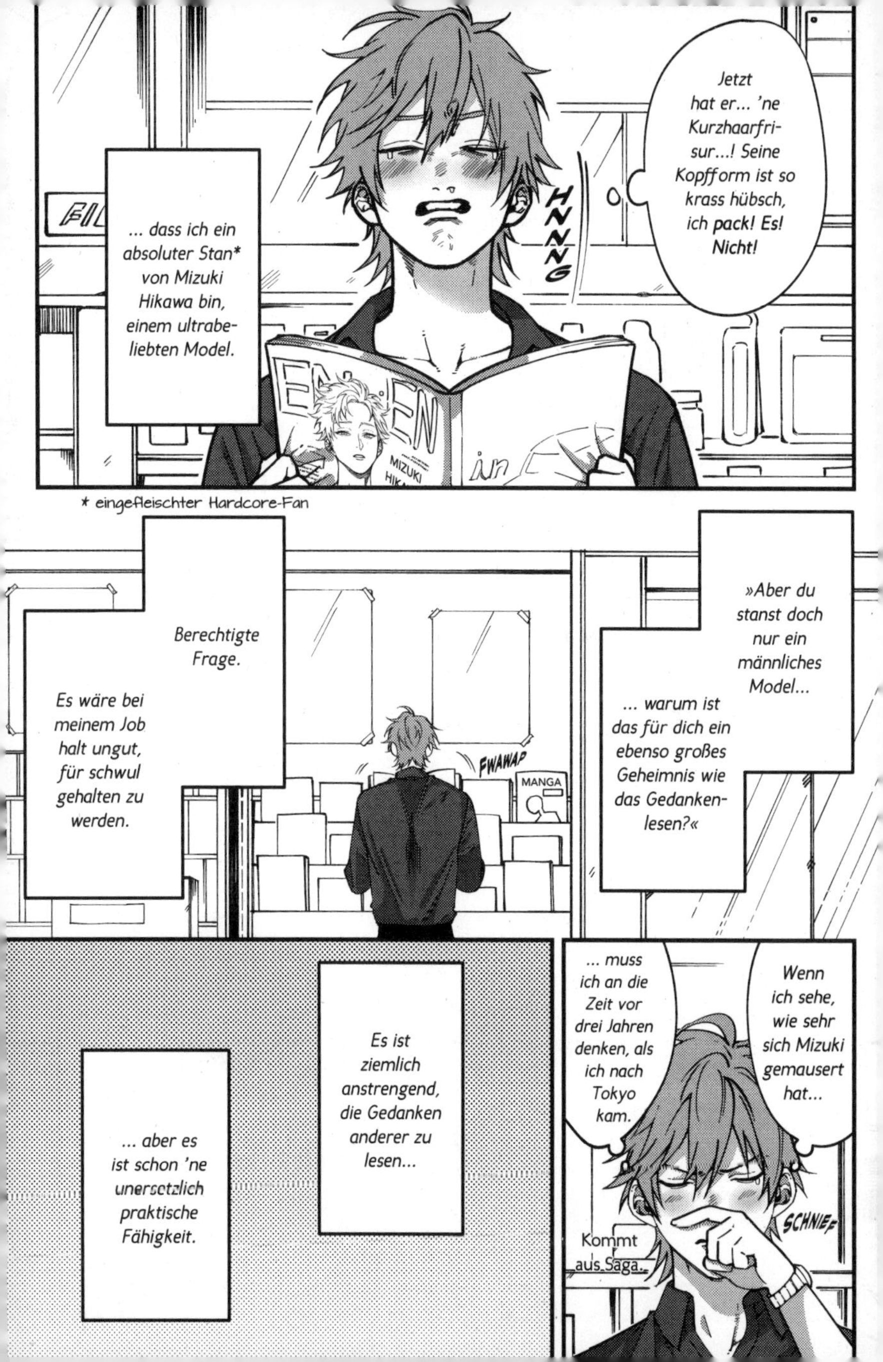
Jetzt hat er... 'ne Kurzhaarfrisur...! Seine Kopfform ist so krass hübsch, ich pack! Es! Nicht!
HNNNG
... dass ich ein absoluter Stan* von Mizuki Hikawa bin, einem ultrabeliebten Model.
MIZUKI HIKAWA
* eingefleischter Hardcore-Fan
»Aber du stanst doch nur ein männliches Model...
... warum ist das für dich ein ebenso großes Geheimnis wie das Gedankenlesen?«
FWAWAP
MANGA
Berechtigte Frage.
Es wäre bei meinem Job halt ungut, für schwul gehalten zu werden.
Wenn ich sehe, wie sehr sich Mizuki gemausert hat...
... muss ich an die Zeit vor drei Jahren denken, als ich nach Tokyo kam.
SCHNIEF
Kommt aus Saga.
Es ist ziemlich anstrengend, die Gedanken anderer zu lesen...
... aber es ist schon 'ne unersetzlich praktische Fähigkeit.

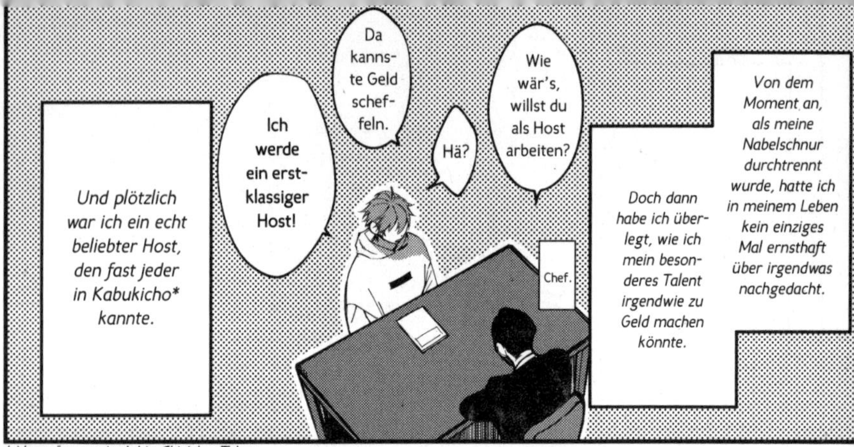


* Vergnügungsviertel in Shinjuku, Tokyo

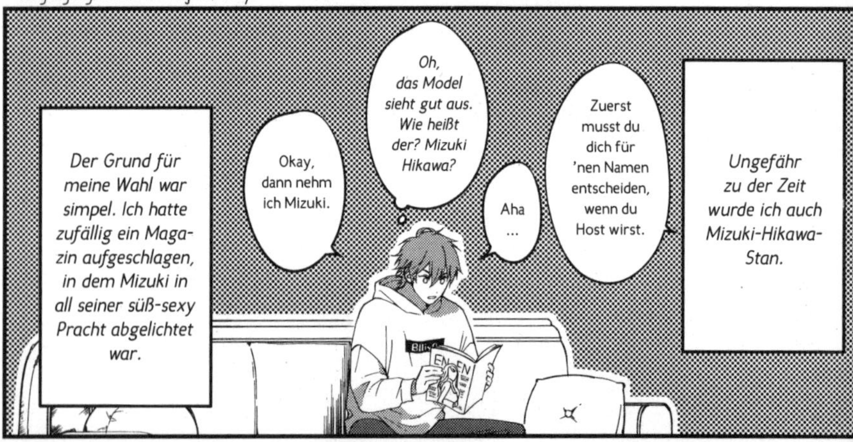


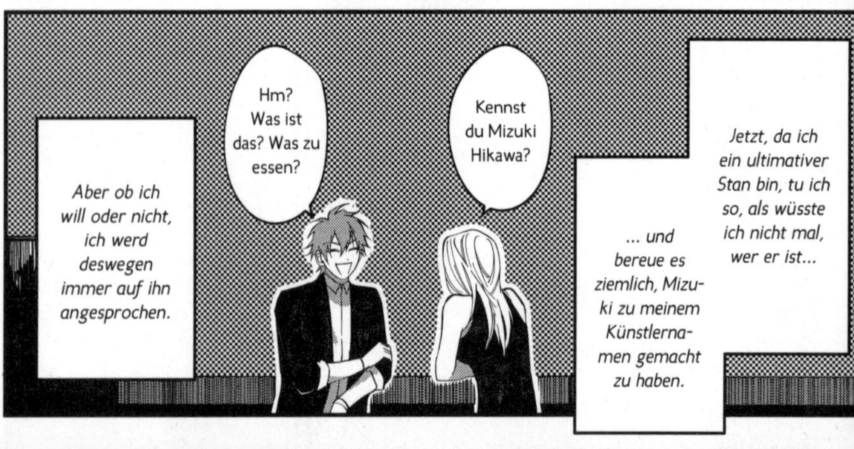

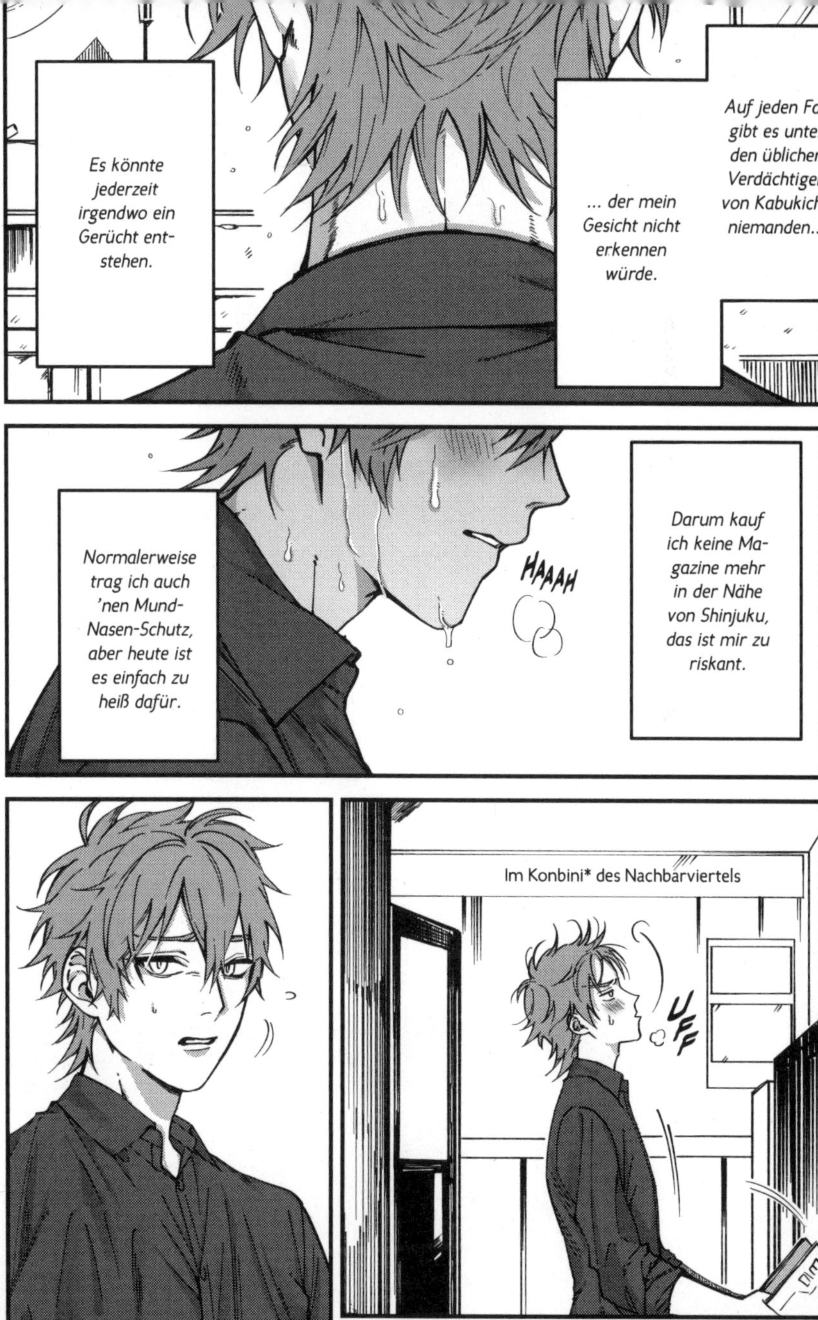

* kleiner 24-Stunden-Supermarkt

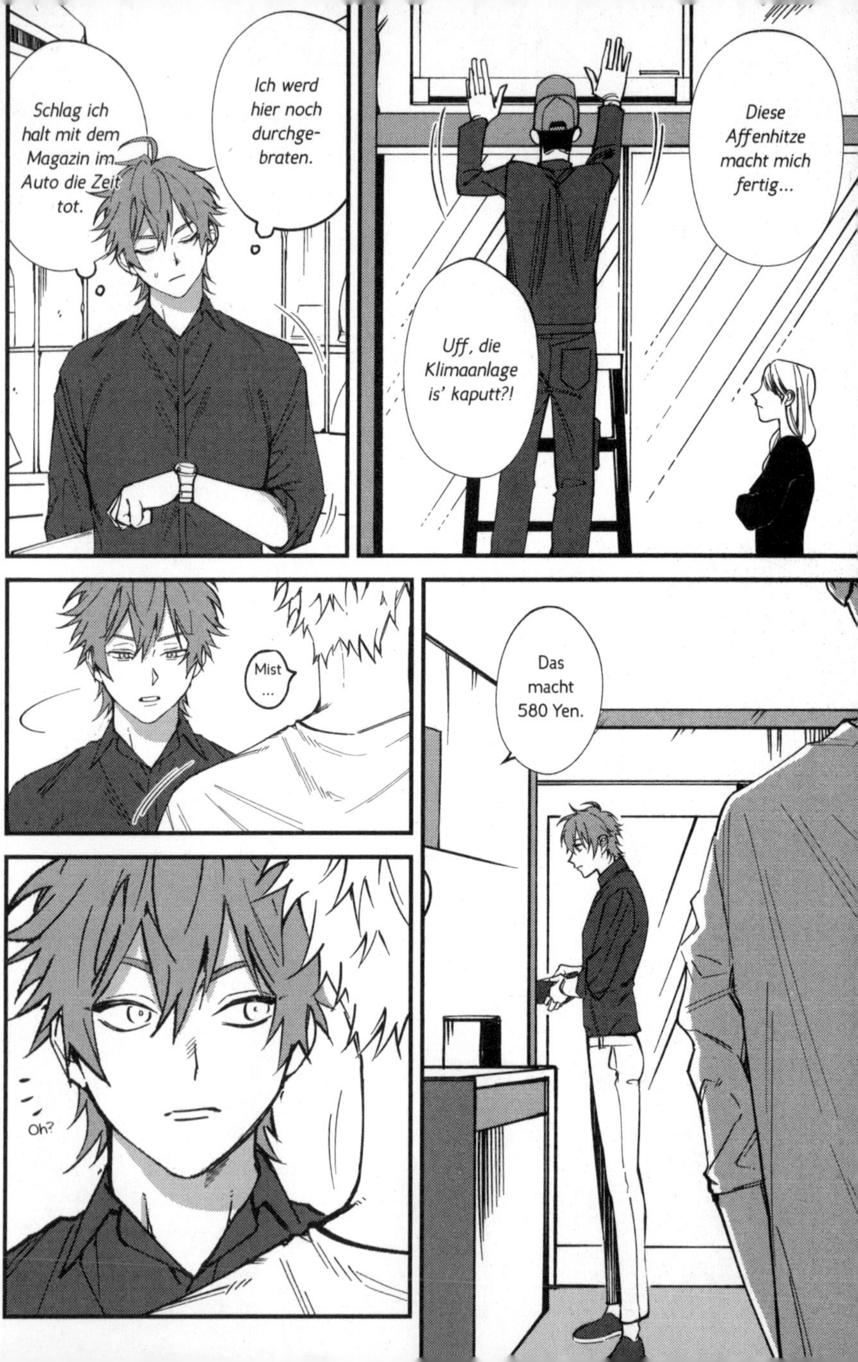
Diese Affenhitze macht mich fertig…
Uff, die Klimaanlage is' kaputt?!
Ich werd hier noch durchgebraten.
Schlag ich halt mit dem Magazin im Auto die Zeit tot.
Das macht 580 Yen.
Mist …
Oh?

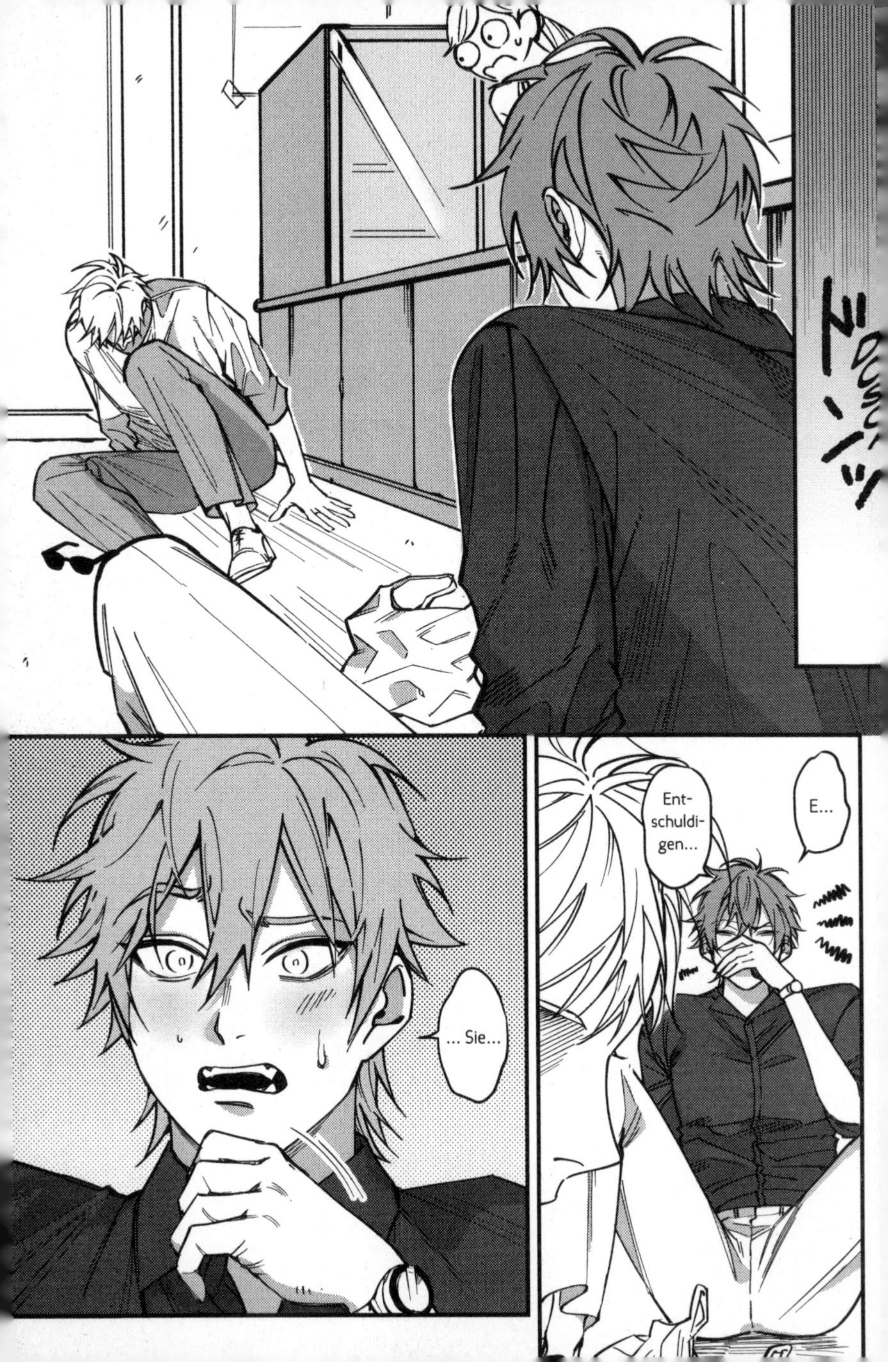
ドーンッ
E…
Ent-schuldi-gen…
… Sie…

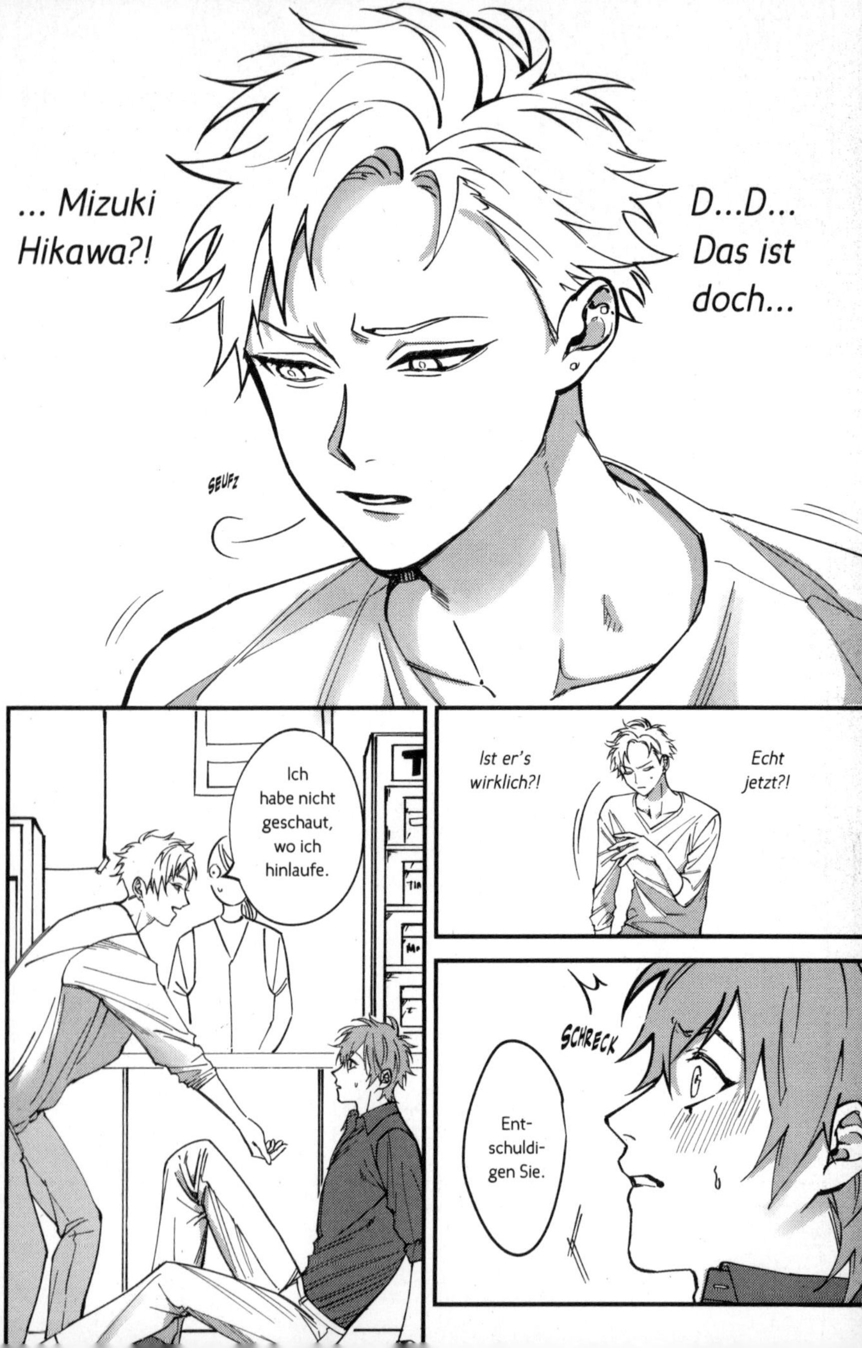
D...D...
Das ist
doch...
... Mizuki
Hikawa?!
SEUFZ
Echt
jetzt?!
Ist er's
wirklich?!
Ich
habe nicht
geschaut,
wo ich
hinlaufe.
SCHRECK
Ent-
schuldi-
gen Sie.

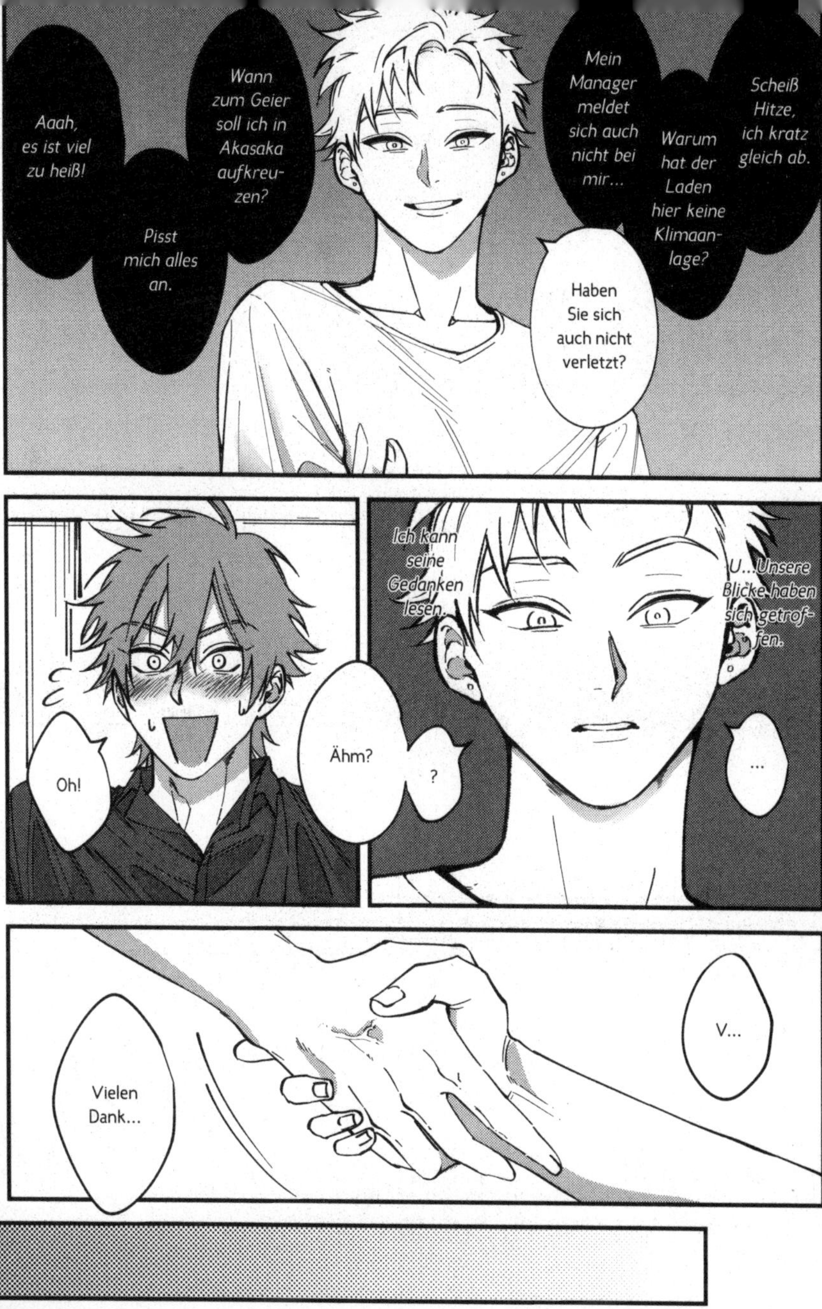
Scheiß Hitze, ich kratz gleich ab.
Warum hat der Laden hier keine Klimaanlage?
Mein Manager meldet sich auch nicht bei mir…
Haben Sie sich auch nicht verletzt?
Wann zum Geier soll ich in Akasaka aufkreuzen?
Aaah, es ist viel zu heiß!
Pisst mich alles an.
U… Unsere Blicke haben sich getroffen.
…
Ich kann seine Gedanken lesen.
?
Ähm?
Oh!
V…
Vielen Dank…

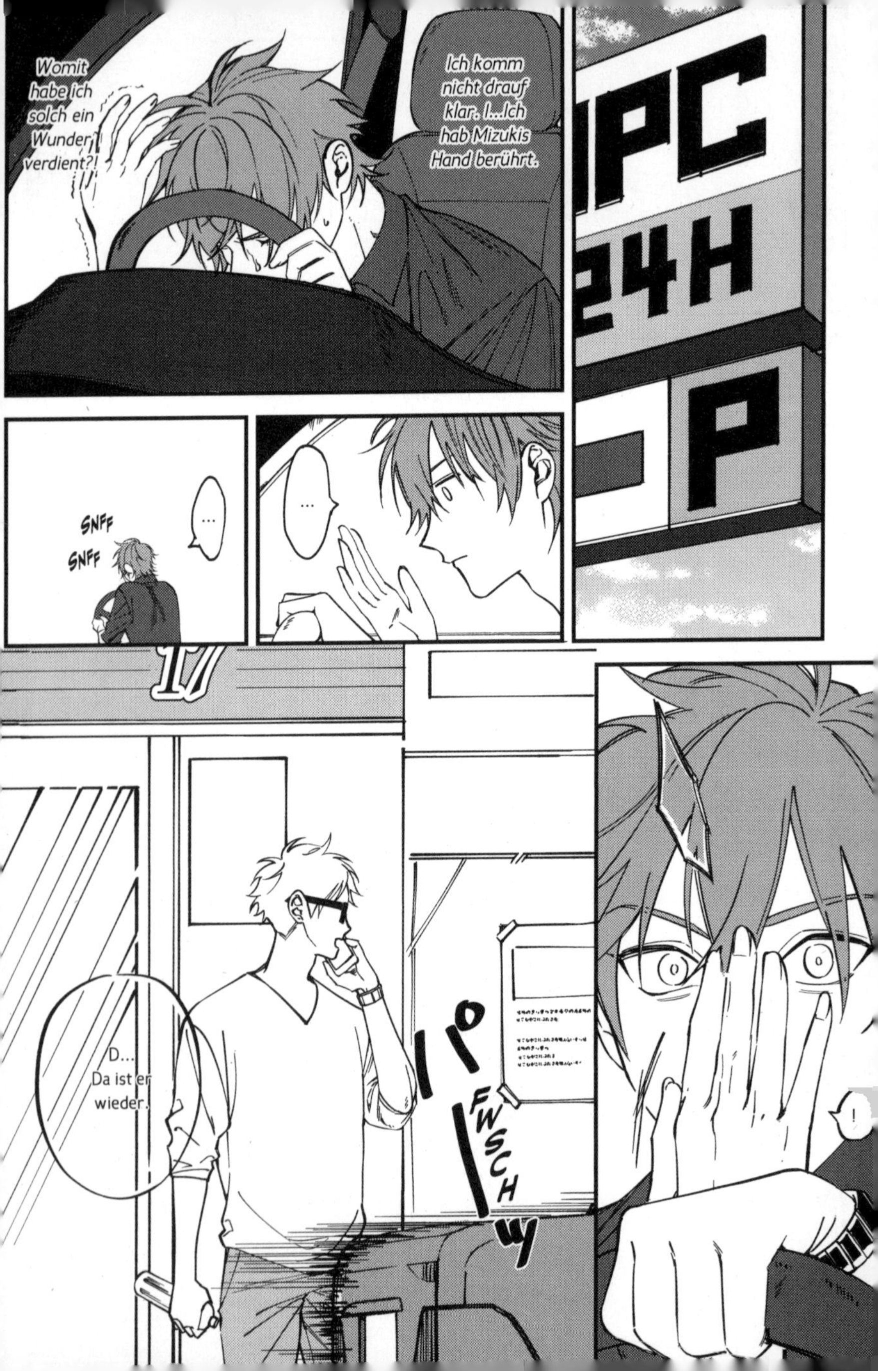
PC
24H
P
Ich komm nicht drauf klar. I...Ich hab Mizukis Hand berührt.
Womit habe ich solch ein Wunder verdient?!
...
...
SNFF
SNFF
17
!
FWSCHW
D... Da ist er wieder.

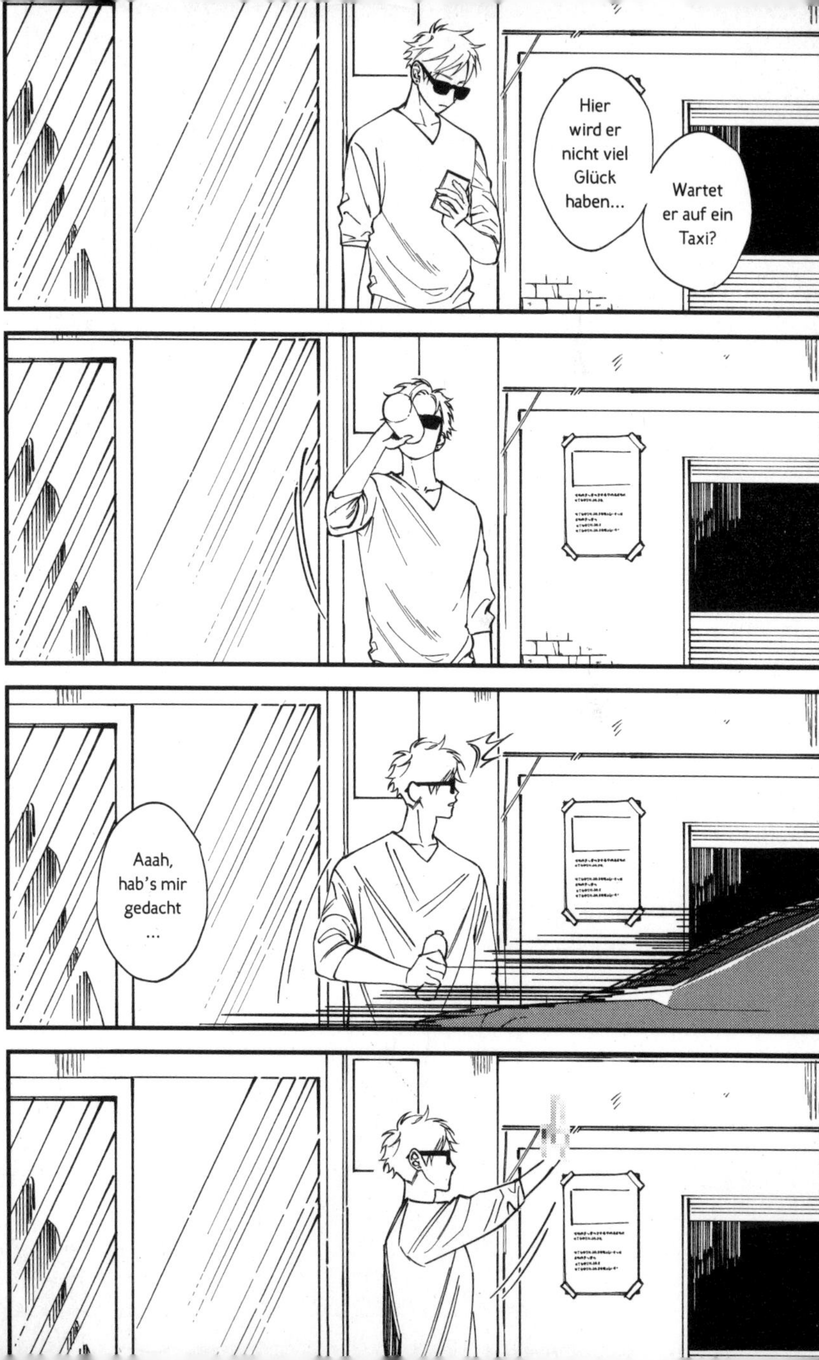
Wartet er auf ein Taxi?
Hier wird er nicht viel Glück haben…
Aaah, hab's mir gedacht …

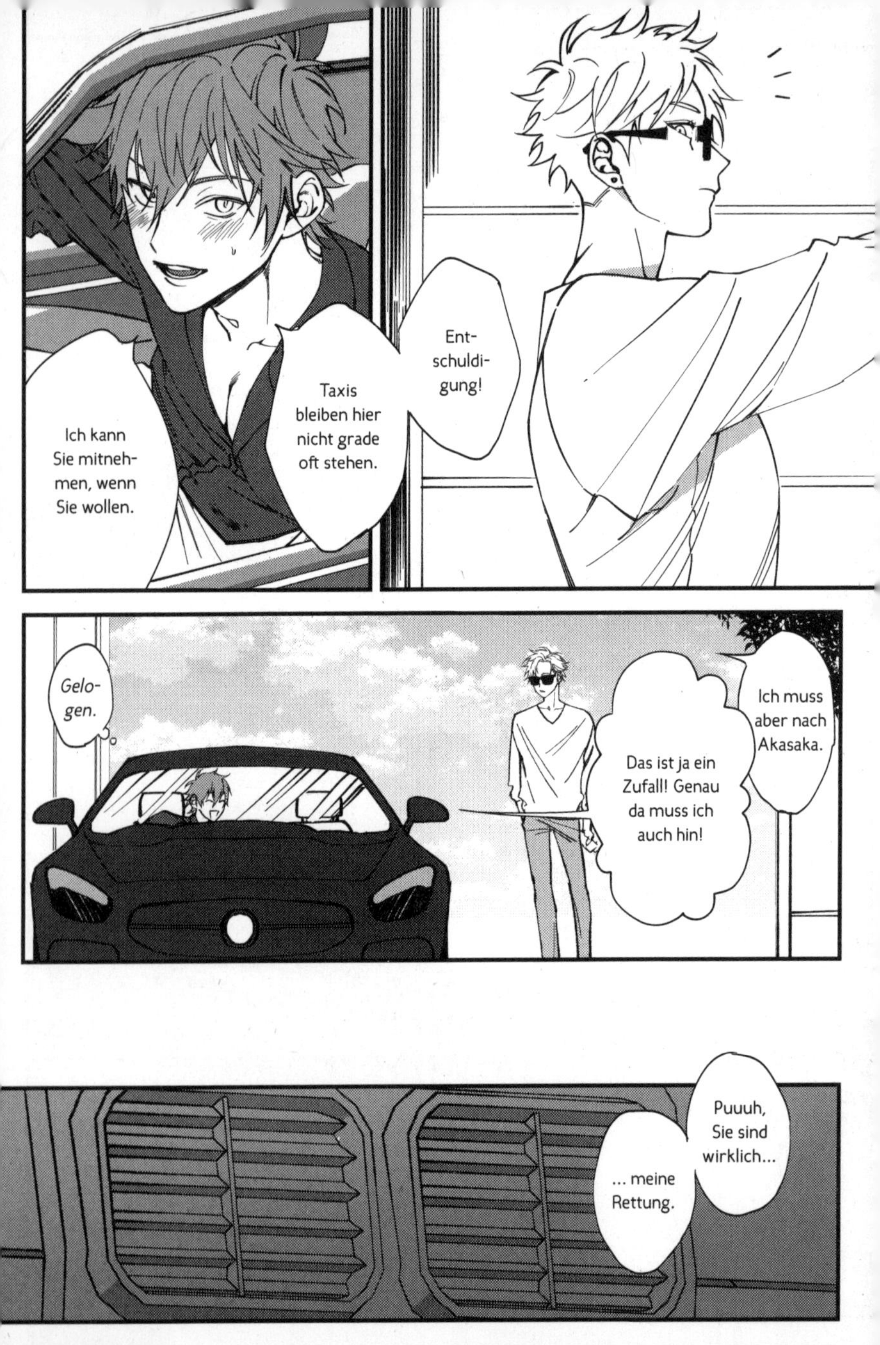
Ent-schuldi-gung!
Taxis bleiben hier nicht grade oft stehen.
Ich kann Sie mitneh-men, wenn Sie wollen.
Ich muss aber nach Akasaka.
Das ist ja ein Zufall! Genau da muss ich auch hin!
Gelo-gen.
Puuuh, Sie sind wirklich...
... meine Rettung.

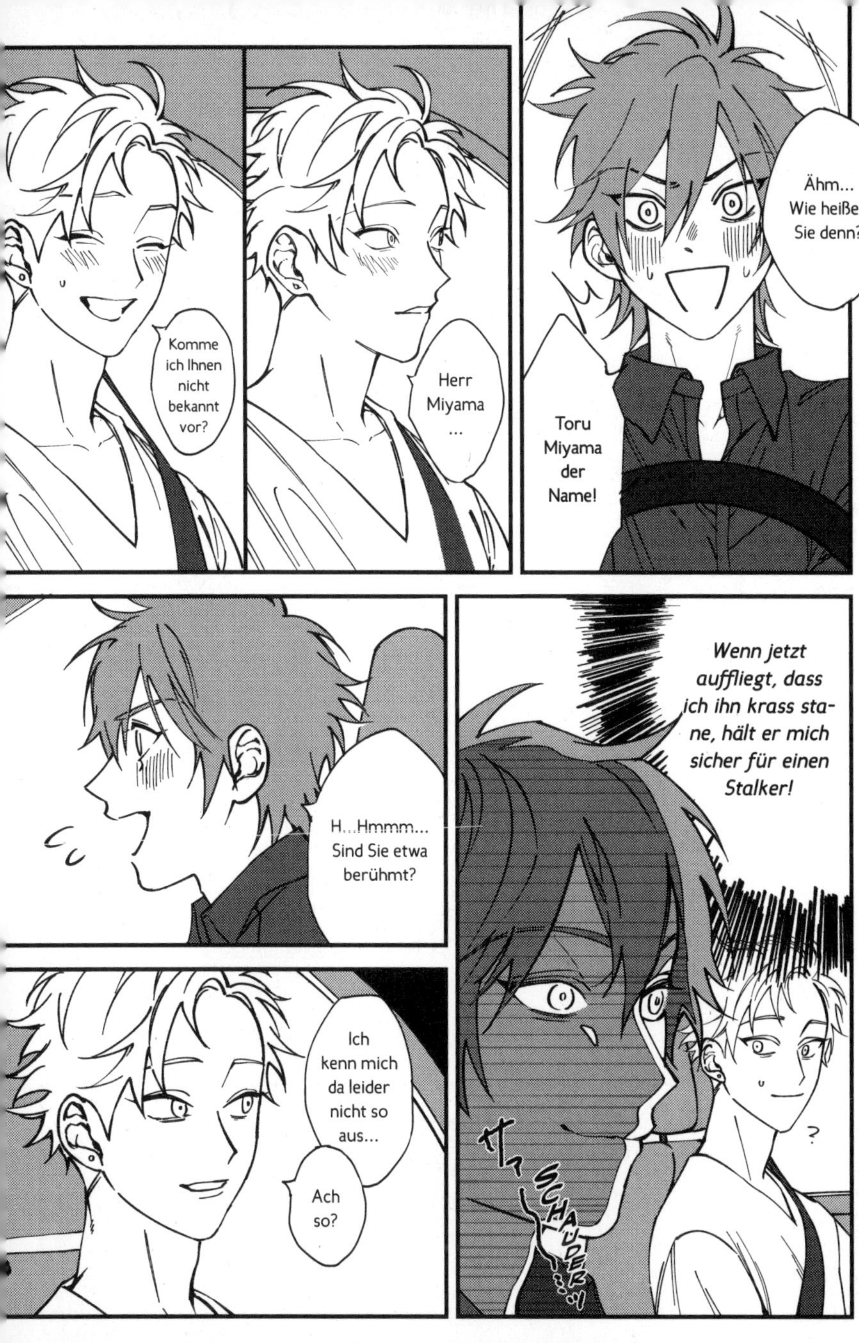
Ähm... Wie heißen Sie denn?
Toru Miyama der Name!
Herr Miyama ...
Komme ich Ihnen nicht bekannt vor?
Wenn jetzt auffliegt, dass ich ihn krass stane, hält er mich sicher für einen Stalker!
H...Hmmm... Sind Sie etwa berühmt?
Ich kenn mich da leider nicht so aus...
Ach so?
SCHAUDER!

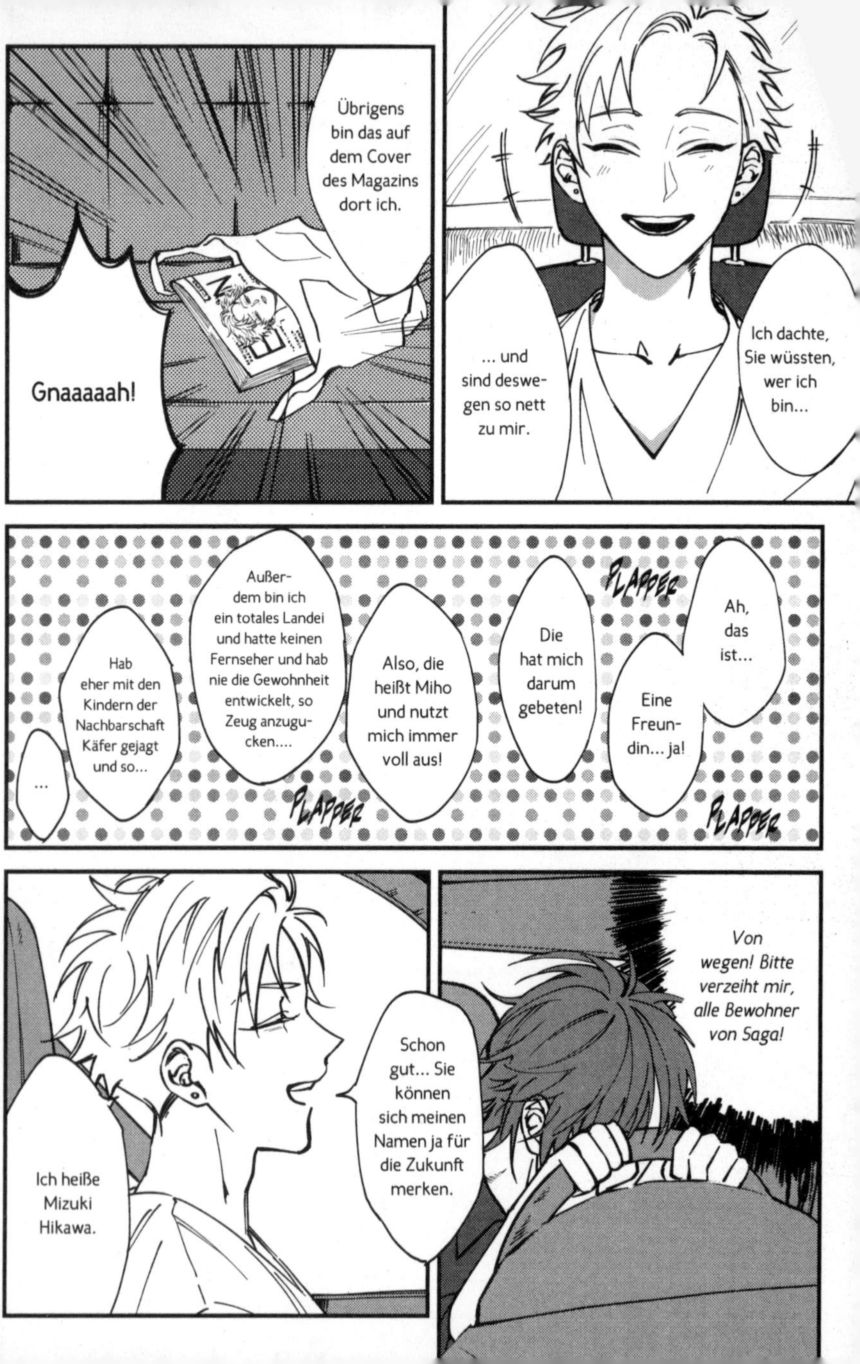
Ich dachte, Sie wüssten, wer ich bin…
… und sind deswegen so nett zu mir.
Übrigens bin das auf dem Cover des Magazins dort ich.
Gnaaaaah!
Ah, das ist…
PLAPPER
Eine Freundin… ja!
PLAPPER
Die hat mich darum gebeten!
Also, die heißt Miho und nutzt mich immer voll aus!
PLAPPER
Außerdem bin ich ein totales Landei und hatte keinen Fernseher und hab nie die Gewohnheit entwickelt, so Zeug anzugucken….
Hab eher mit den Kindern der Nachbarschaft Käfer gejagt und so…
…
Von wegen! Bitte verzeiht mir, alle Bewohner von Saga!
Schon gut… Sie können sich meinen Namen ja für die Zukunft merken.
Ich heiße Mizuki Hikawa.

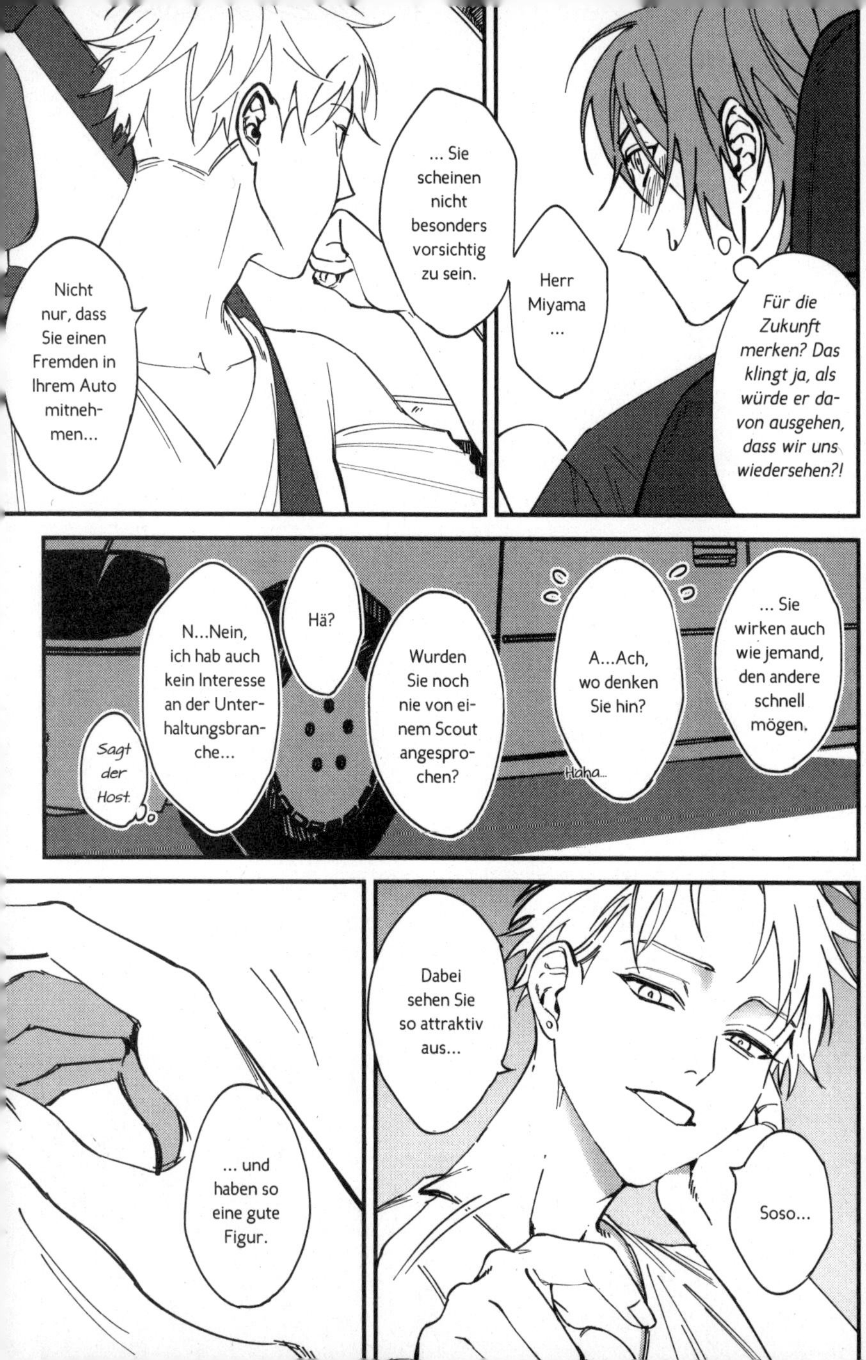
Für die Zukunft merken? Das klingt ja, als würde er davon ausgehen, dass wir uns wiedersehen?!
Herr Miyama ...
... Sie scheinen nicht besonders vorsichtig zu sein.
Nicht nur, dass Sie einen Fremden in Ihrem Auto mitnehmen...
... Sie wirken auch wie jemand, den andere schnell mögen.
A...Ach, wo denken Sie hin?
Haha...
Wurden Sie noch nie von einem Scout angesprochen?
Hä?
N...Nein, ich hab auch kein Interesse an der Unterhaltungsbranche...
Sagt der Host.
Dabei sehen Sie so attraktiv aus...
... und haben so eine gute Figur.
Soso...

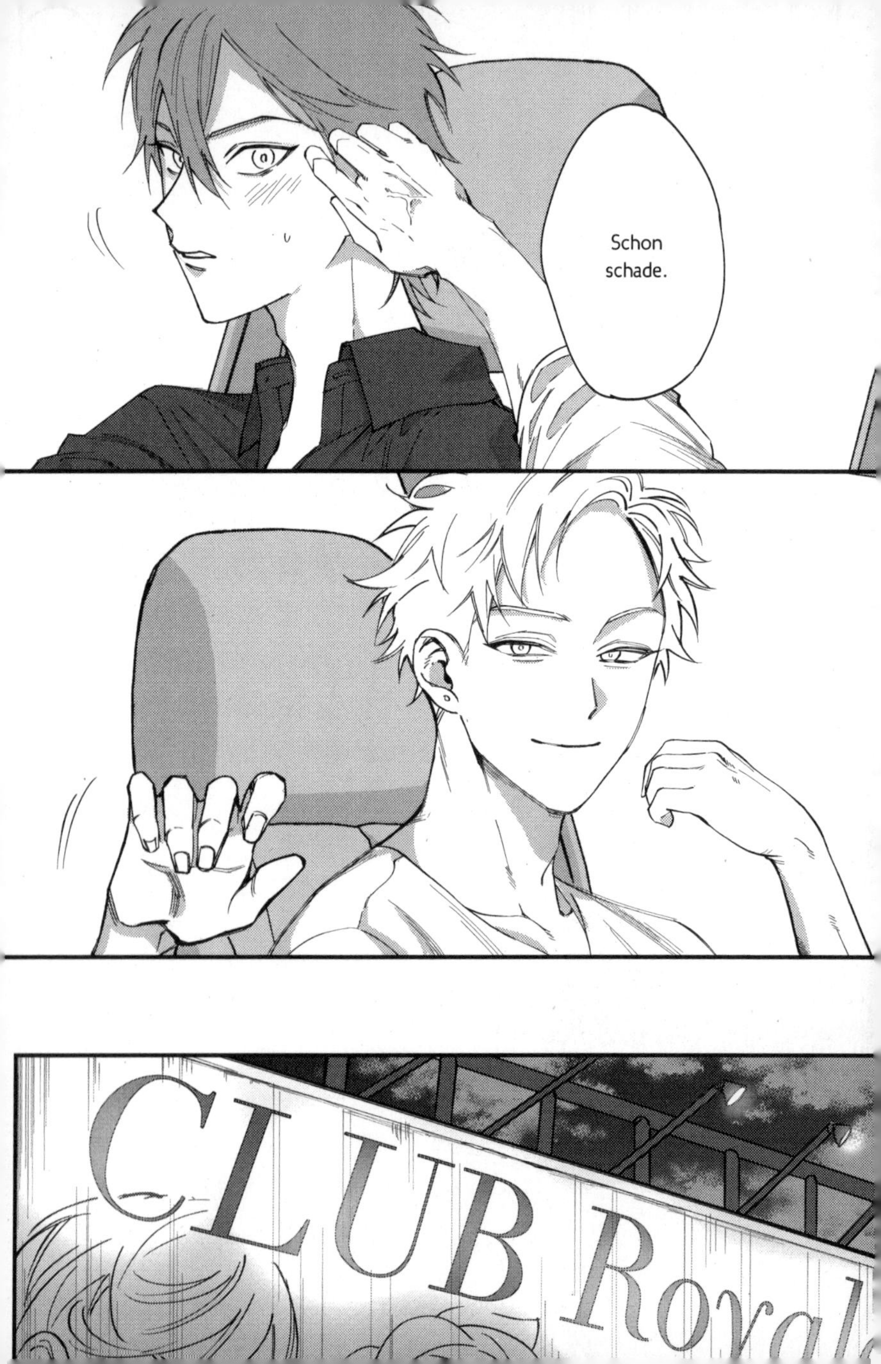
Schon
schade.
CLUB Royal

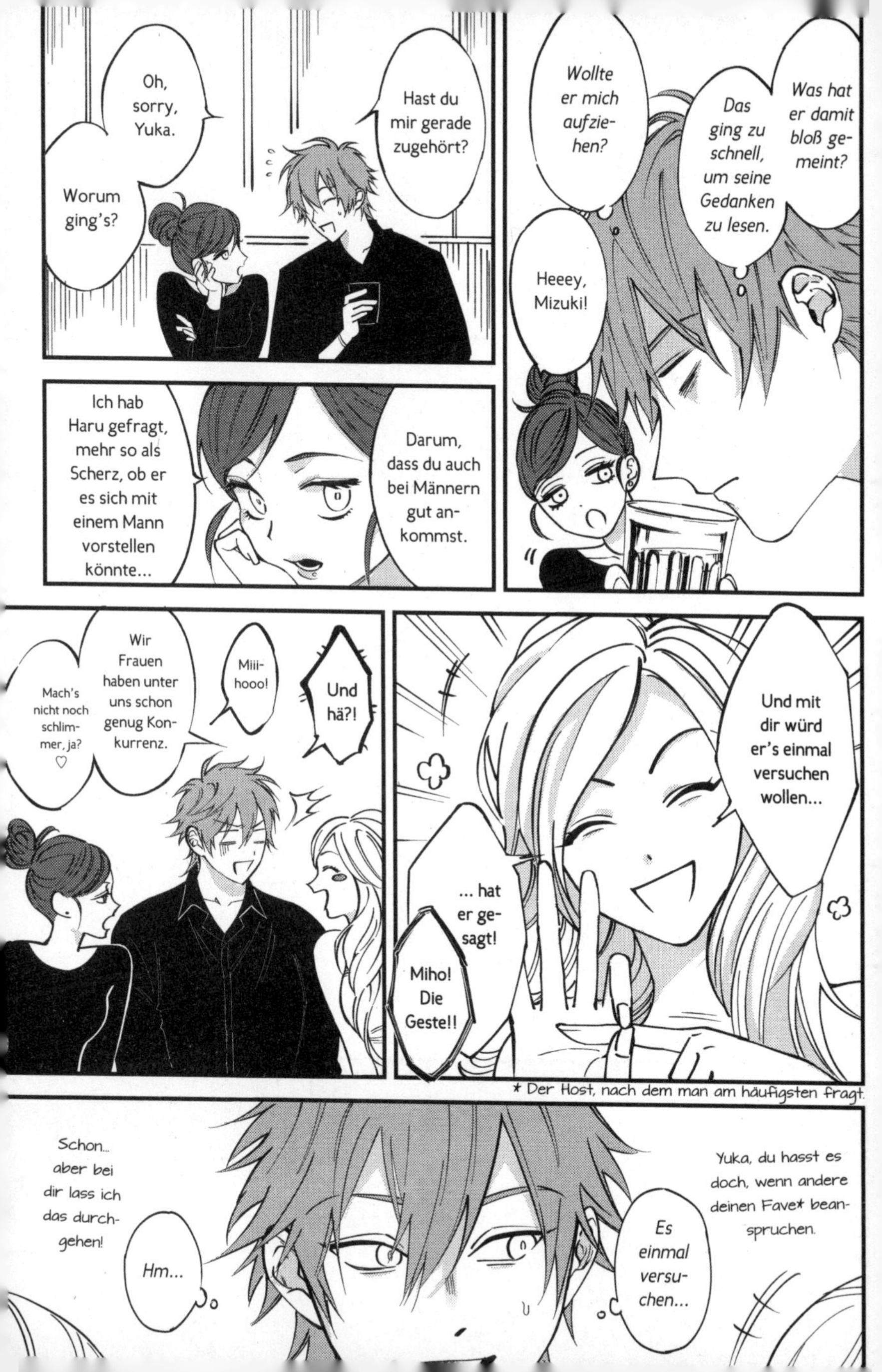


* Der Host, nach dem man am häufigsten fragt.

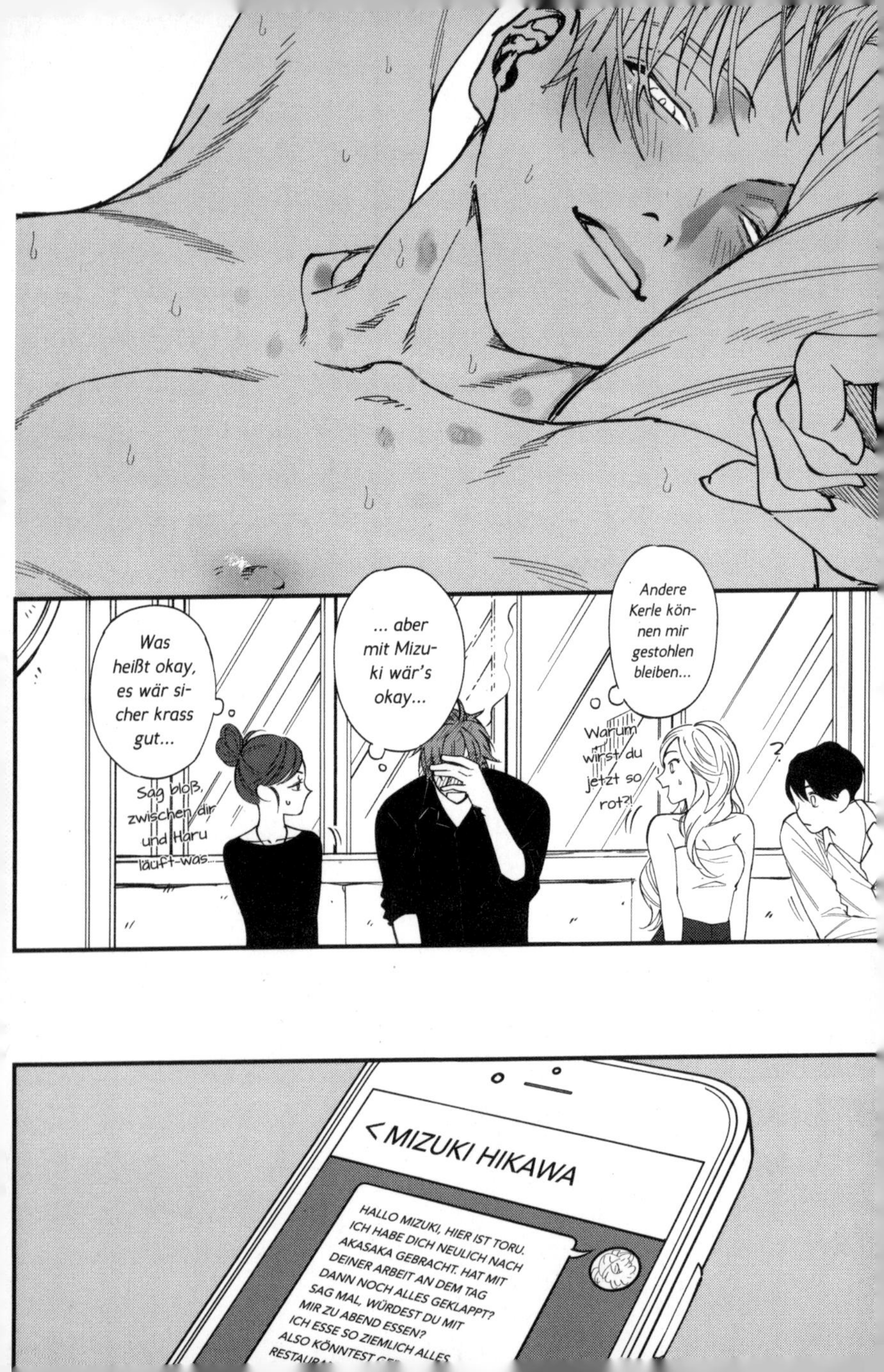
Andere Kerle können mir gestohlen bleiben...
... aber mit Mizuki wär's okay...
Was heißt okay, es wär sicher krass gut...
Warum wirst du jetzt so rot?!
Sag bloß, zwischen dir und Haru läuft was...
< MIZUKI HIKAWA
HALLO MIZUKI, HIER IST TORU. ICH HABE DICH NEULICH NACH AKASAKA GEBRACHT. HAT MIT DEINER ARBEIT AN DEM TAG DANN NOCH ALLES GEKLAPPT? SAG MAL, WÜRDEST DU MIT MIR ZU ABEND ESSEN? ICH ESSE SO ZIEMLICH ALLES. ALSO KÖNNTEST

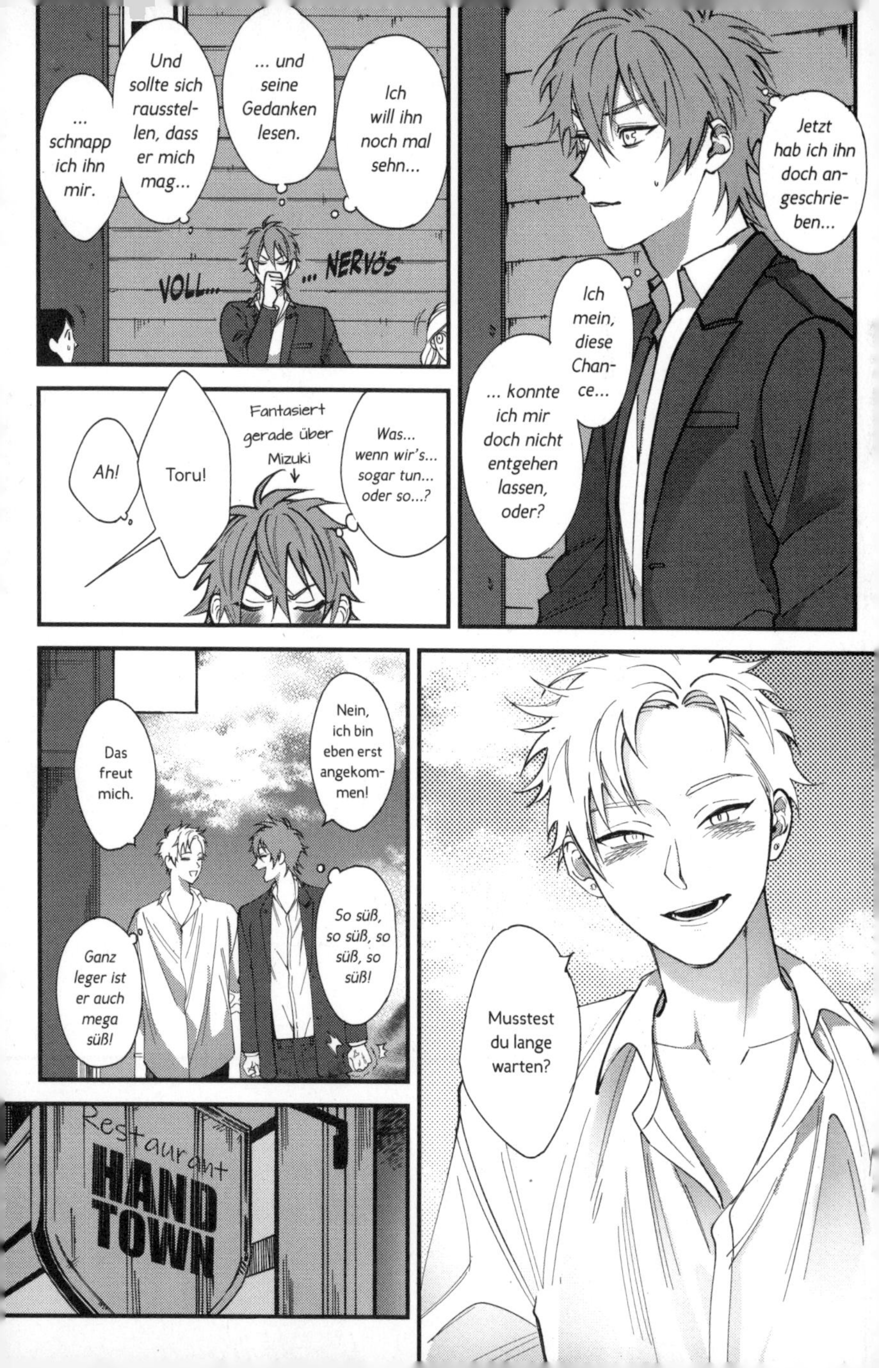

Jetzt hab ich ihn doch angeschrieben...
Ich mein, diese Chance...
... konnte ich mir doch nicht entgehen lassen, oder?
Ich will ihn noch mal sehn...
... und seine Gedanken lesen.
Und sollte sich rausstellen, dass er mich mag...
... schnapp ich ihn mir.
VOLL... ... NERVÖS
Was... wenn wir's... sogar tun... oder so...?
Fantasiert gerade über Mizuki
Toru!
Ah!
Musstest du lange warten?
Nein, ich bin eben erst angekommen!
Das freut mich.
So süß, so süß, so süß, so süß!
Ganz leger ist er auch mega süß!
Restaurant HAND TOWN

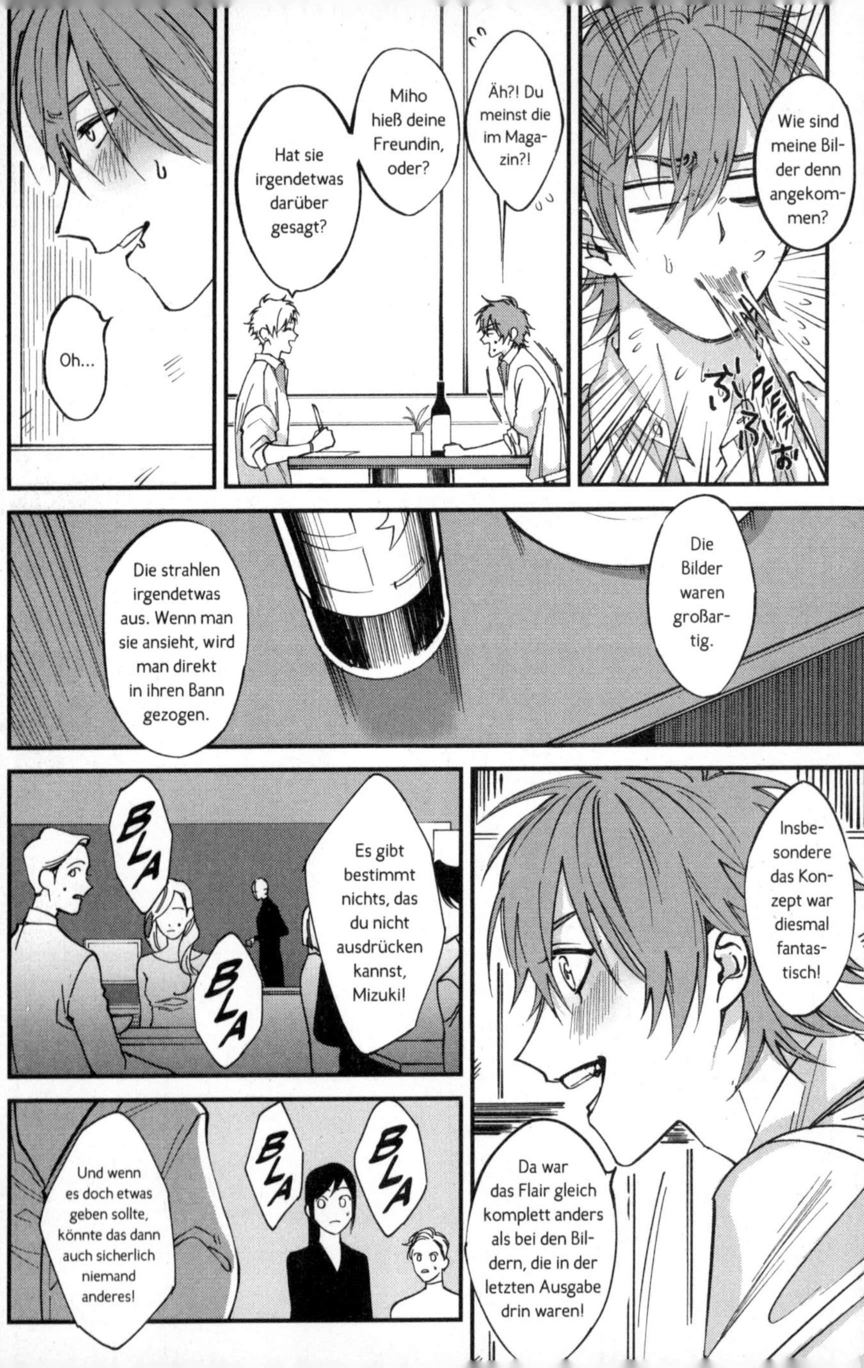

Wie sind meine Bilder denn angekommen?
PFFFT
Äh?! Du meinst die im Magazin?!
Miho hieß deine Freundin, oder?
Hat sie irgendetwas darüber gesagt?
Oh…
Die Bilder waren großartig.
Die strahlen irgendetwas aus. Wenn man sie ansieht, wird man direkt in ihren Bann gezogen.
Insbesondere das Konzept war diesmal fantastisch!
Da war das Flair gleich komplett anders als bei den Bildern, die in der letzten Ausgabe drin waren!
Es gibt bestimmt nichts, das du nicht ausdrücken kannst, Mizuki!
BLA
BLA
Und wenn es doch etwas geben sollte, könnte das dann auch sicherlich niemand anderes!
BLA
BLA

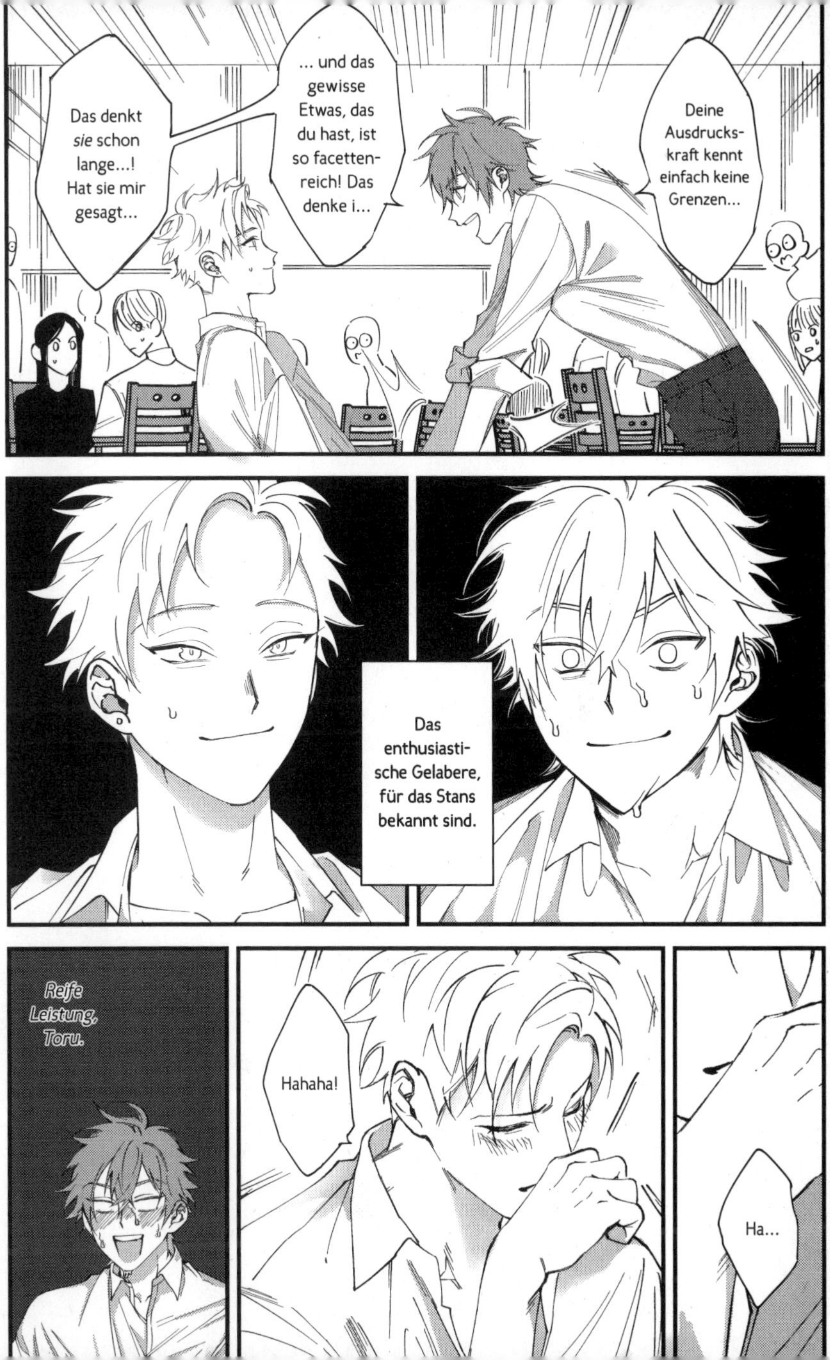
Das denkt *sie* schon lange...! Hat sie mir gesagt...
... und das gewisse Etwas, das du hast, ist so facetten-reich! Das denke i...
Deine Ausdrucks-kraft kennt einfach keine Grenzen...
Das enthusiasti-sche Gelabere, für das Stans bekannt sind.
Reife Leistung, Toru.
Hahaha!
Ha...

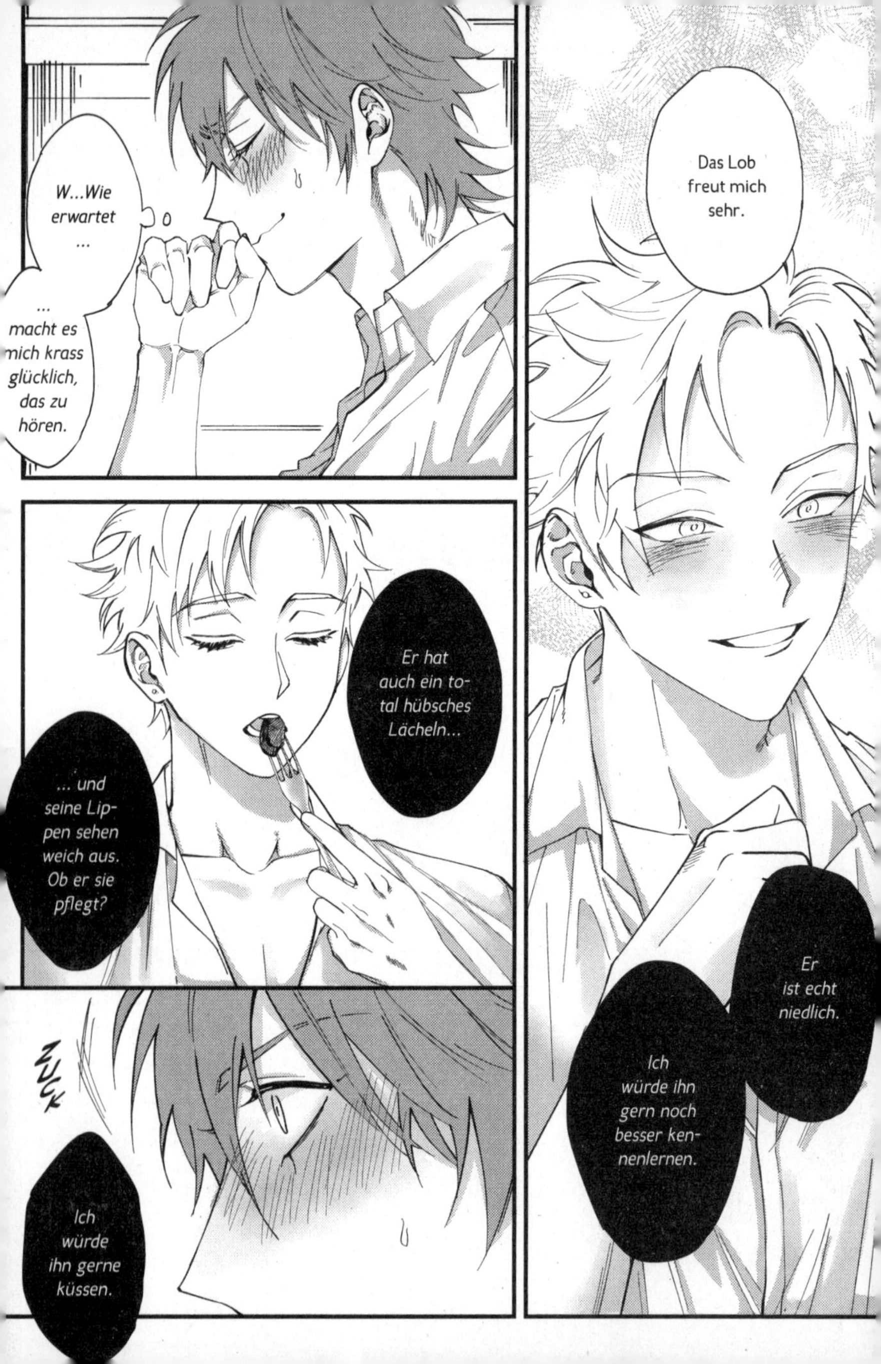
Das Lob freut mich sehr.
Er ist echt niedlich.
Ich würde ihn gern noch besser kennenlernen.
W...Wie erwartet ...
... macht es mich krass glücklich, das zu hören.
Er hat auch ein total hübsches Lächeln...
... und seine Lippen sehen weich aus. Ob er sie pflegt?
ZUCK
Ich würde ihn gerne küssen.

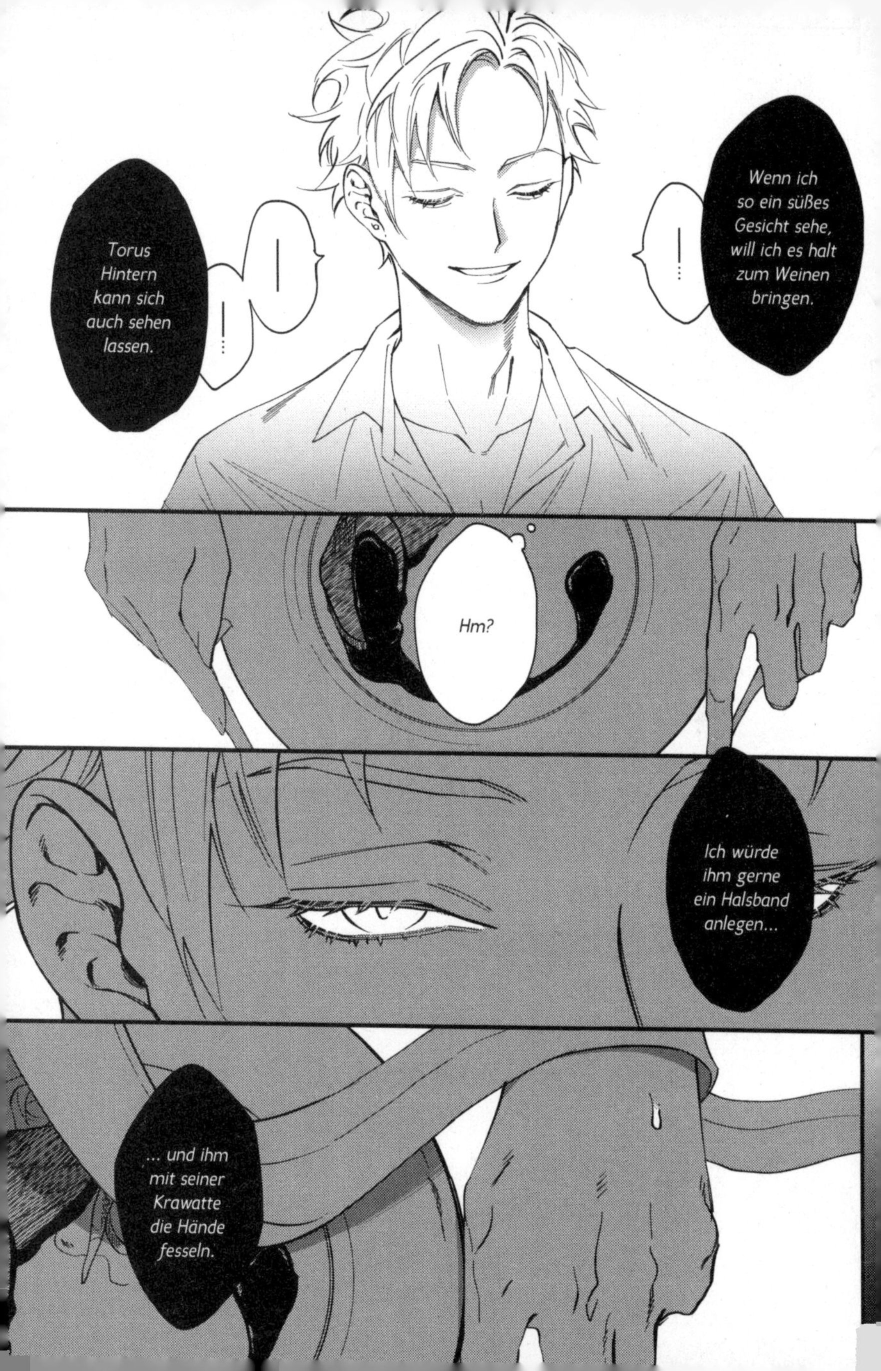
Wenn ich so ein süßes Gesicht sehe, will ich es halt zum Weinen bringen.
...!
Torus Hintern kann sich auch sehen lassen.
...!
Hm?
Ich würde ihm gerne ein Halsband anlegen...
... und ihm mit seiner Krawatte die Hände fesseln.

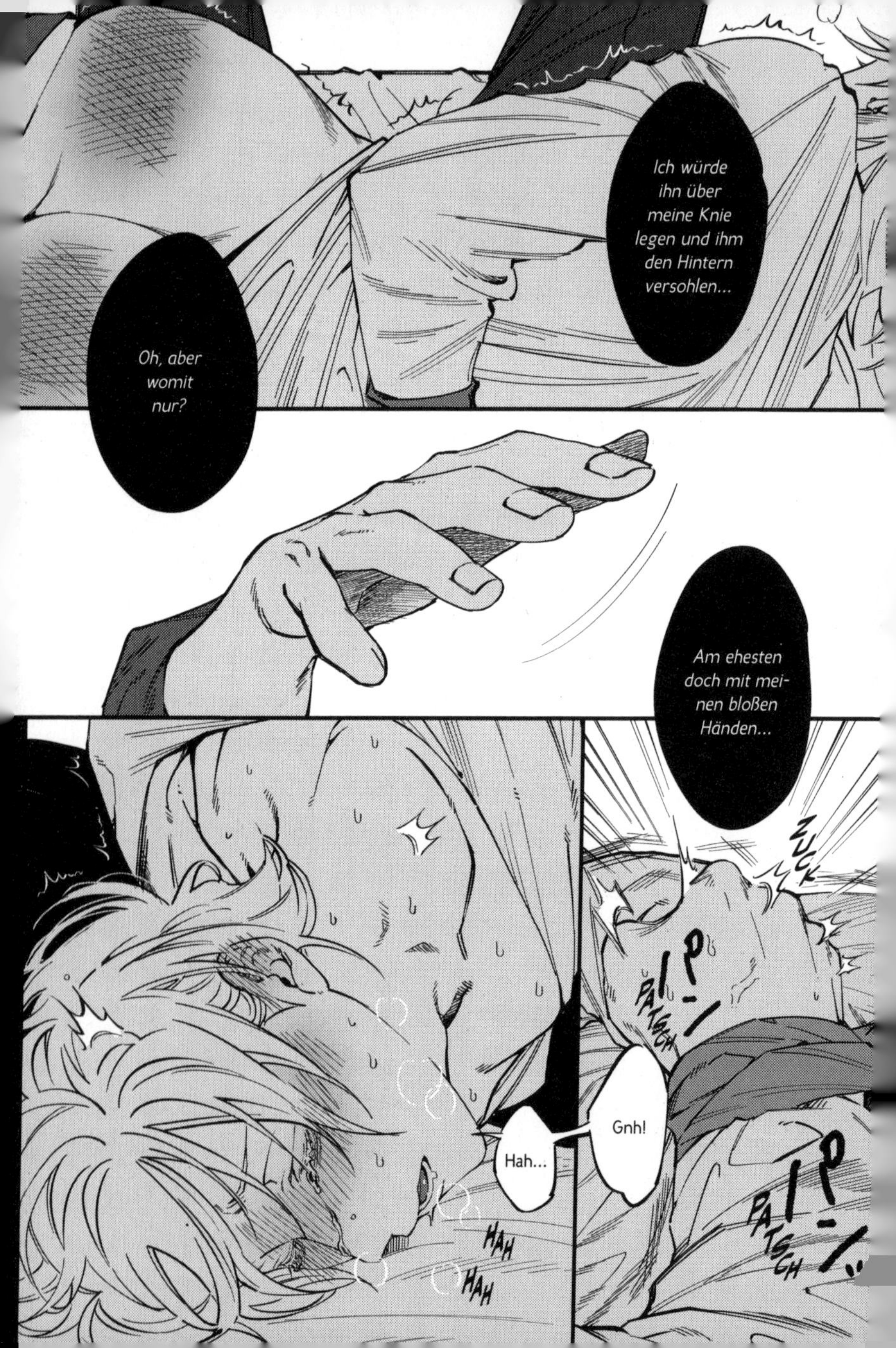
Ich würde ihn über meine Knie legen und ihm den Hintern versohlen...
Oh, aber womit nur?
Am ehesten doch mit meinen bloßen Händen...
ZUCK
PATSCH
Gnh!
PATSCH
Hah...
HAH
HAH

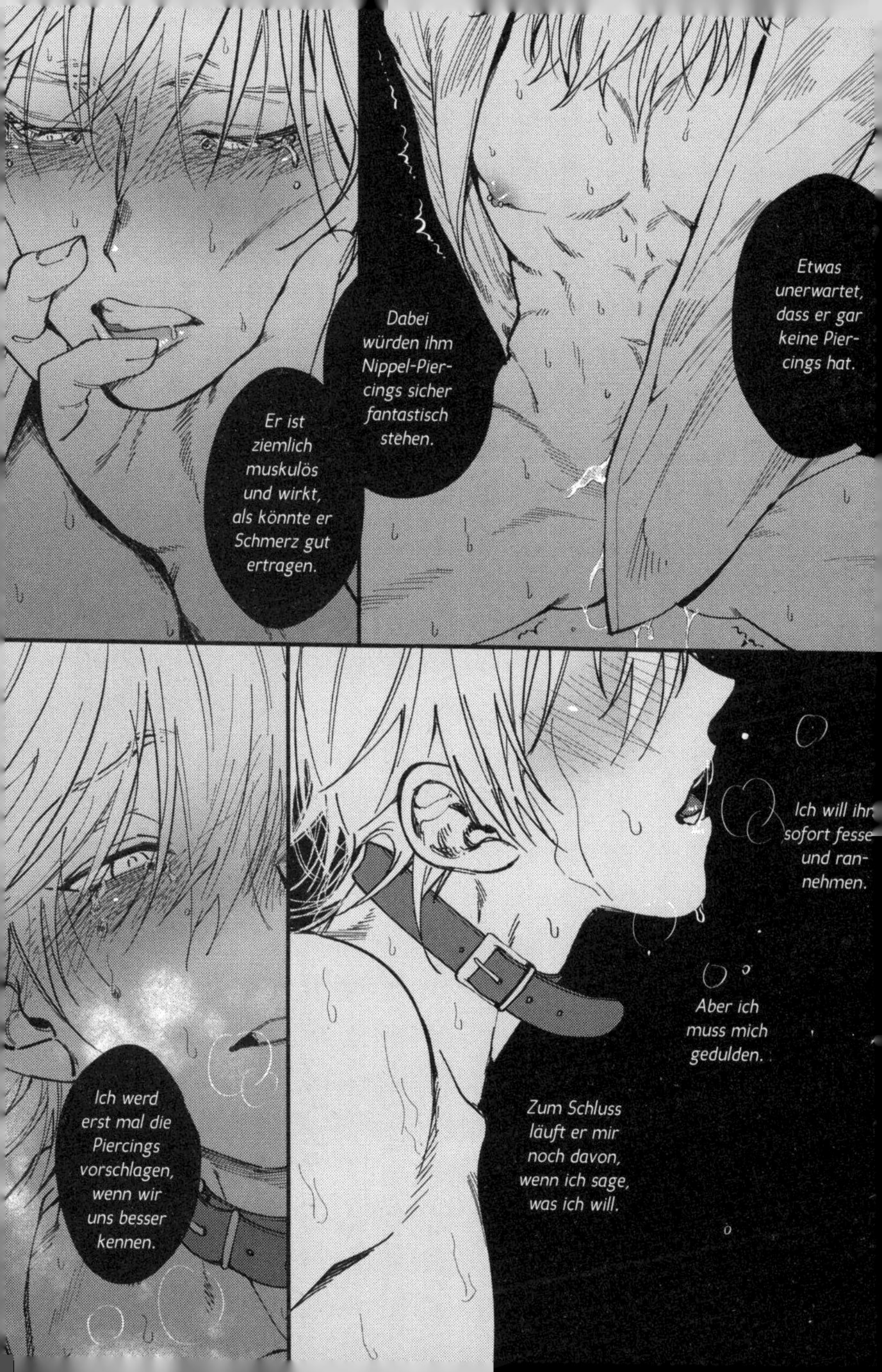
Etwas unerwartet, dass er gar keine Piercings hat.
Dabei würden ihm Nippel-Piercings sicher fantastisch stehen.
Er ist ziemlich muskulös und wirkt, als könnte er Schmerz gut ertragen.
Ich will ihn sofort fesse und rannehmen.
Aber ich muss mich gedulden.
Zum Schluss läuft er mir noch davon, wenn ich sage, was ich will.
Ich werd erst mal die Piercings vorschlagen, wenn wir uns besser kennen.

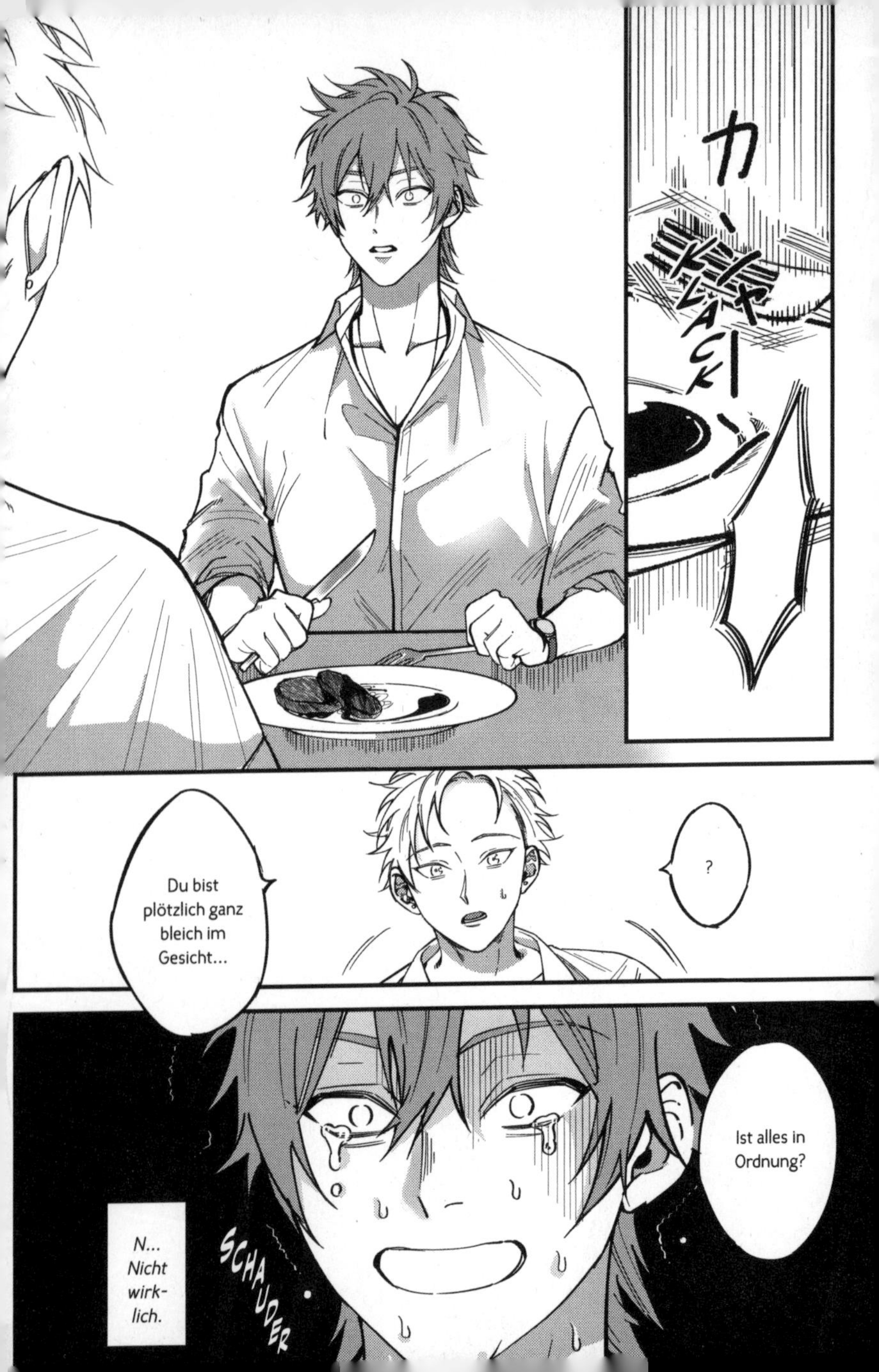
KLACK
?
Du bist plötzlich ganz bleich im Gesicht…
Ist alles in Ordnung?
SCHAUDER
N… Nicht wirk-lich.

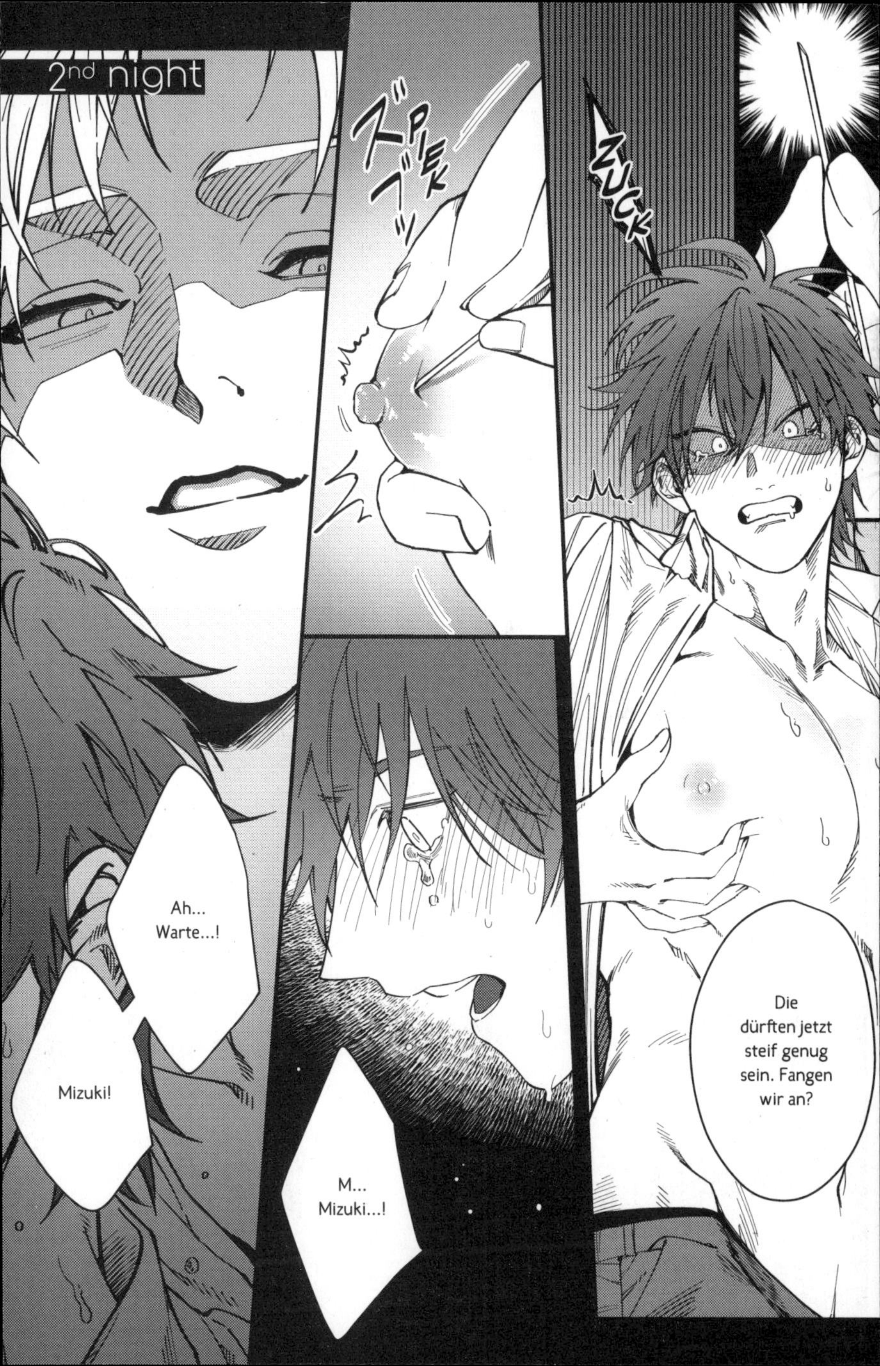
2nd night
ZUCK
Die dürften jetzt steif genug sein. Fangen wir an?
PIEK
M... Mizuki...!
Ah... Warte...!
Mizuki!

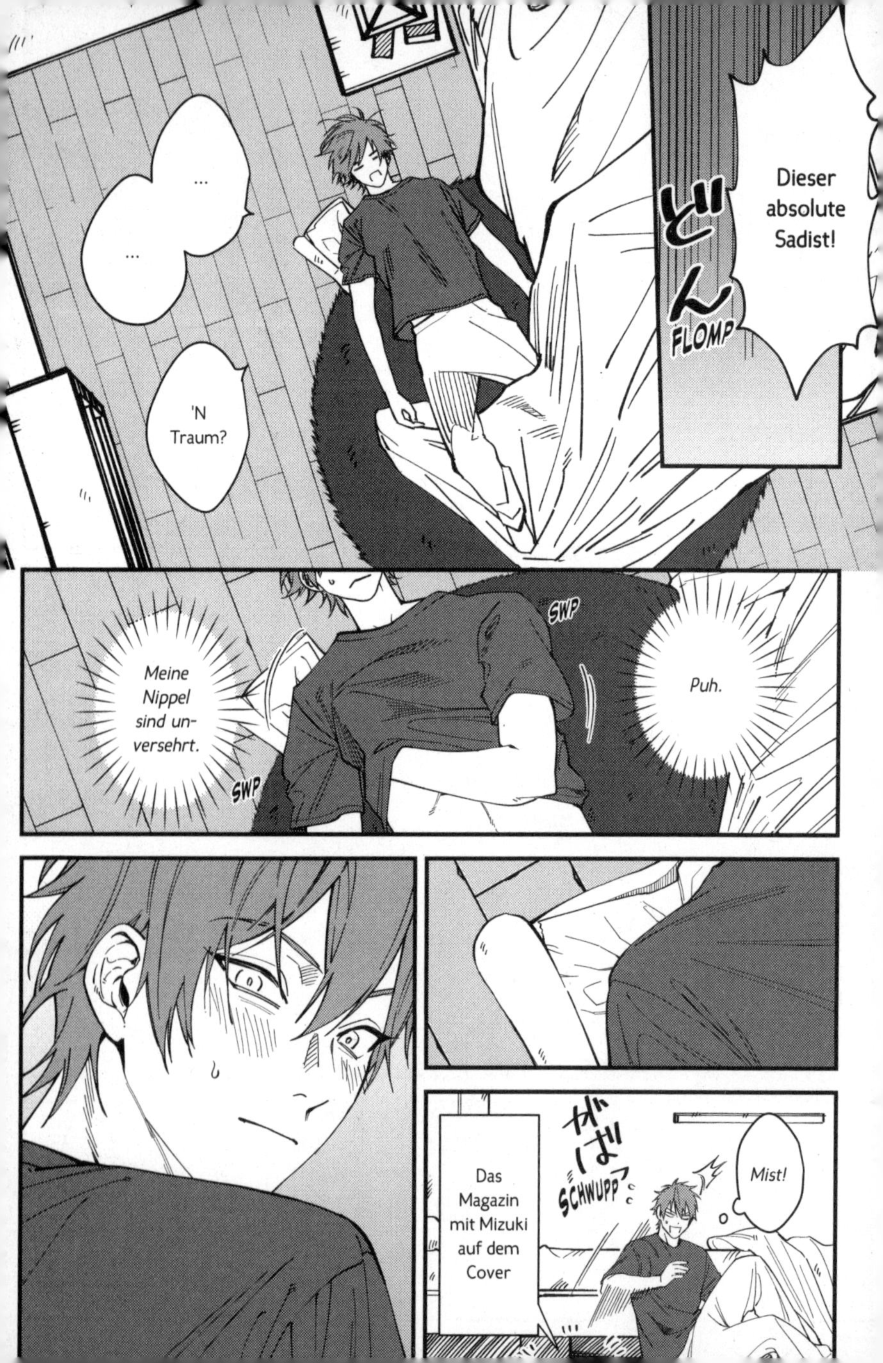
Dieser absolute Sadist!
どん
FLOMP
...
...
'N Traum?
Puh.
SWP
Meine Nippel sind unversehrt.
SWP
がば
SCHWUPP
Mist!
Das Magazin mit Mizuki auf dem Cover

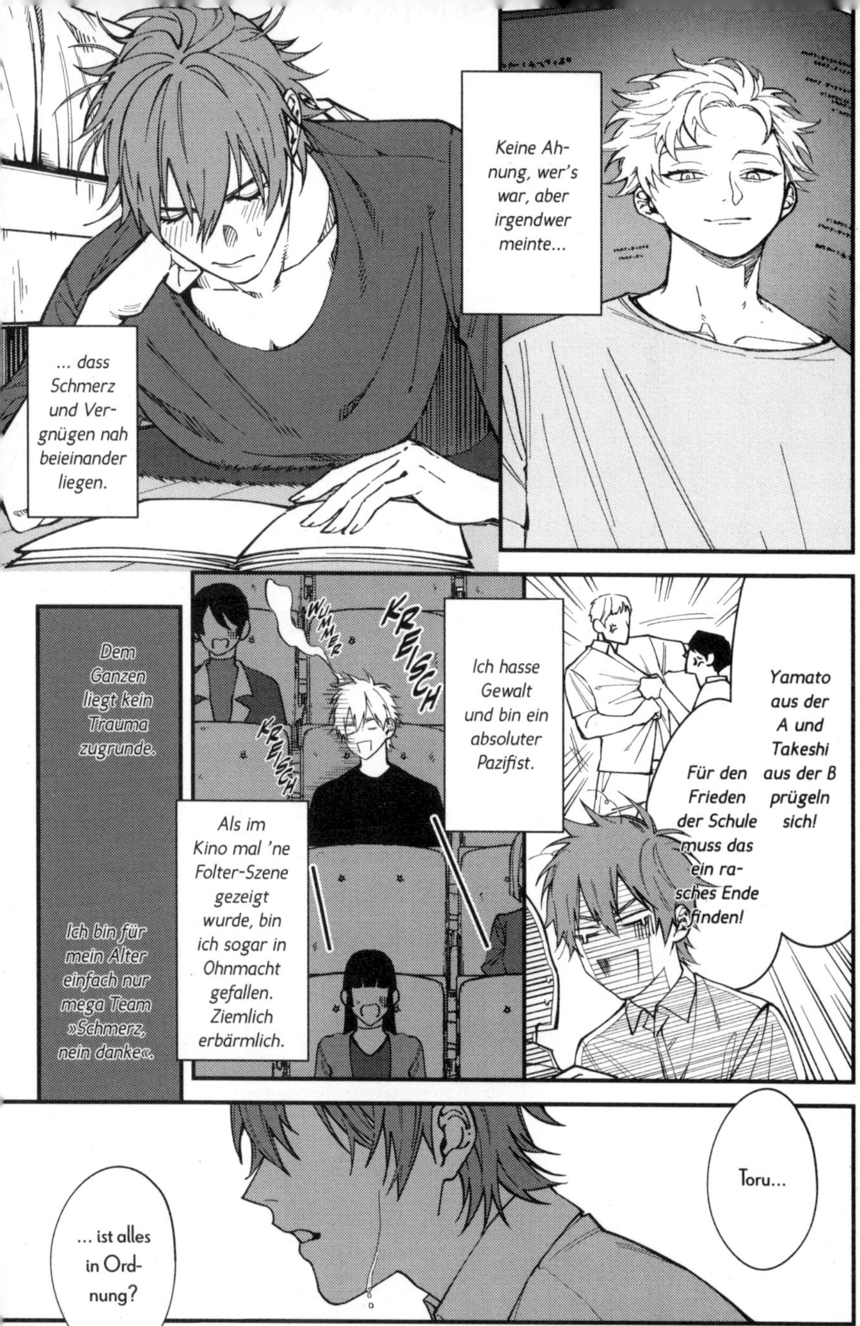
Keine Ahnung, wer's war, aber irgendwer meinte...
... dass Schmerz und Vergnügen nah beieinander liegen.
Yamato aus der A und Takeshi aus der B prügeln sich!
Für den Frieden der Schule muss das ein rasches Ende finden!
Ich hasse Gewalt und bin ein absoluter Pazifist.
KREISCH
WIMMER
KREISCH
Als im Kino mal 'ne Folter-Szene gezeigt wurde, bin ich sogar in Ohnmacht gefallen. Ziemlich erbärmlich.
Dem Ganzen liegt kein Trauma zugrunde.
Ich bin für mein Alter einfach nur mega Team »Schmerz, nein danke«.
Toru...
... ist alles in Ordnung?

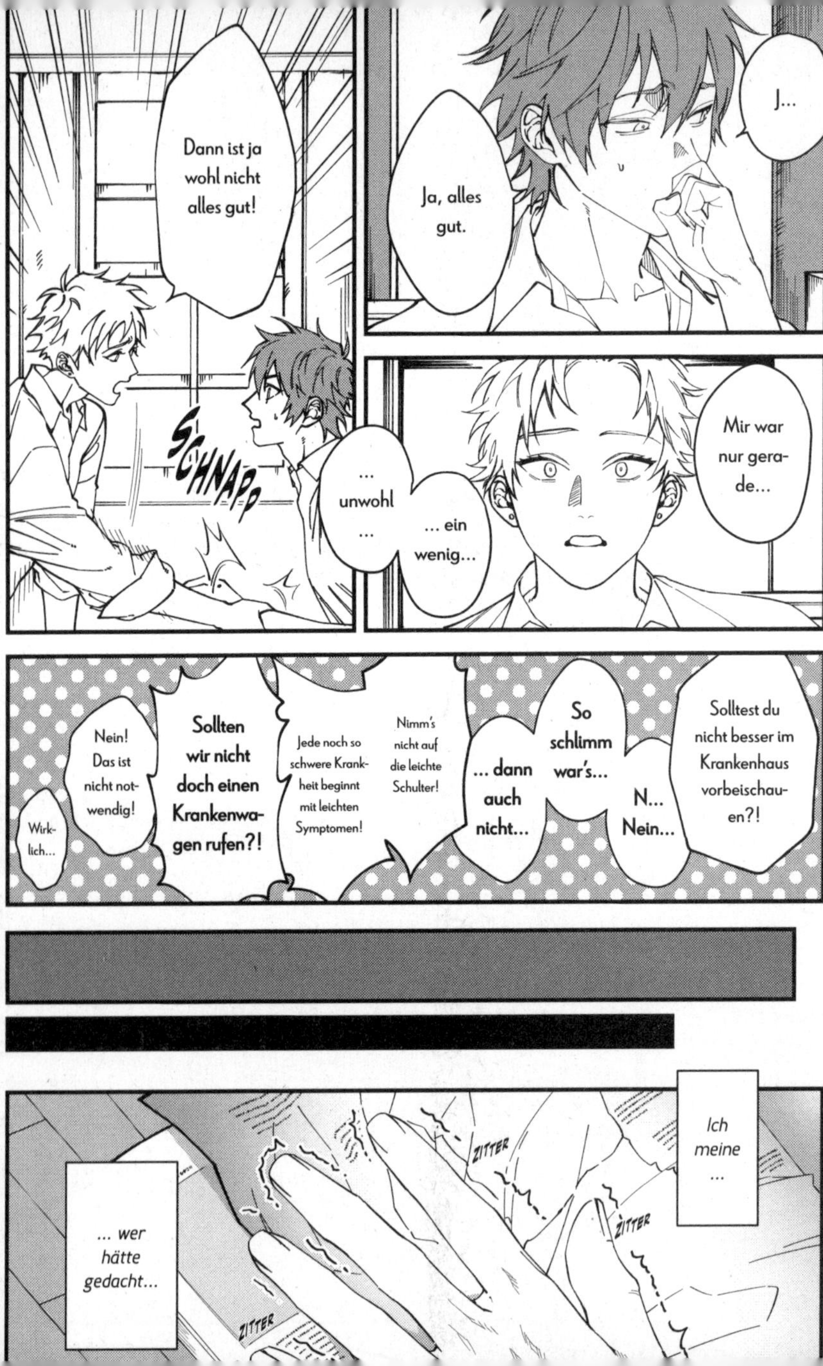
J…
Ja, alles gut.
Dann ist ja wohl nicht alles gut!
SCHNAPP
Mir war nur gerade…
… ein wenig…
… unwohl …
Solltest du nicht besser im Krankenhaus vorbeischauen?!
N… Nein…
So schlimm war's…
… dann auch nicht…
Nimm's nicht auf die leichte Schulter!
Jede noch so schwere Krankheit beginnt mit leichten Symptomen!
Sollten wir nicht doch einen Krankenwagen rufen?!
Nein! Das ist nicht notwendig!
Wirklich…
Ich meine …
ZITTER
ZITTER
… wer hätte gedacht…
ZITTER

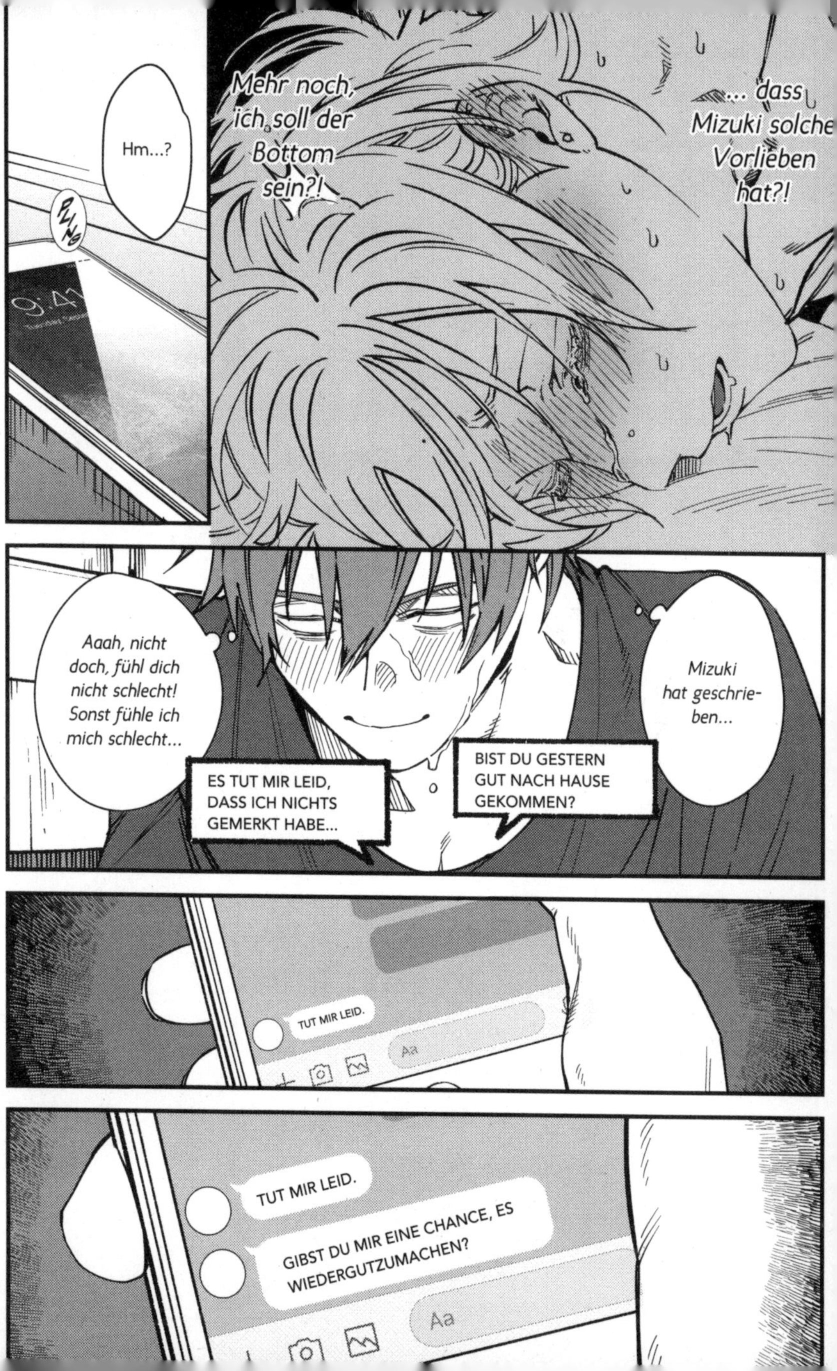
... dass Mizuki solche Vorlieben hat?!
Mehr noch, ich soll der Bottom sein?!
Hm...?
PLING
9:41
Mizuki hat geschrieben...
BIST DU GESTERN GUT NACH HAUSE GEKOMMEN?
ES TUT MIR LEID, DASS ICH NICHTS GEMERKT HABE...
Aaah, nicht doch, fühl dich nicht schlecht! Sonst fühle ich mich schlecht...
TUT MIR LEID.
Aa
TUT MIR LEID.
GIBST DU MIR EINE CHANCE, ES WIEDERGUTZUMACHEN?
Aa

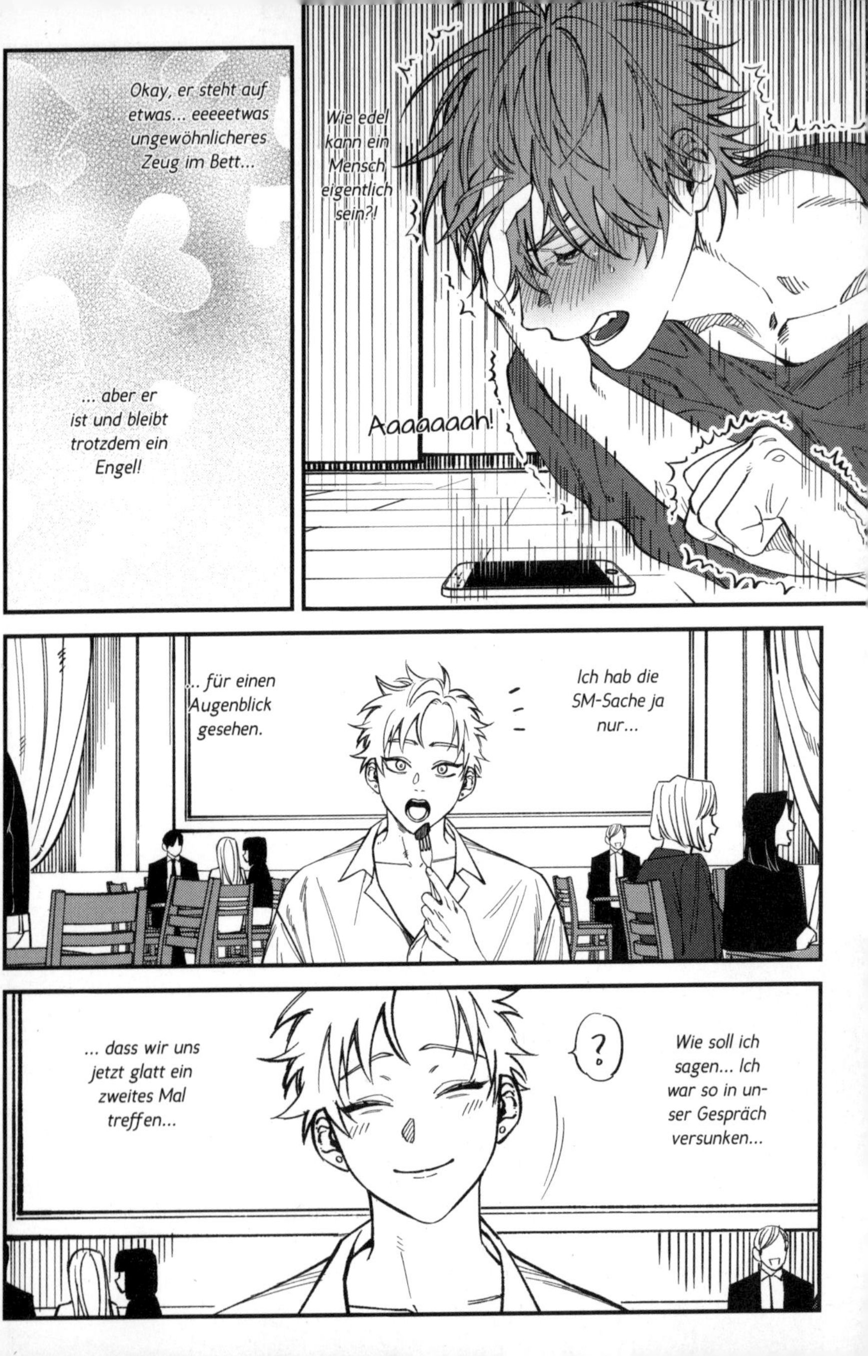
Wie edel kann ein Mensch eigentlich sein?!
Aaaaaaah!
Okay, er steht auf etwas... eeeeetwas ungewöhnlicheres Zeug im Bett...
... aber er ist und bleibt trotzdem ein Engel!
Ich hab die SM-Sache ja nur...
... für einen Augenblick gesehen.
Wie soll ich sagen... Ich war so in unser Gespräch versunken...
?
... dass wir uns jetzt glatt ein zweites Mal treffen...

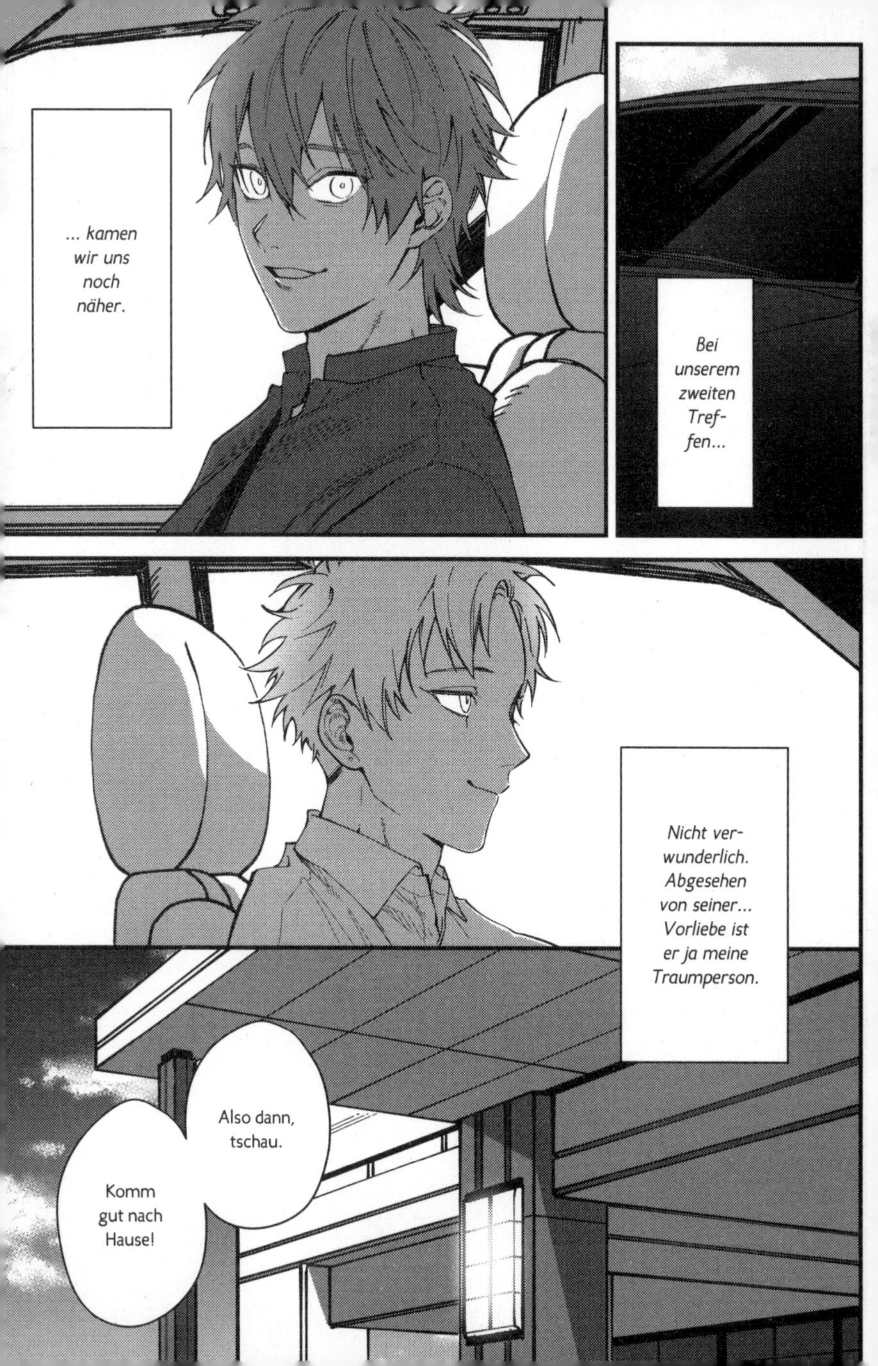
Bei unserem zweiten Tref-fen...
... kamen wir uns noch näher.
Nicht ver-wunderlich. Abgesehen von seiner... Vorliebe ist er ja meine Traumperson.
Also dann, tschau.
Komm gut nach Hause!

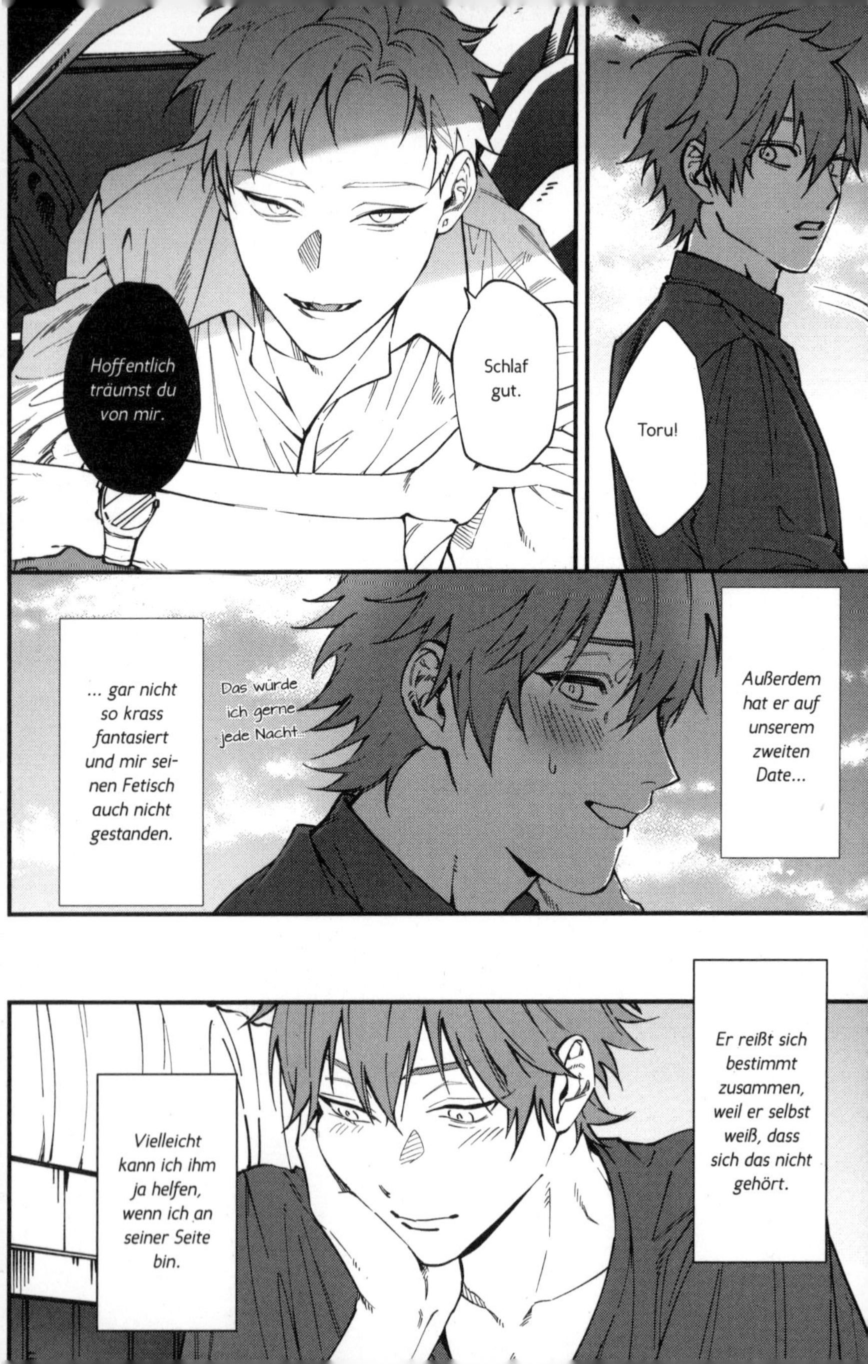

Toru!
Schlaf gut.
Hoffentlich träumst du von mir.
Außerdem hat er auf unserem zweiten Date...
Das würde ich gerne jede Nacht...
... gar nicht so krass fantasiert und mir seinen Fetisch auch nicht gestanden.
Er reißt sich bestimmt zusammen, weil er selbst weiß, dass sich das nicht gehört.
Vielleicht kann ich ihm ja helfen, wenn ich an seiner Seite bin.

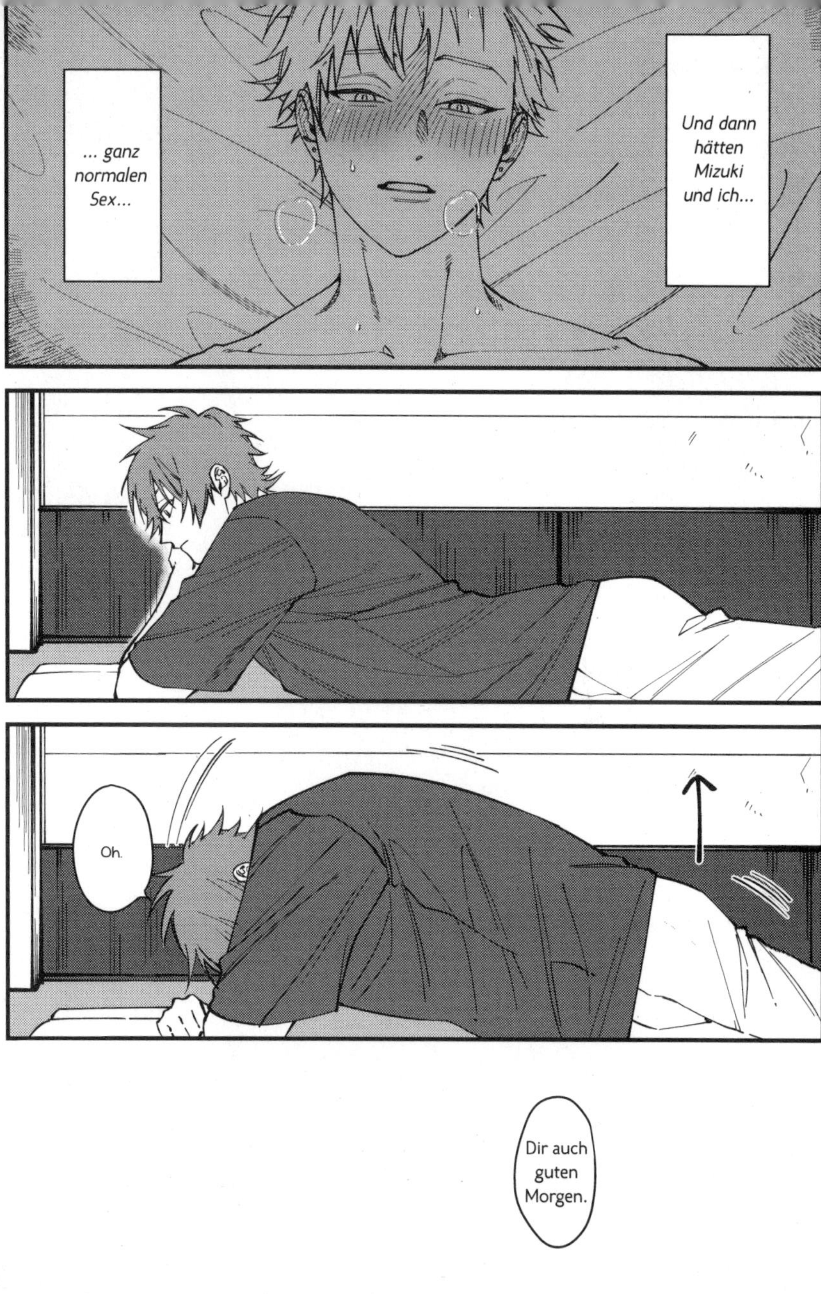
Und dann hätten Mizuki und ich...
... ganz normalen Sex...
Oh.
Dir auch guten Morgen.

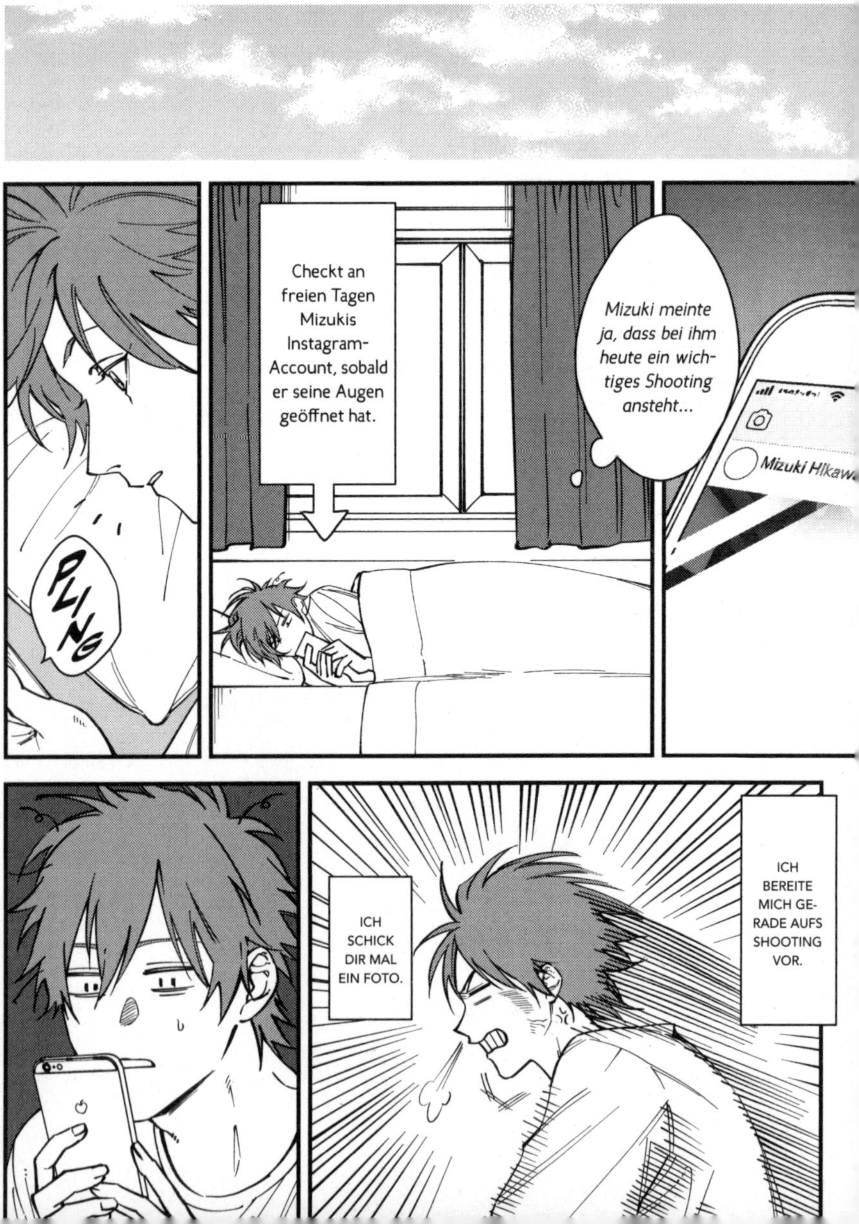
Mizuki meinte ja, dass bei ihm heute ein wichtiges Shooting ansteht...
Mizuki Hikawa
Checkt an freien Tagen Mizukis Instagram-Account, sobald er seine Augen geöffnet hat.
PLING
ICH BEREITE MICH GERADE AUFS SHOOTING VOR.
ICH SCHICK DIR MAL EIN FOTO.

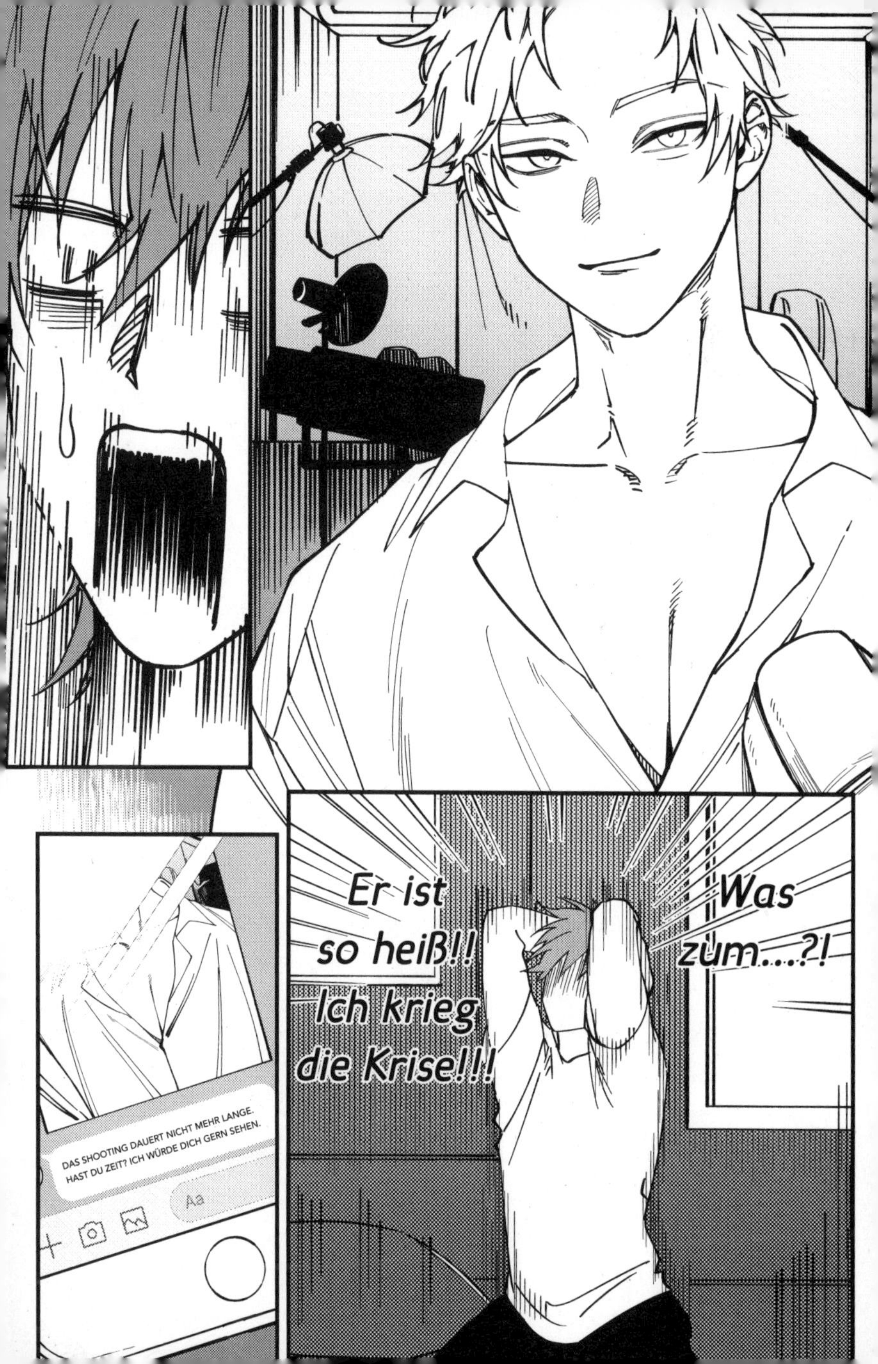
Was zum...?!
Er ist so heiß!! Ich krieg die Krise!!!
DAS SHOOTING DAUERT NICHT MEHR LANGE. HAST DU ZEIT? ICH WÜRDE DICH GERN SEHEN.
Aa

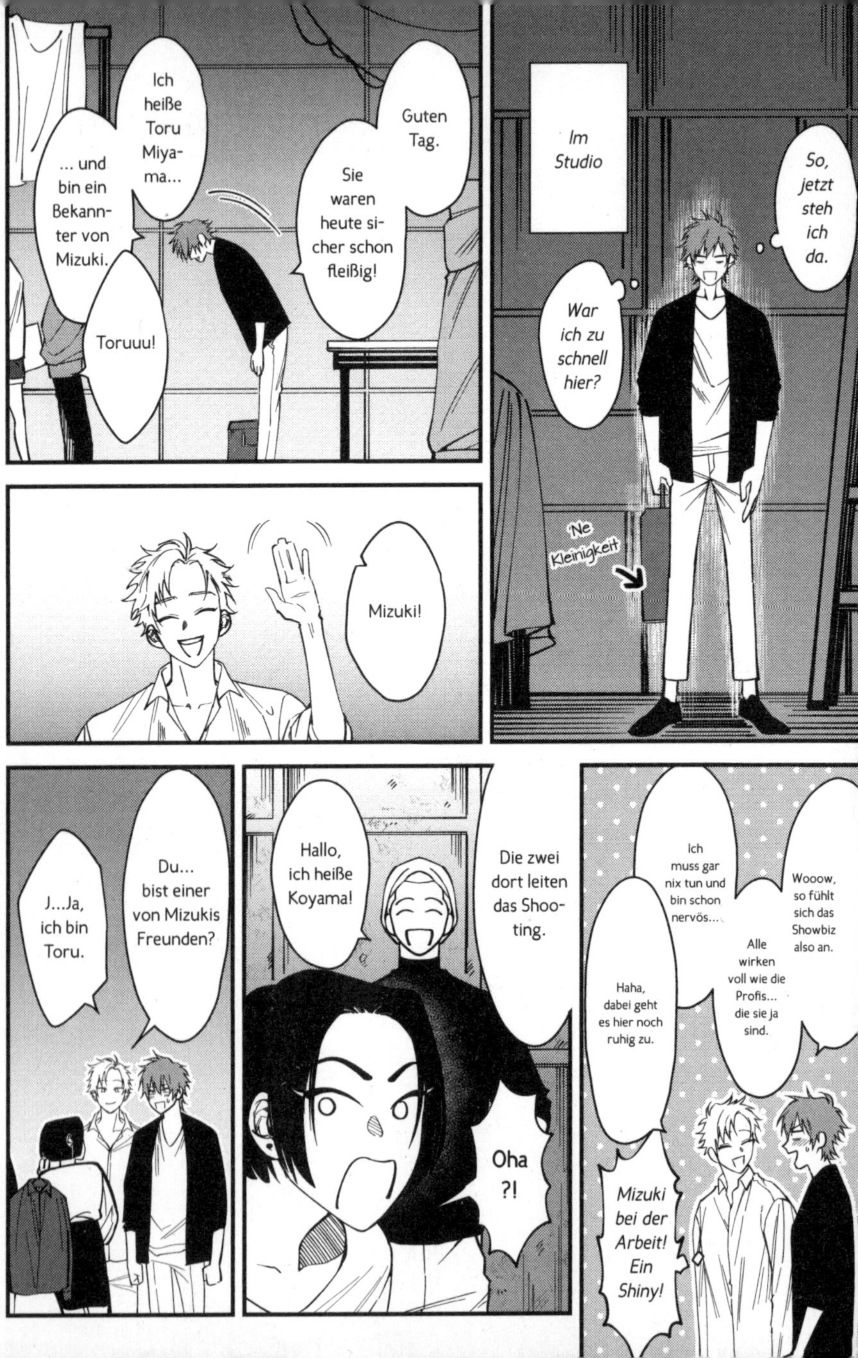

Im Studio
So, jetzt steh ich da.
War ich zu schnell hier?
'Ne Kleinigkeit
Guten Tag.
Sie waren heute sicher schon fleißig!
Ich heiße Toru Miyama...
... und bin ein Bekannter von Mizuki.
Toruuu!
Mizuki!
Wooow, so fühlt sich das Showbiz also an.
Ich muss gar nix tun und bin schon nervös...
Alle wirken voll wie die Profis... die sie ja sind.
Haha, dabei geht es hier noch ruhig zu.
Mizuki bei der Arbeit! Ein Shiny!
Die zwei dort leiten das Shooting.
Hallo, ich heiße Koyama!
Oha ?!
Du... bist einer von Mizukis Freunden?
J...Ja, ich bin Toru.

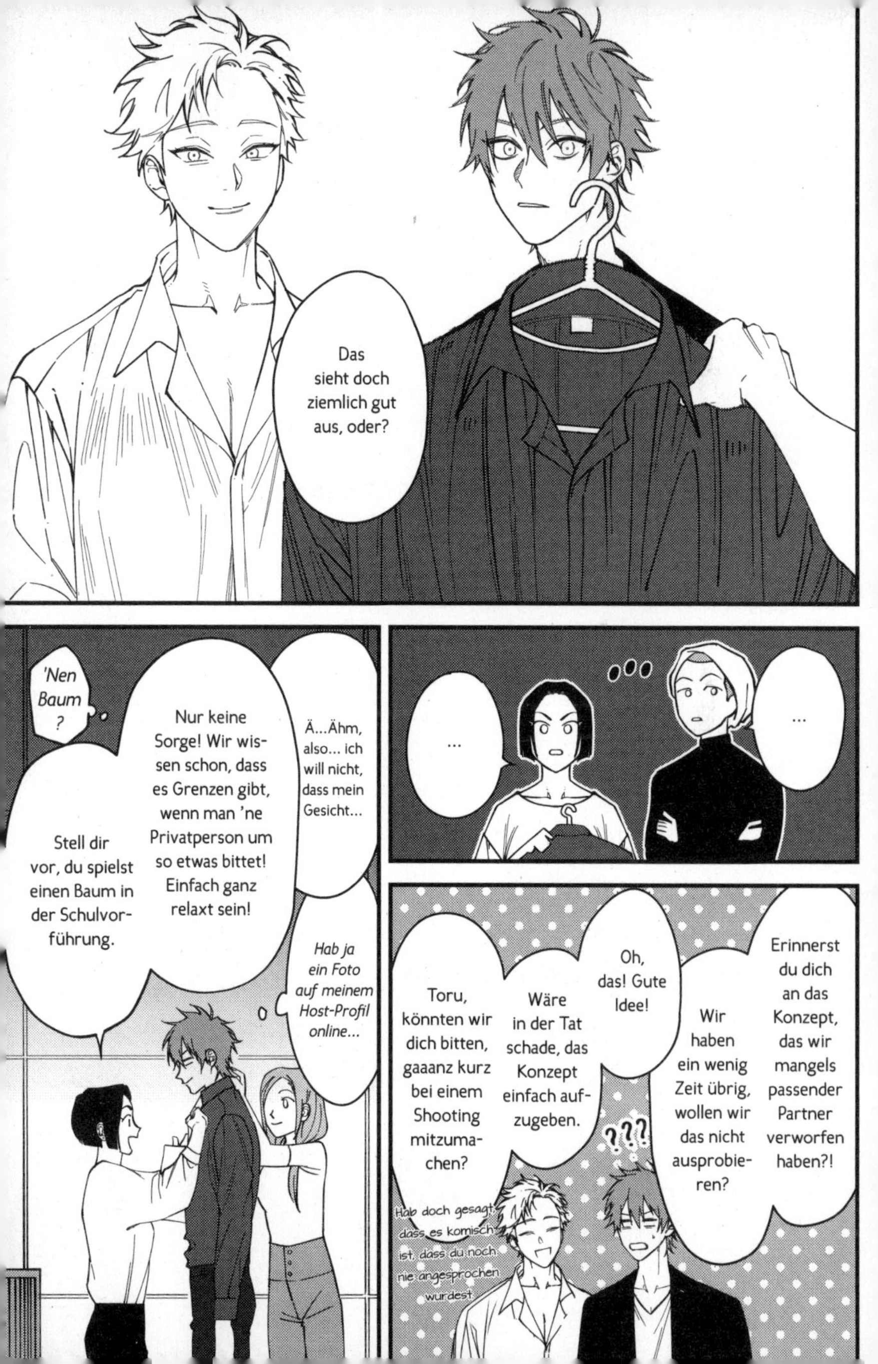
Das sieht doch ziemlich gut aus, oder?
...
ooo
...
Erinnerst du dich an das Konzept, das wir mangels passender Partner verworfen haben?!
Wir haben ein wenig Zeit übrig, wollen wir das nicht ausprobieren?
Oh, das! Gute Idee!
Wäre in der Tat schade, das Konzept einfach aufzugeben.
Toru, könnten wir dich bitten, gaaanz kurz bei einem Shooting mitzumachen?
???
Hab doch gesagt, dass es komisch ist, dass du noch nie angesprochen wurdest.
Ä...Ähm, also... ich will nicht, dass mein Gesicht...
Nur keine Sorge! Wir wissen schon, dass es Grenzen gibt, wenn man 'ne Privatperson um so etwas bittet! Einfach ganz relaxt sein!
'Nen Baum?
Stell dir vor, du spielst einen Baum in der Schulvorführung.
Hab ja ein Foto auf meinem Host-Profil online...

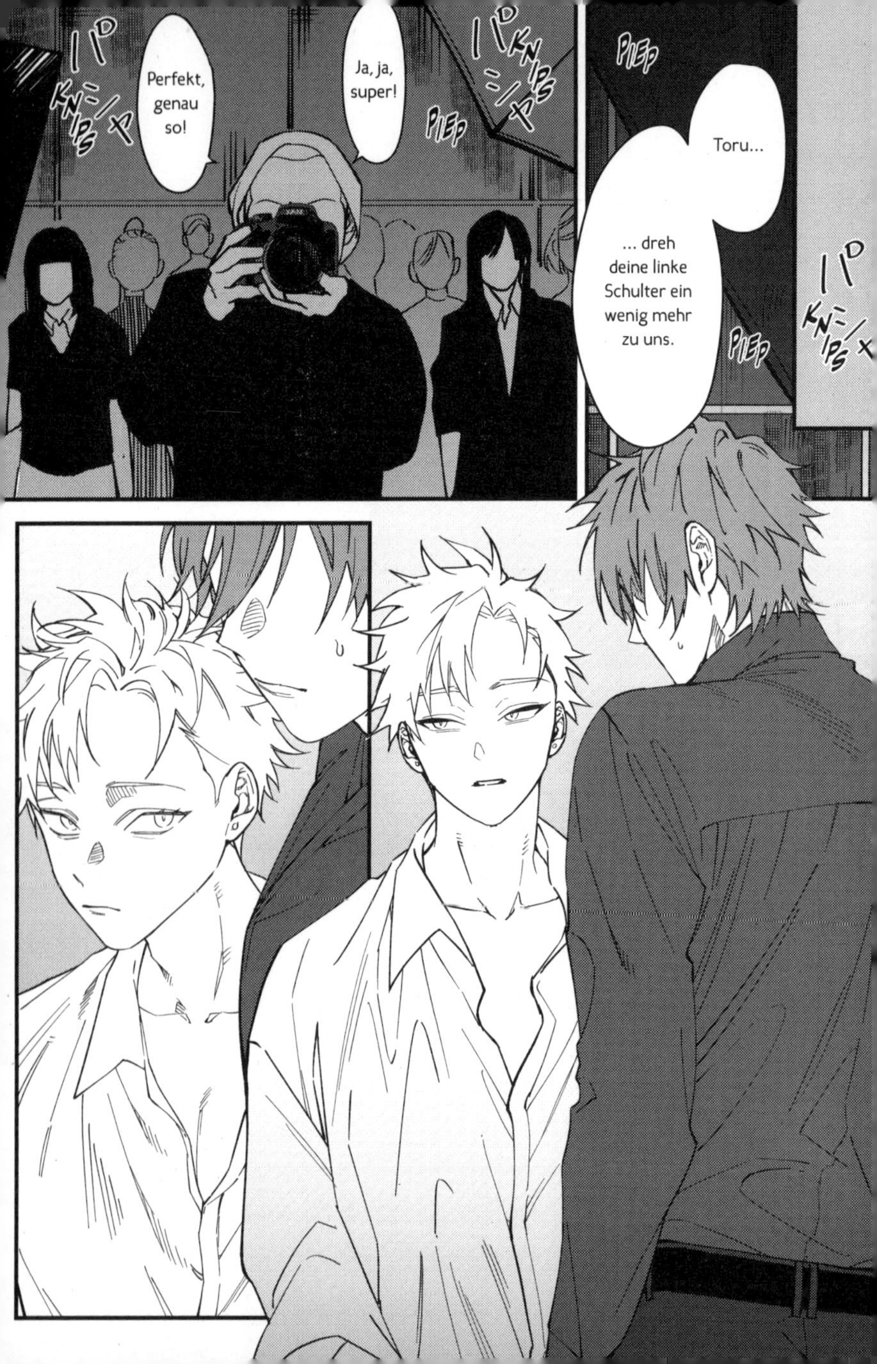
PIEP
Toru…
… dreh deine linke Schulter ein wenig mehr zu uns.
KNIPS
PIEP
KNIPS
PIEP
Ja, ja, super!
Perfekt, genau so!
KNIPS

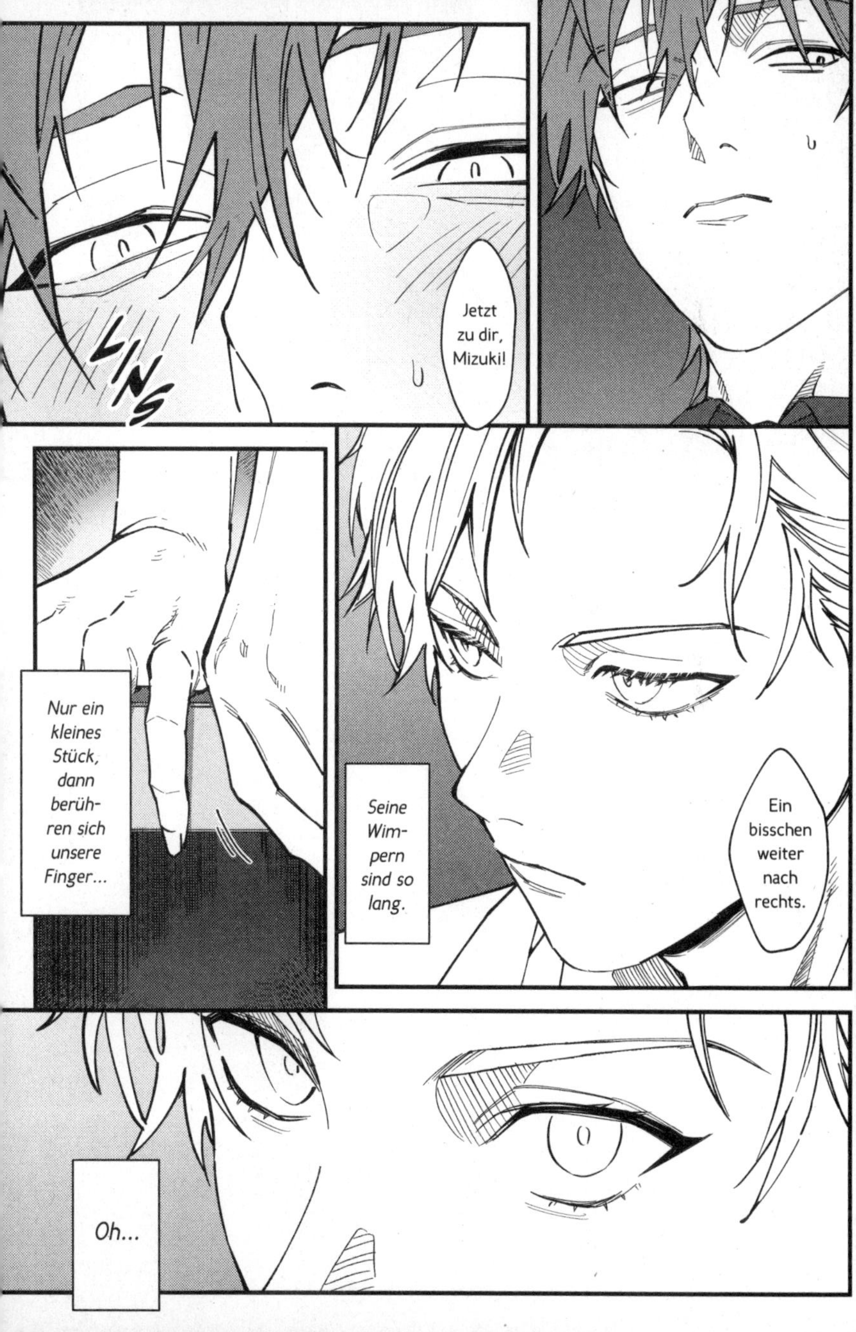
Jetzt zu dir, Mizuki!
LINS
Ein bisschen weiter nach rechts.
Seine Wim-pern sind so lang.
Nur ein kleines Stück, dann berüh-ren sich unsere Finger...
Oh...

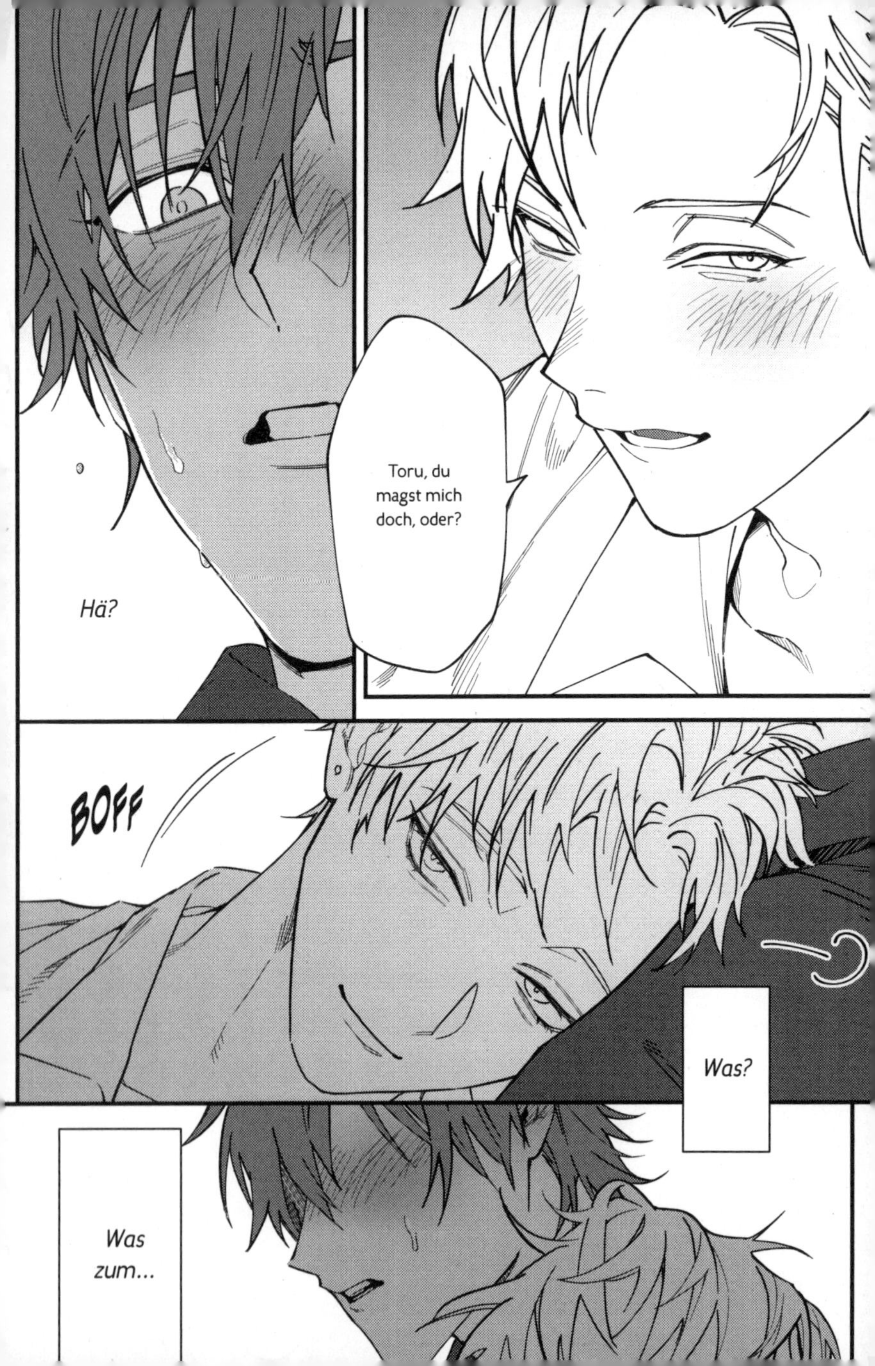
Toru, du magst mich doch, oder?
Hä?
BOFF
Was?
Was zum...

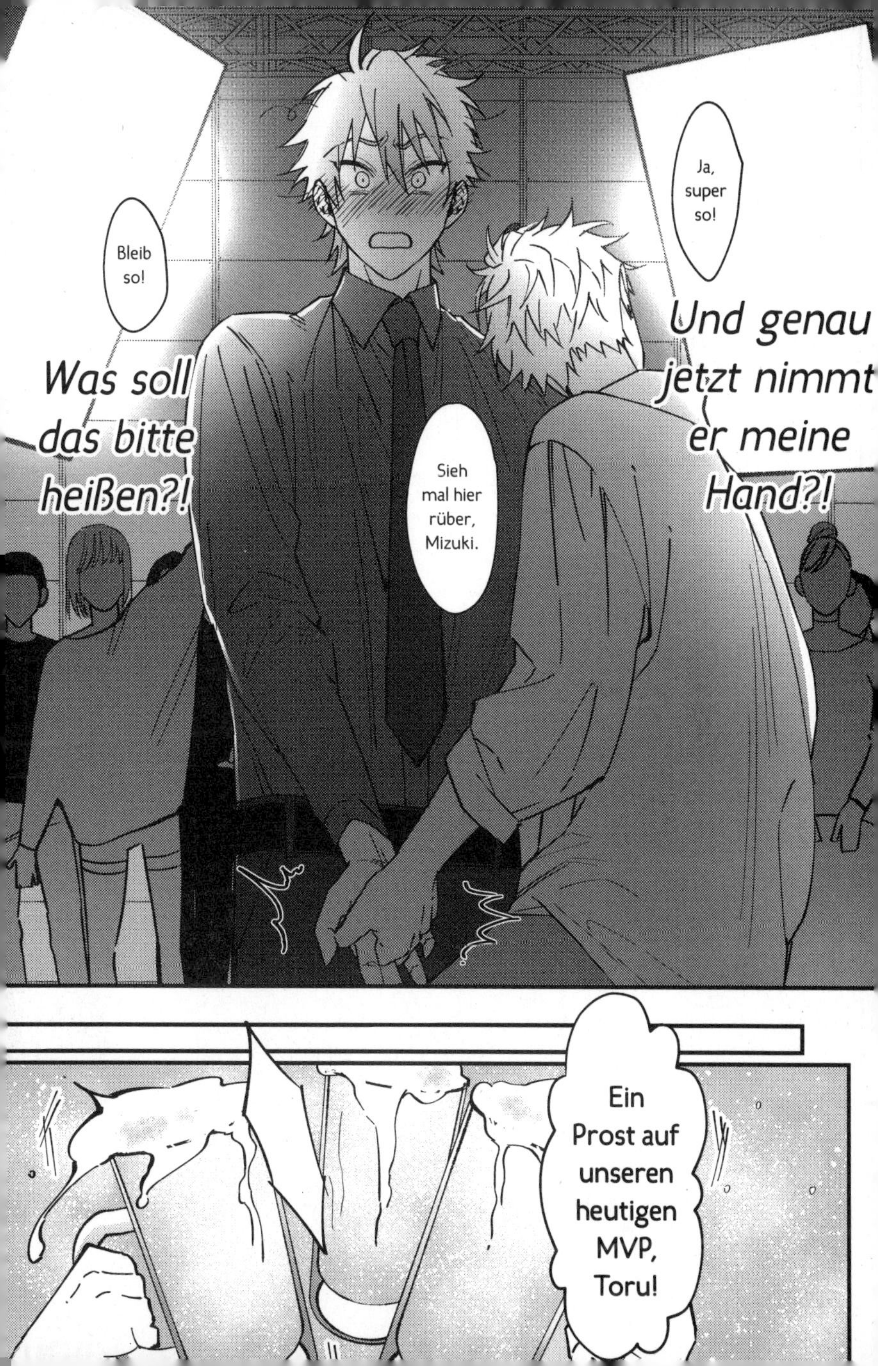
Ja, super so!
Und genau jetzt nimmt er meine Hand?!
Sieh mal hier rüber, Mizuki.
Bleib so!
Was soll das bitte heißen?!
Ein Prost auf unseren heutigen MVP, Toru!

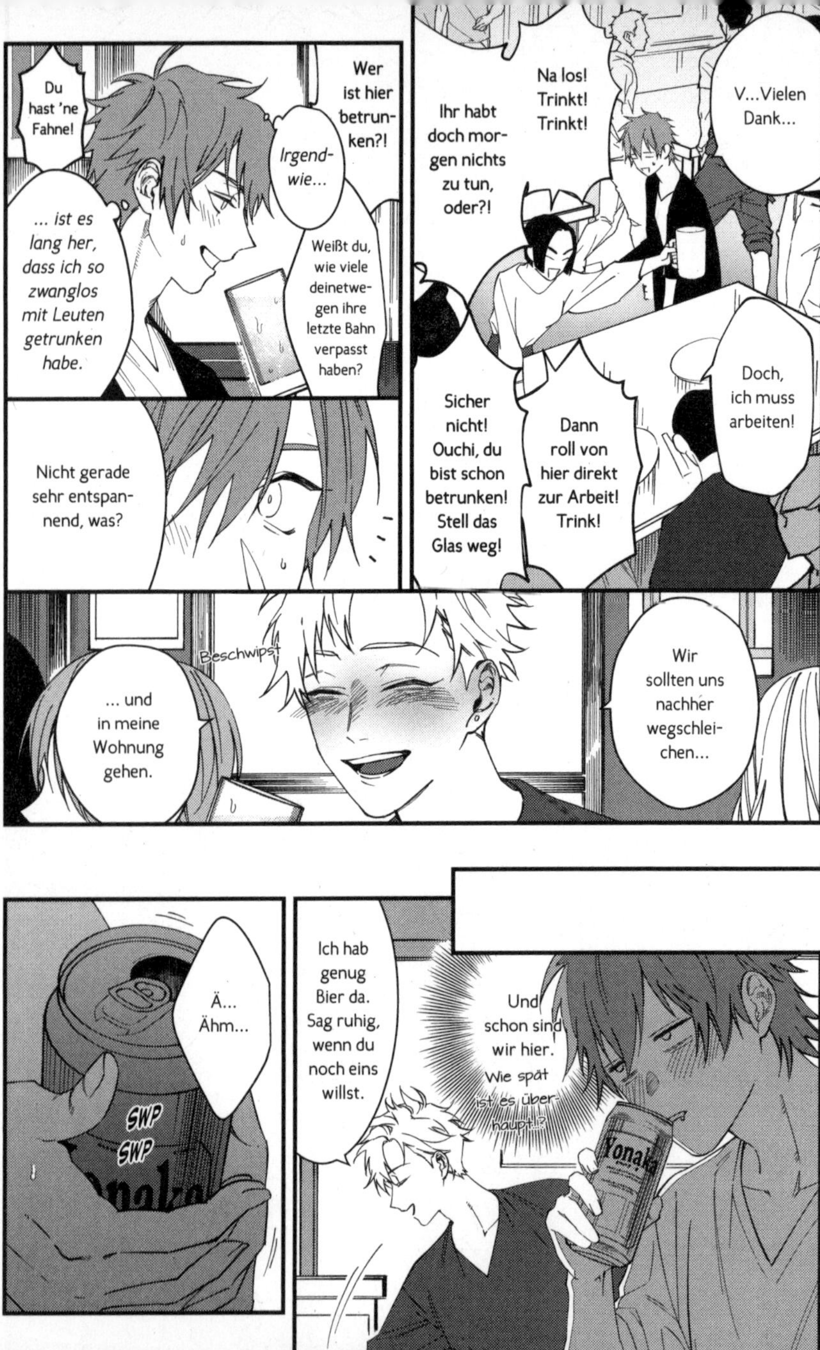
V…Vielen Dank…
Na los! Trinkt! Trinkt!
Ihr habt doch morgen nichts zu tun, oder?!
Doch, ich muss arbeiten!
Dann roll von hier direkt zur Arbeit! Trink!
Sicher nicht! Ouchi, du bist schon betrunken! Stell das Glas weg!
Wer ist hier betrunken?!
Du hast ’ne Fahne!
Irgend-wie…
… ist es lang her, dass ich so zwanglos mit Leuten getrunken habe.
Weißt du, wie viele deinetwegen ihre letzte Bahn verpasst haben?
Nicht gerade sehr entspannend, was?
Wir sollten uns nachher wegschleichen…
Beschwipst
… und in meine Wohnung gehen.
Und schon sind wir hier.
Wie spät ist es überhaupt!?
Yonaka
Ich hab genug Bier da. Sag ruhig, wenn du noch eins willst.
Ä… Ähm…
SWP
SWP

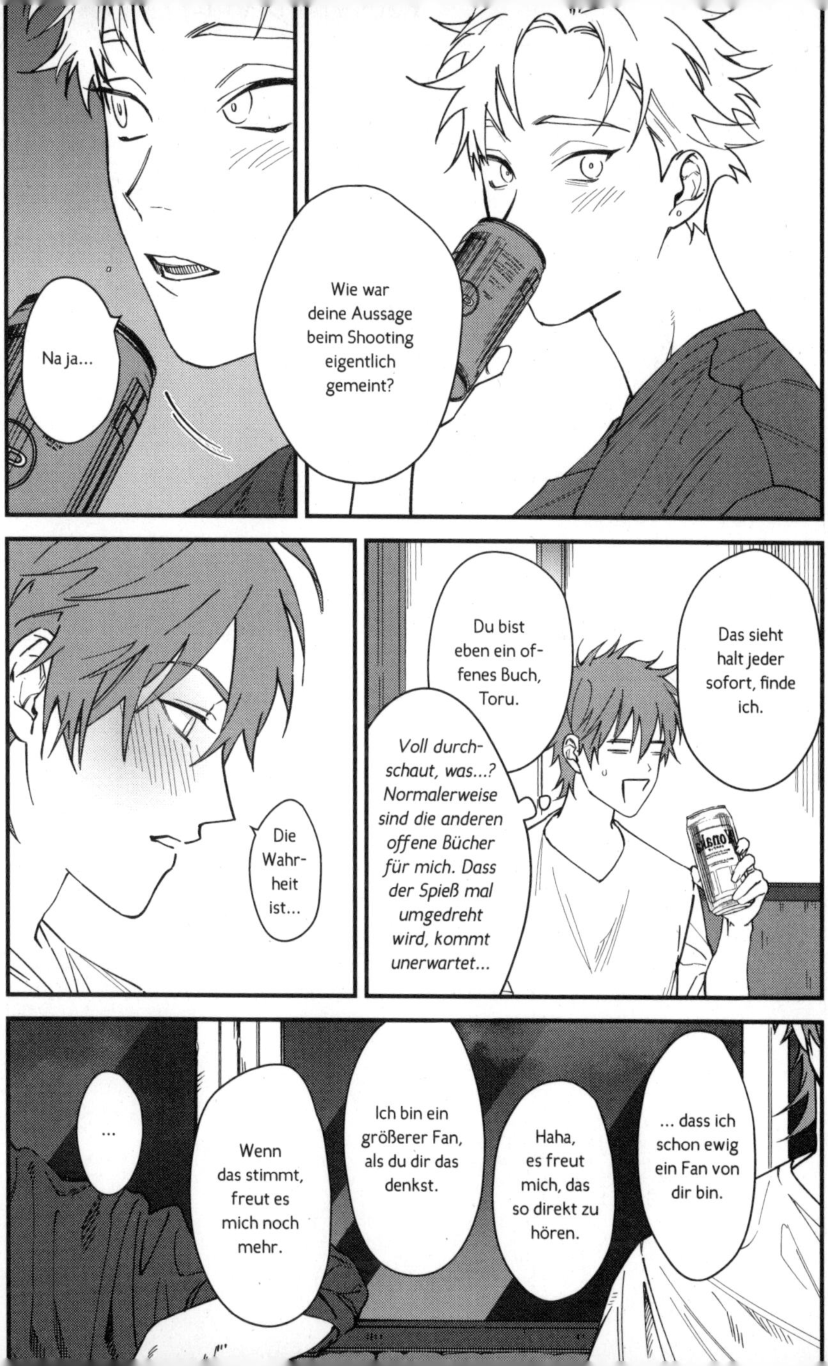

Wie war deine Aussage beim Shooting eigentlich gemeint?
Na ja…
Das sieht halt jeder sofort, finde ich.
Du bist eben ein offenes Buch, Toru.
*Voll durchschaut, was…? Normalerweise sind die anderen offene Bücher für mich. Dass der Spieß mal umgedreht wird, kommt unerwartet…*
Die Wahrheit ist…
… dass ich schon ewig ein Fan von dir bin.
Haha, es freut mich, das so direkt zu hören.
Ich bin ein größerer Fan, als du dir das denkst.
Wenn das stimmt, freut es mich noch mehr.
…

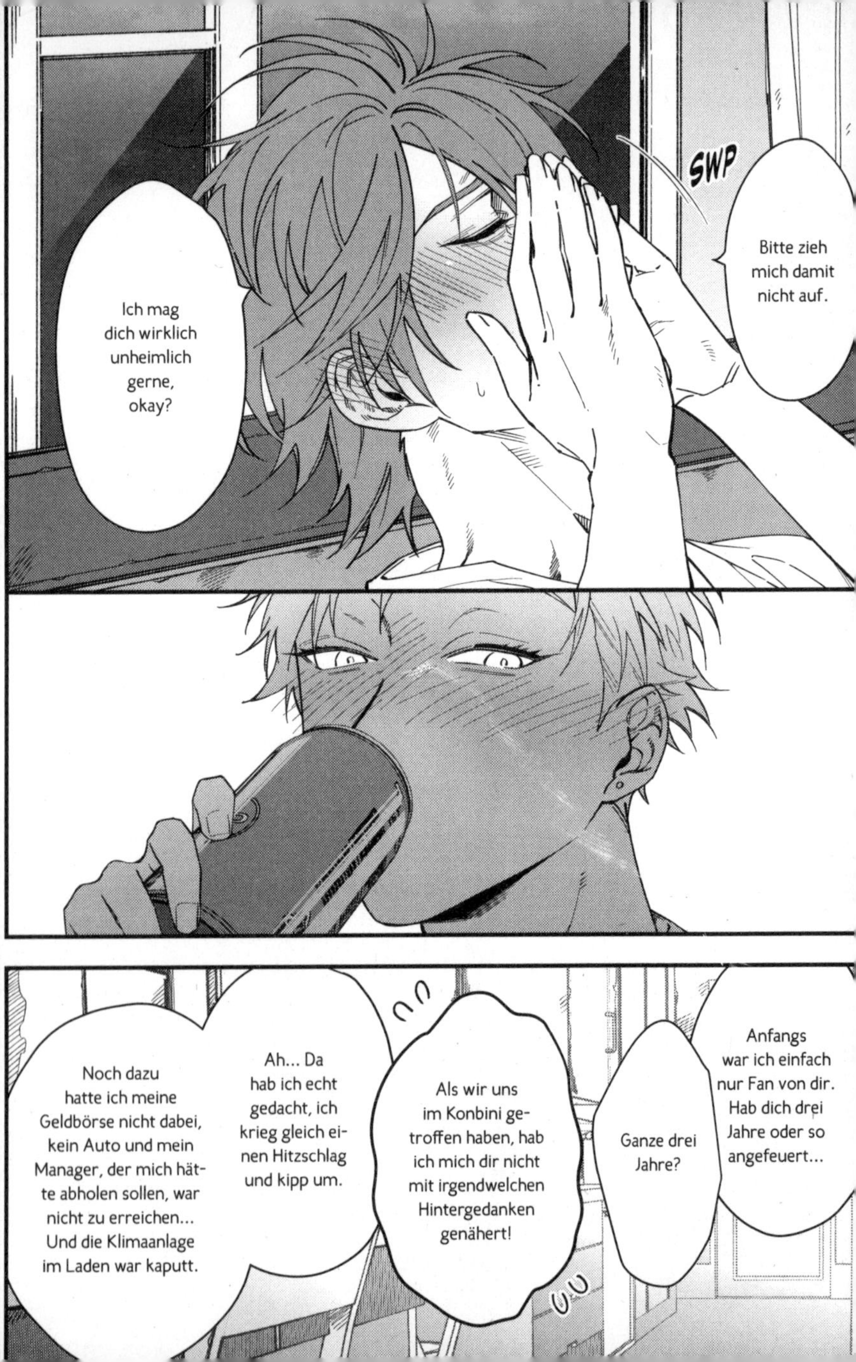
SWP
Bitte zieh mich damit nicht auf.
Ich mag dich wirklich unheimlich gerne, okay?
Anfangs war ich einfach nur Fan von dir. Hab dich drei Jahre oder so angefeuert…
Ganze drei Jahre?
Als wir uns im Konbini getroffen haben, hab ich mich dir nicht mit irgendwelchen Hintergedanken genähert!
Ah… Da hab ich echt gedacht, ich krieg gleich einen Hitzschlag und kipp um.
Noch dazu hatte ich meine Geldbörse nicht dabei, kein Auto und mein Manager, der mich hätte abholen sollen, war nicht zu erreichen… Und die Klimaanlage im Laden war kaputt.

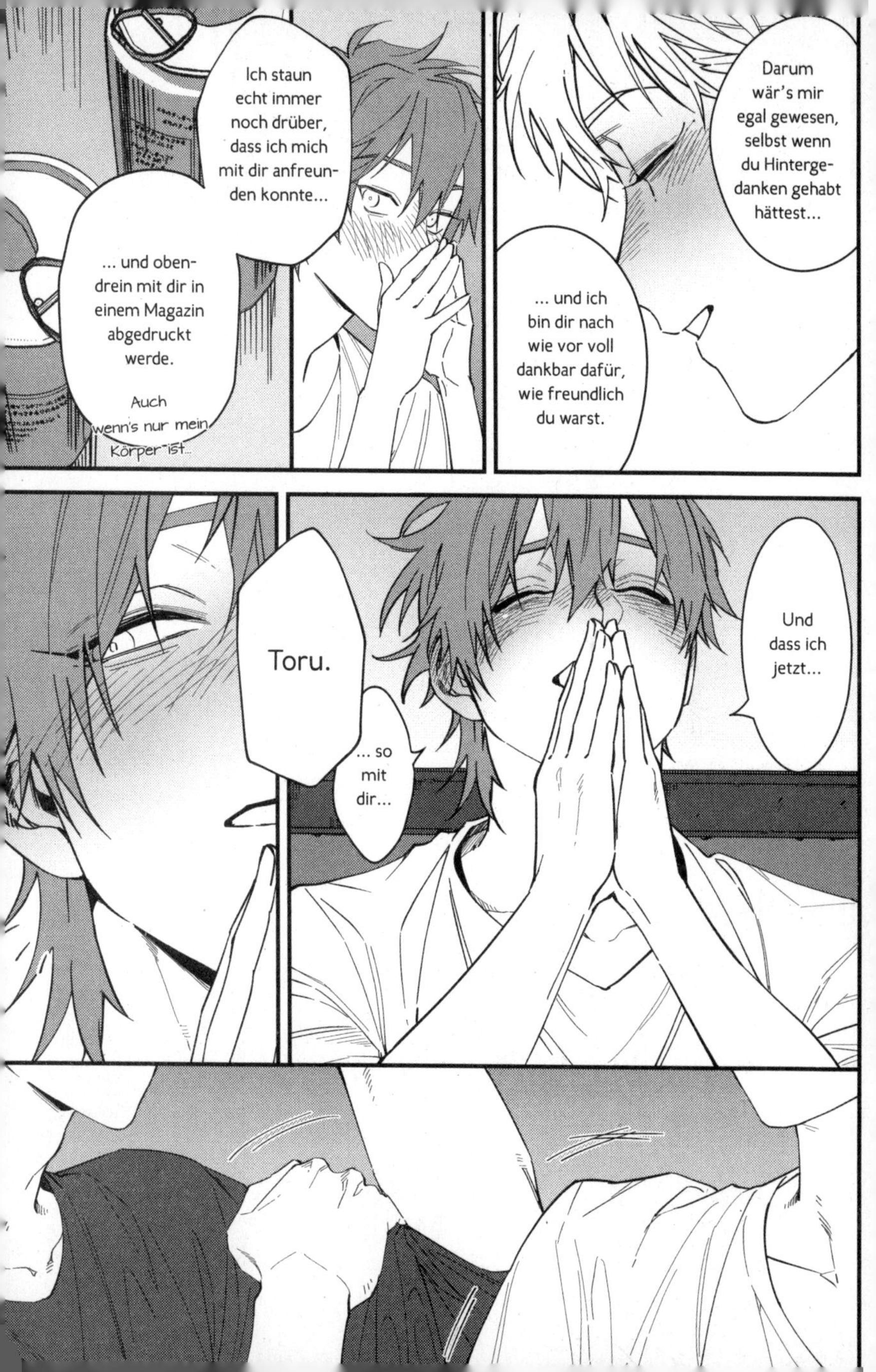
Darum wär's mir egal gewesen, selbst wenn du Hintergedanken gehabt hättest...
... und ich bin dir nach wie vor voll dankbar dafür, wie freundlich du warst.
Ich staun echt immer noch drüber, dass ich mich mit dir anfreunden konnte...
... und obendrein mit dir in einem Magazin abgedruckt werde.
Auch wenn's nur mein Körper ist...
Und dass ich jetzt...
... so mit dir...
Toru.

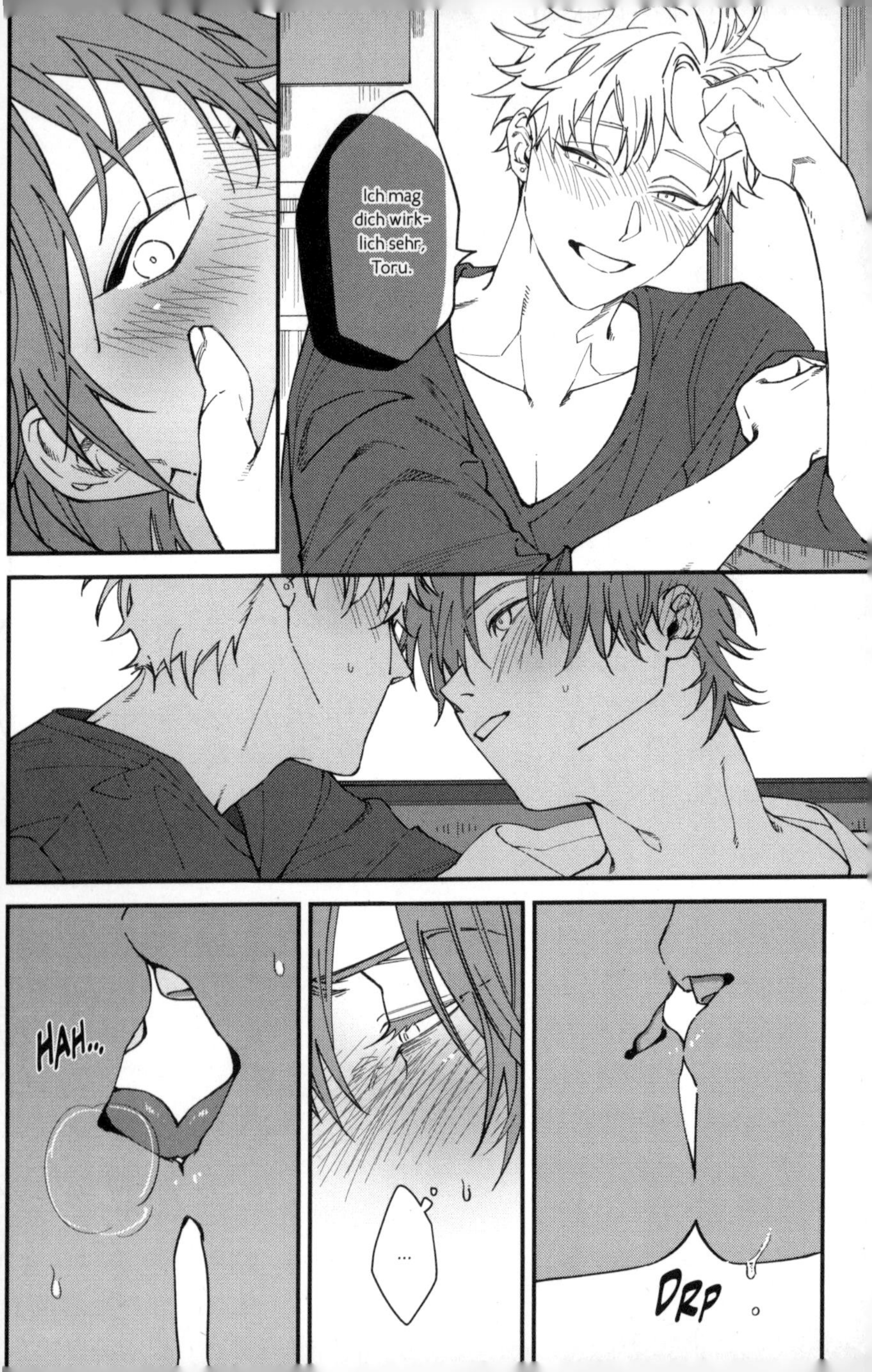
Ich mag dich wirk-lich sehr, Toru.
HAH...
...
DRP

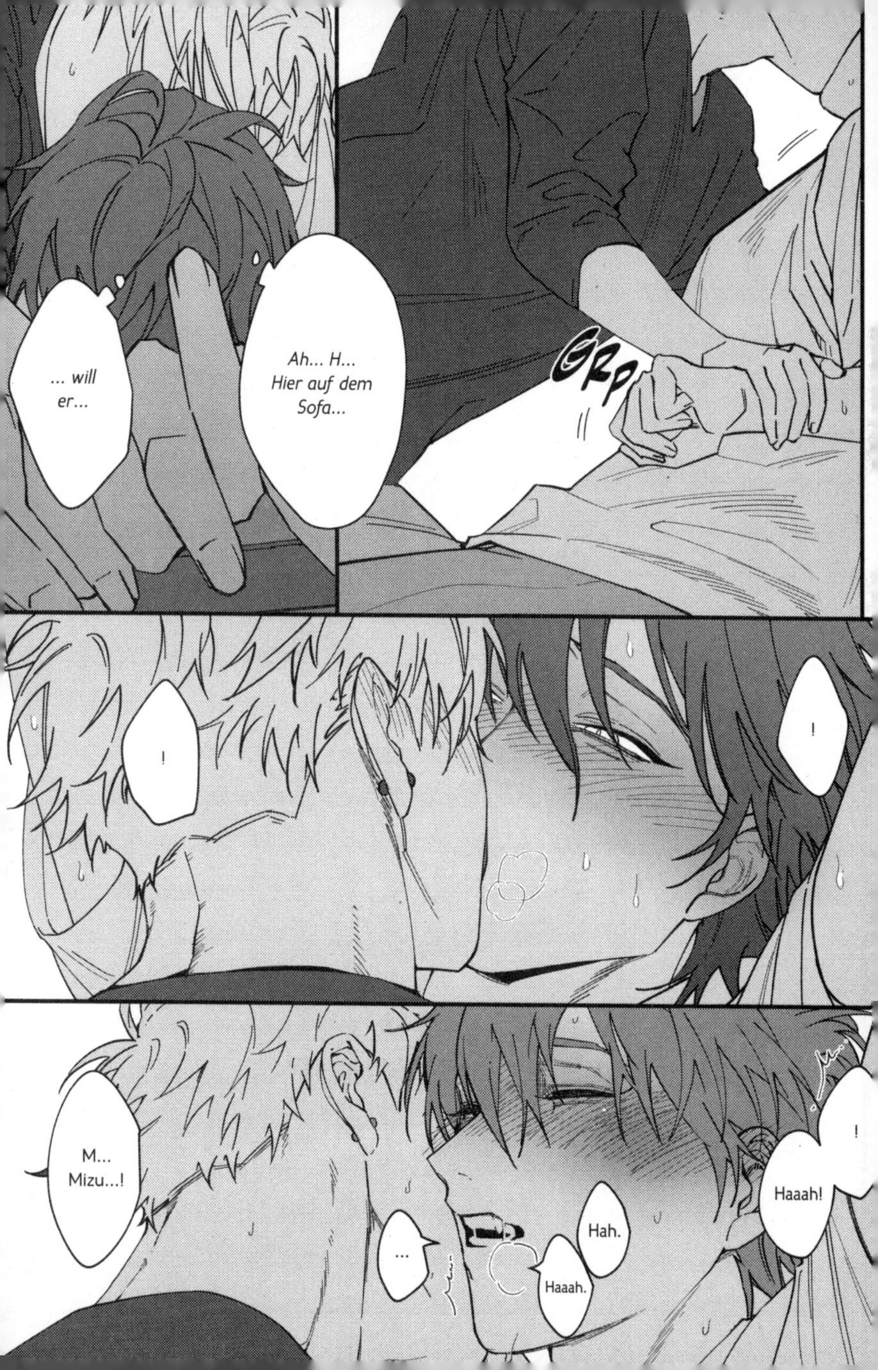
GRP
Ah... H... Hier auf dem Sofa...
... will er...
!
!
!
Haaah!
Hah.
Haaah.
...
M... Mizu...!

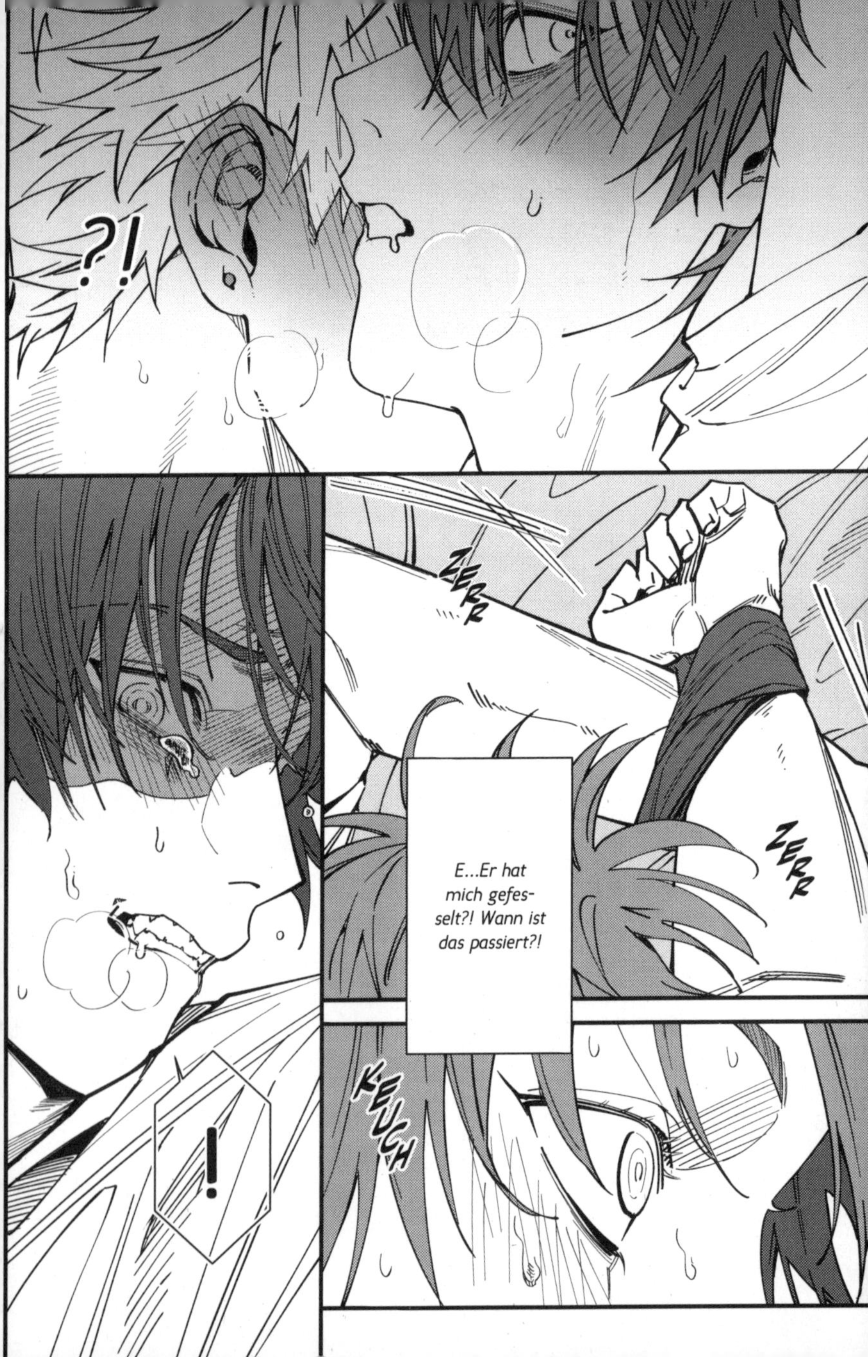
?!
ZERR
ZERR
E...Er hat mich gefes-selt?! Wann ist das passiert?!
!
KEUCH

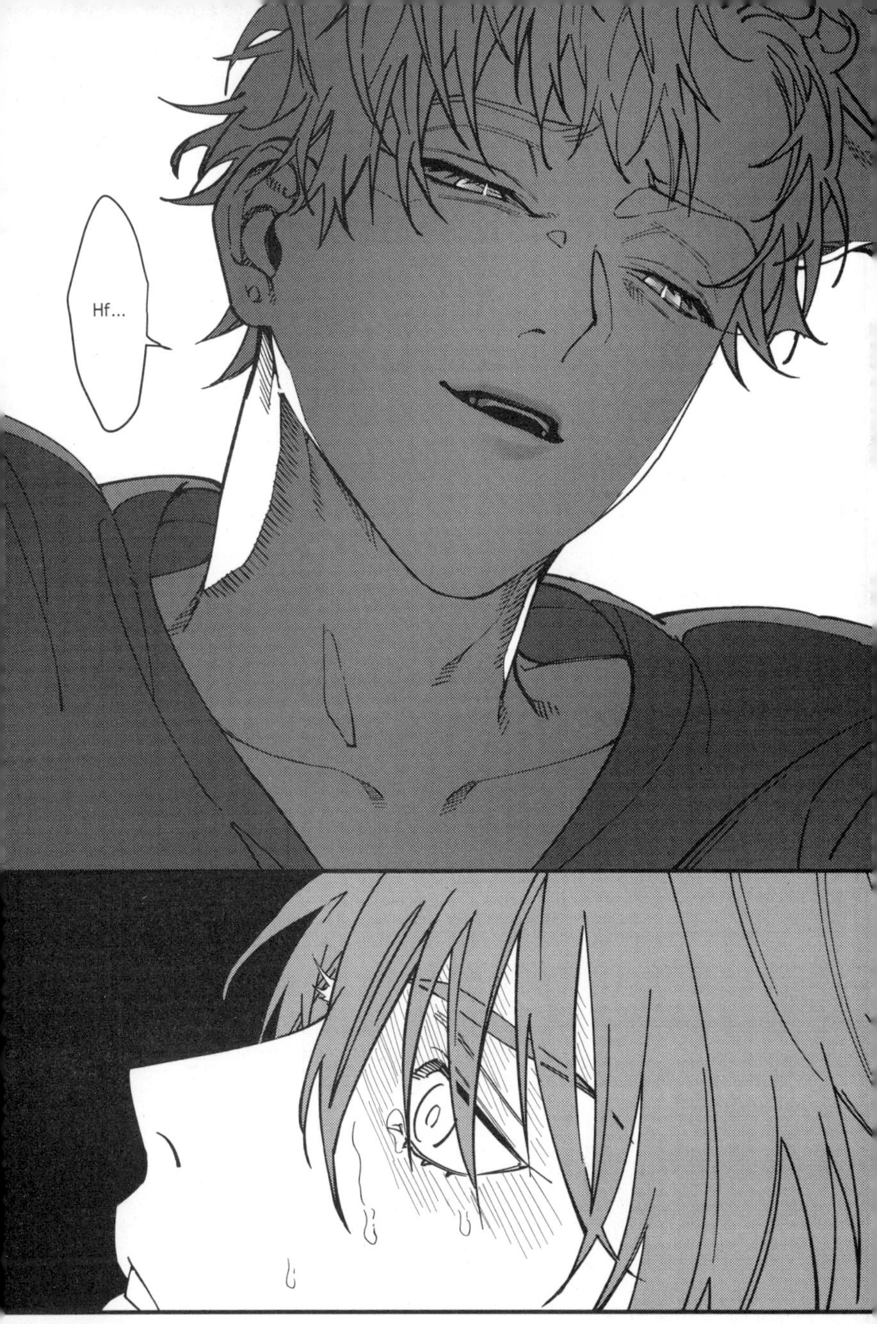
Hf...

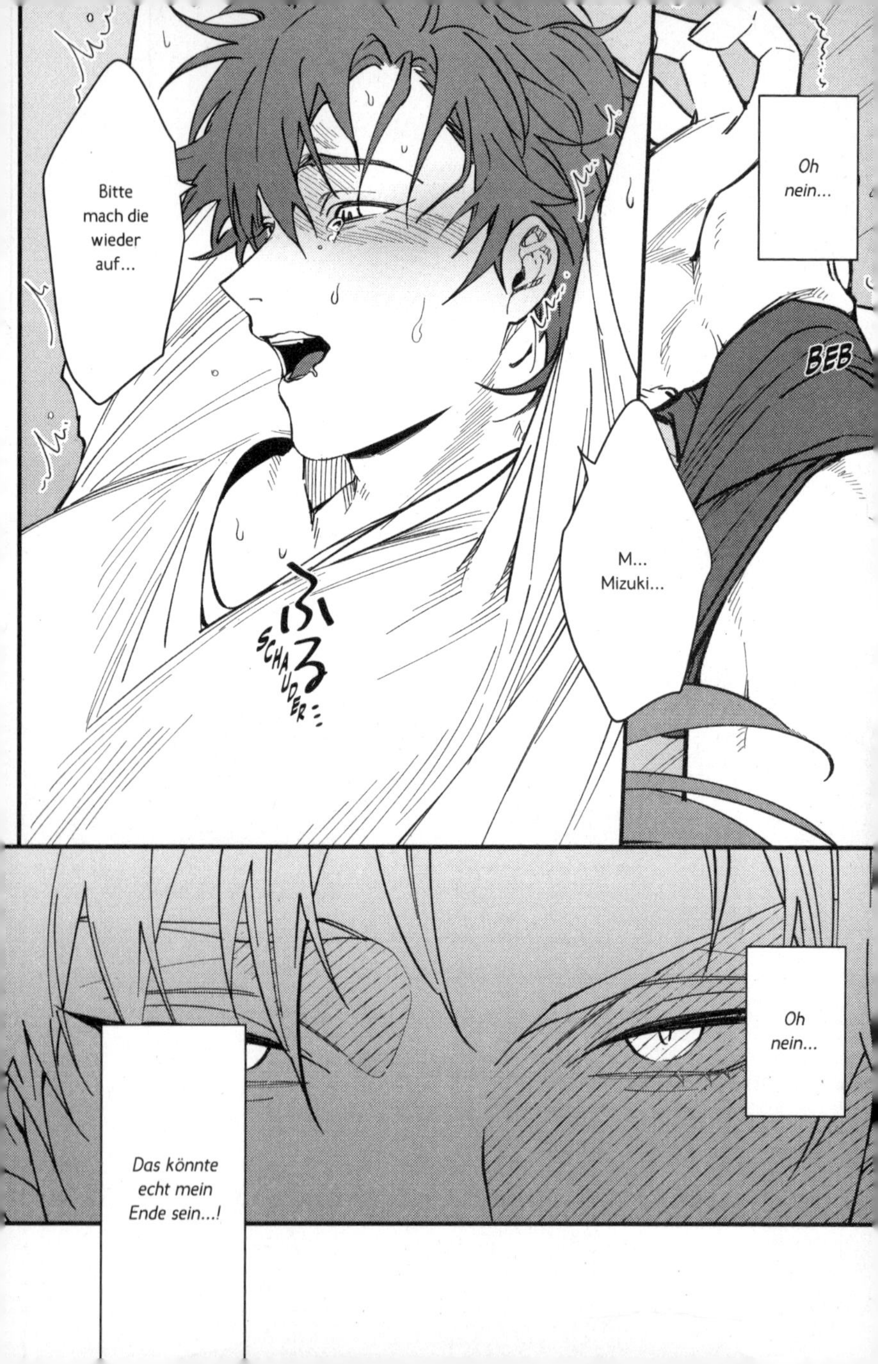
Oh nein...
BEB
Bitte mach die wieder auf...
M... Mizuki...
ふる
SCHAUDER
Oh nein...
Das könnte echt mein Ende sein...!

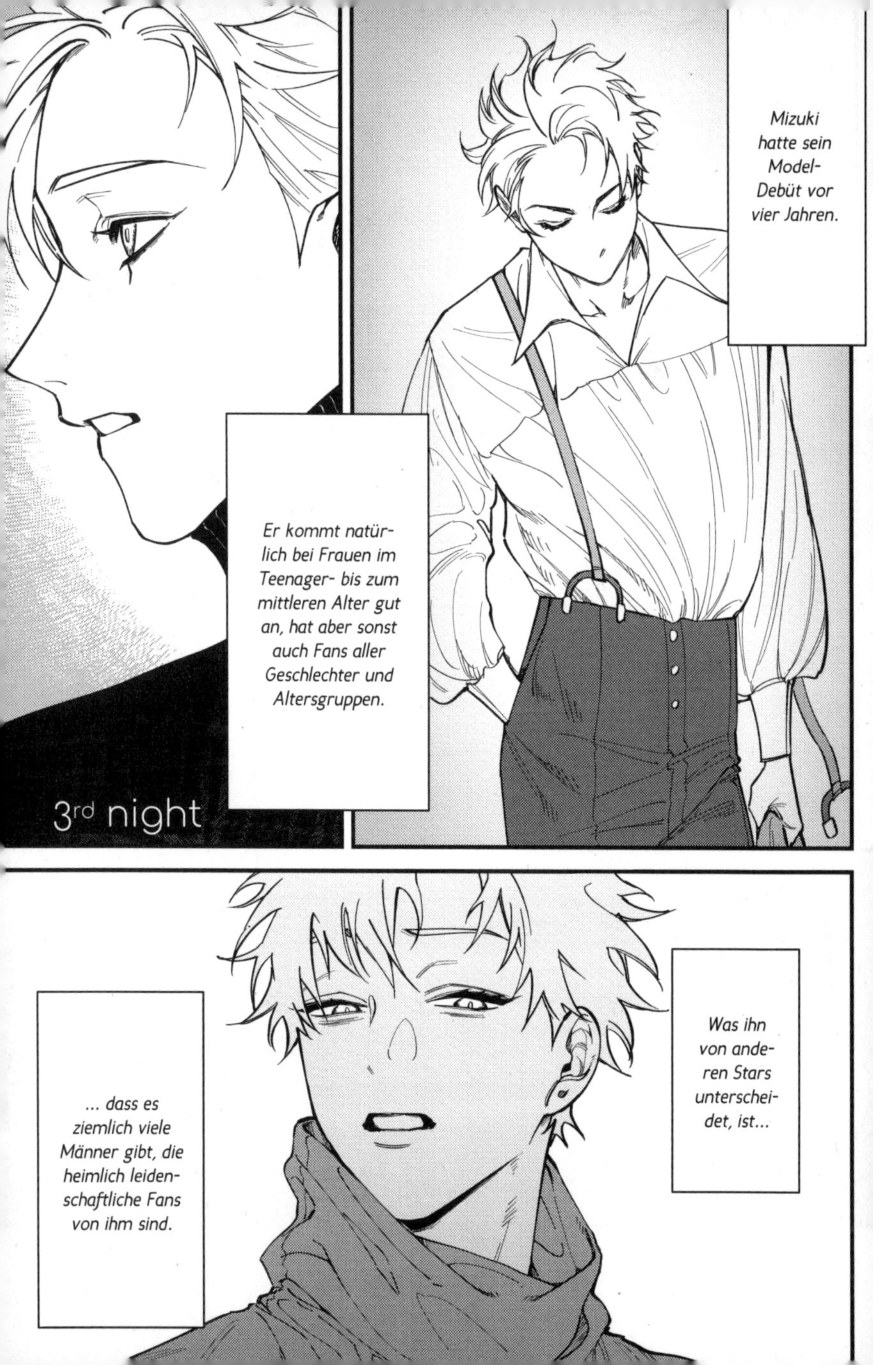
Mizuki hatte sein Model-Debüt vor vier Jahren.
Er kommt natürlich bei Frauen im Teenager- bis zum mittleren Alter gut an, hat aber sonst auch Fans aller Geschlechter und Altersgruppen.
3rd night
Was ihn von anderen Stars unterscheidet, ist...
... dass es ziemlich viele Männer gibt, die heimlich leidenschaftliche Fans von ihm sind.

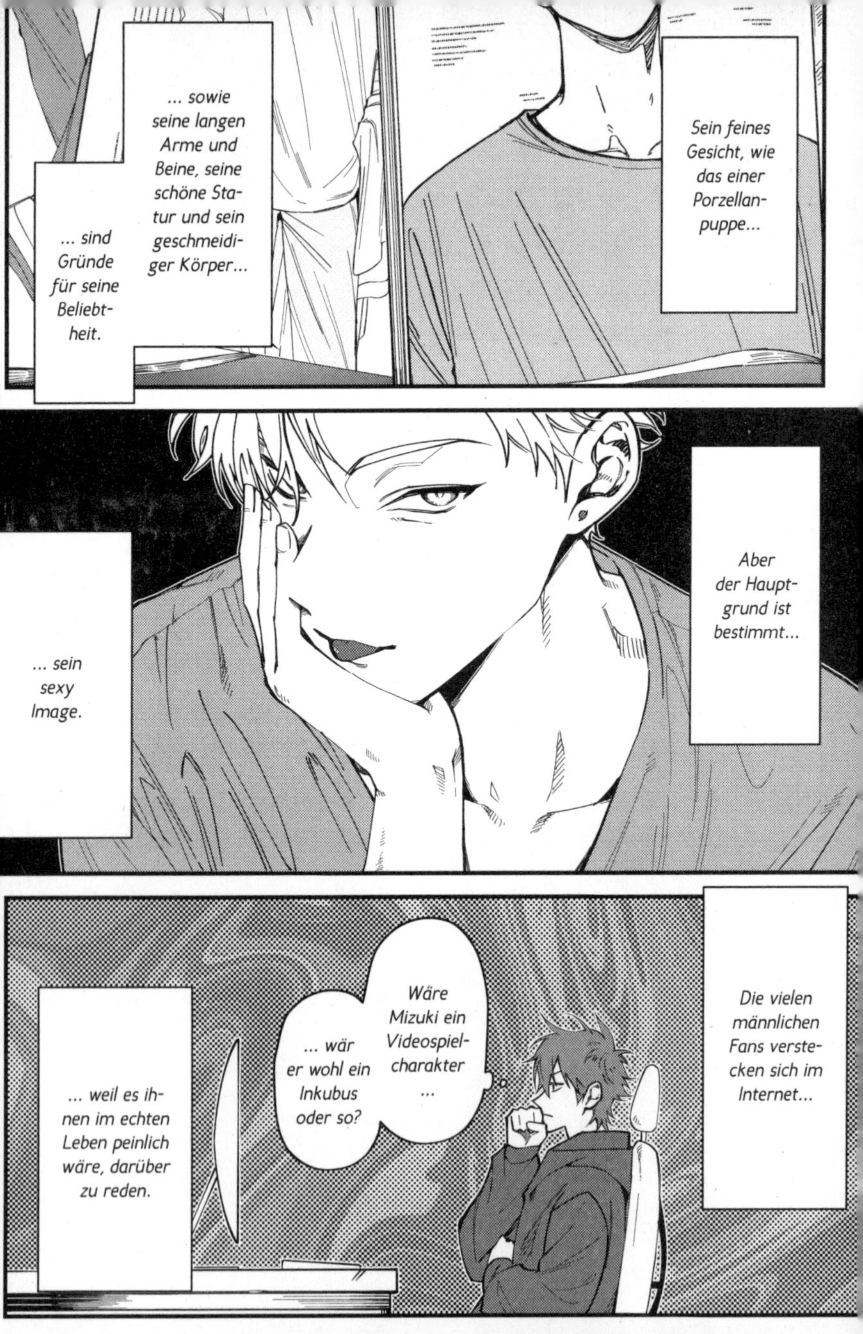
Sein feines Gesicht, wie das einer Porzellanpuppe...
... sowie seine langen Arme und Beine, seine schöne Statur und sein geschmeidiger Körper...
... sind Gründe für seine Beliebtheit.
Aber der Hauptgrund ist bestimmt...
... sein sexy Image.
Die vielen männlichen Fans verstecken sich im Internet...
Wäre Mizuki ein Videospielcharakter ...
... wär er wohl ein Inkubus oder so?
... weil es ihnen im echten Leben peinlich wäre, darüber zu reden.

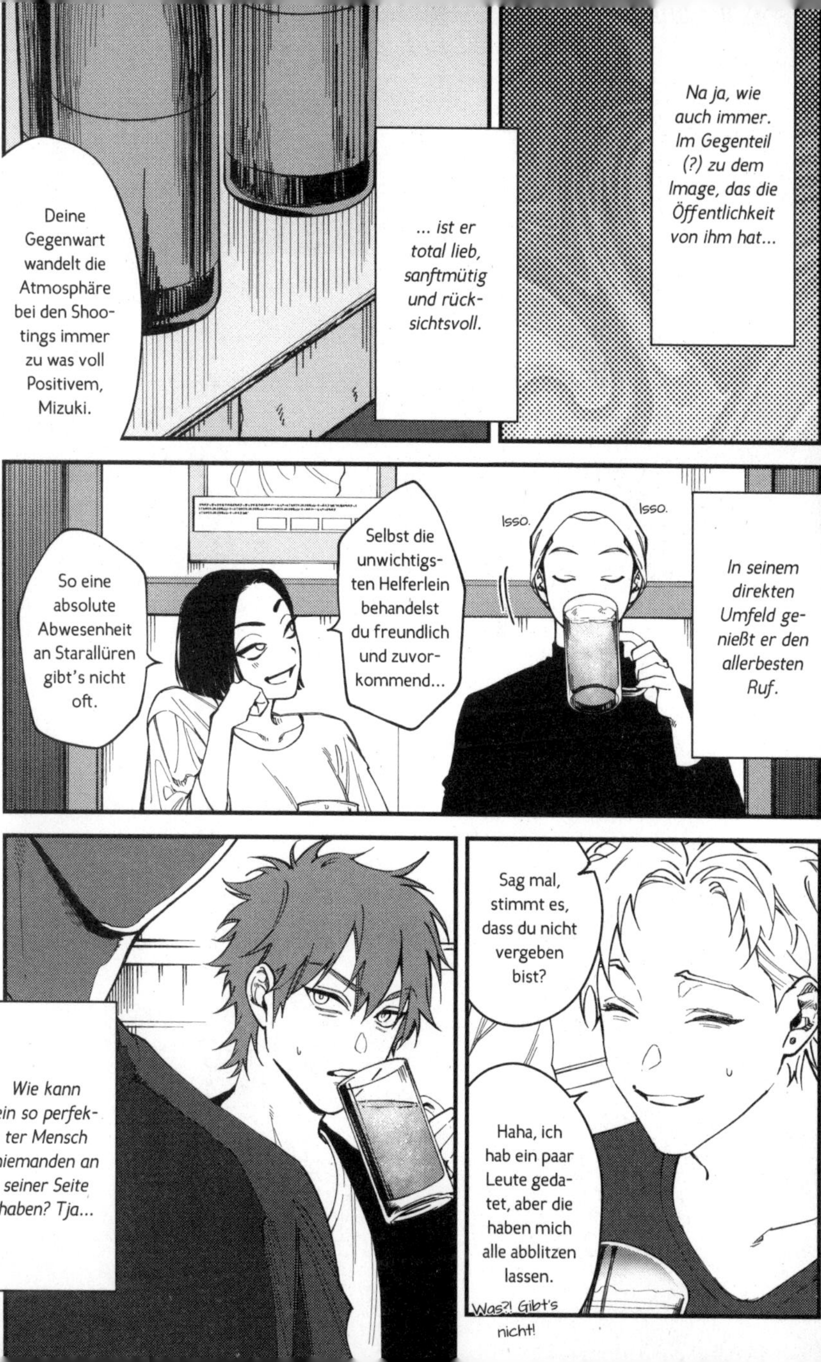
Na ja, wie auch immer. Im Gegenteil (?) zu dem Image, das die Öffentlichkeit von ihm hat…
… ist er total lieb, sanftmütig und rück-sichtsvoll.
Deine Gegenwart wandelt die Atmosphäre bei den Shoo-tings immer zu was voll Positivem, Mizuki.
In seinem direkten Umfeld ge-nießt er den allerbesten Ruf.
Isso.
Isso.
Selbst die unwichtigs-ten Helferlein behandelst du freundlich und zuvor-kommend…
So eine absolute Abwesenheit an Starallüren gibt's nicht oft.
Sag mal, stimmt es, dass du nicht vergeben bist?
Haha, ich hab ein paar Leute geda-tet, aber die haben mich alle abblitzen lassen.
Was?! Gibt's nicht!
Wie kann ein so perfek-ter Mensch niemanden an seiner Seite haben? Tja…

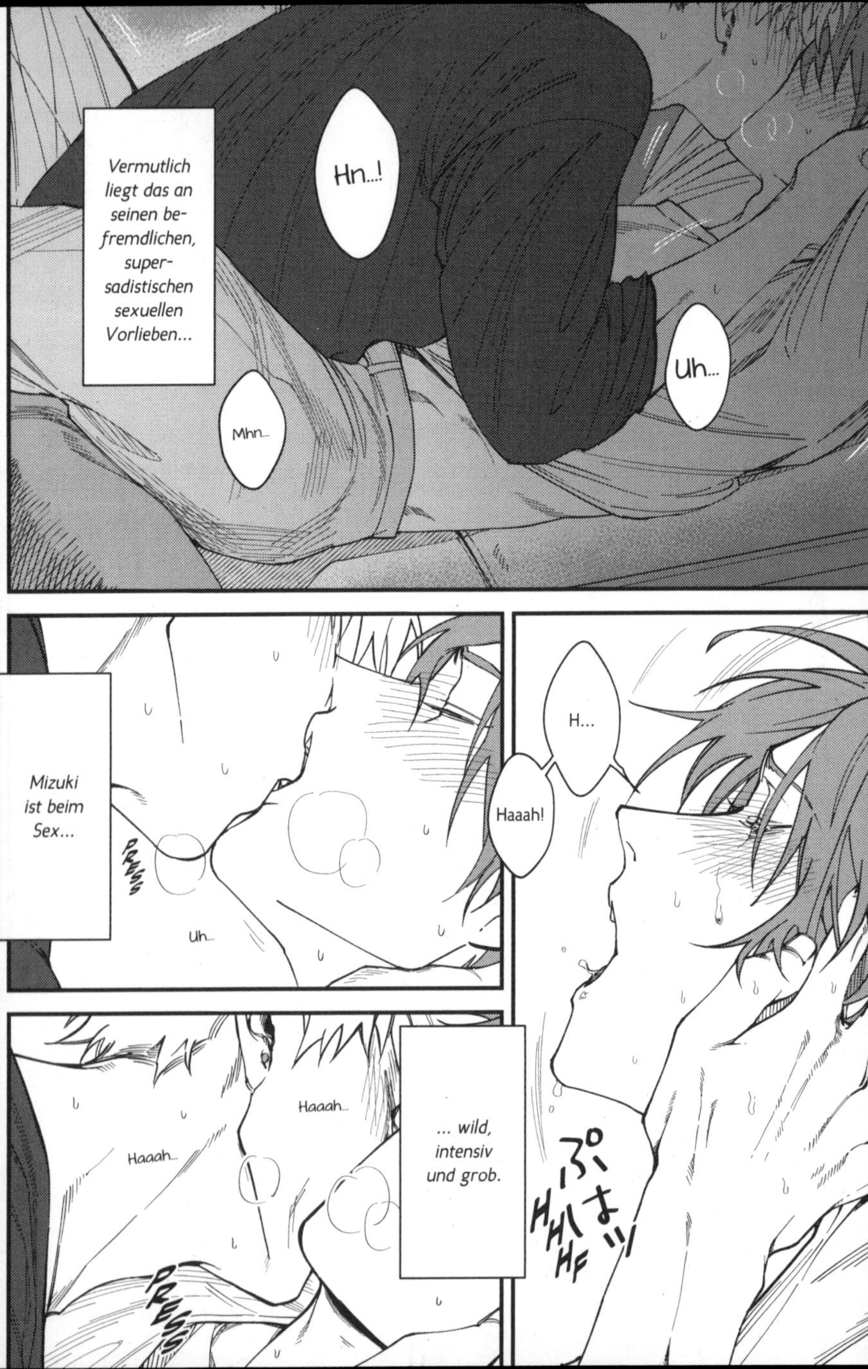
Vermutlich liegt das an seinen befremdlichen, supersadistischen sexuellen Vorlieben...
Hn...!
Uh...
Mhn...
H...
Haaah!
Mizuki ist beim Sex...
PRESS
Uh...
ぷはっ
HHHHF
Haaah...
Haaah...
... wild, intensiv und grob.
PRESS

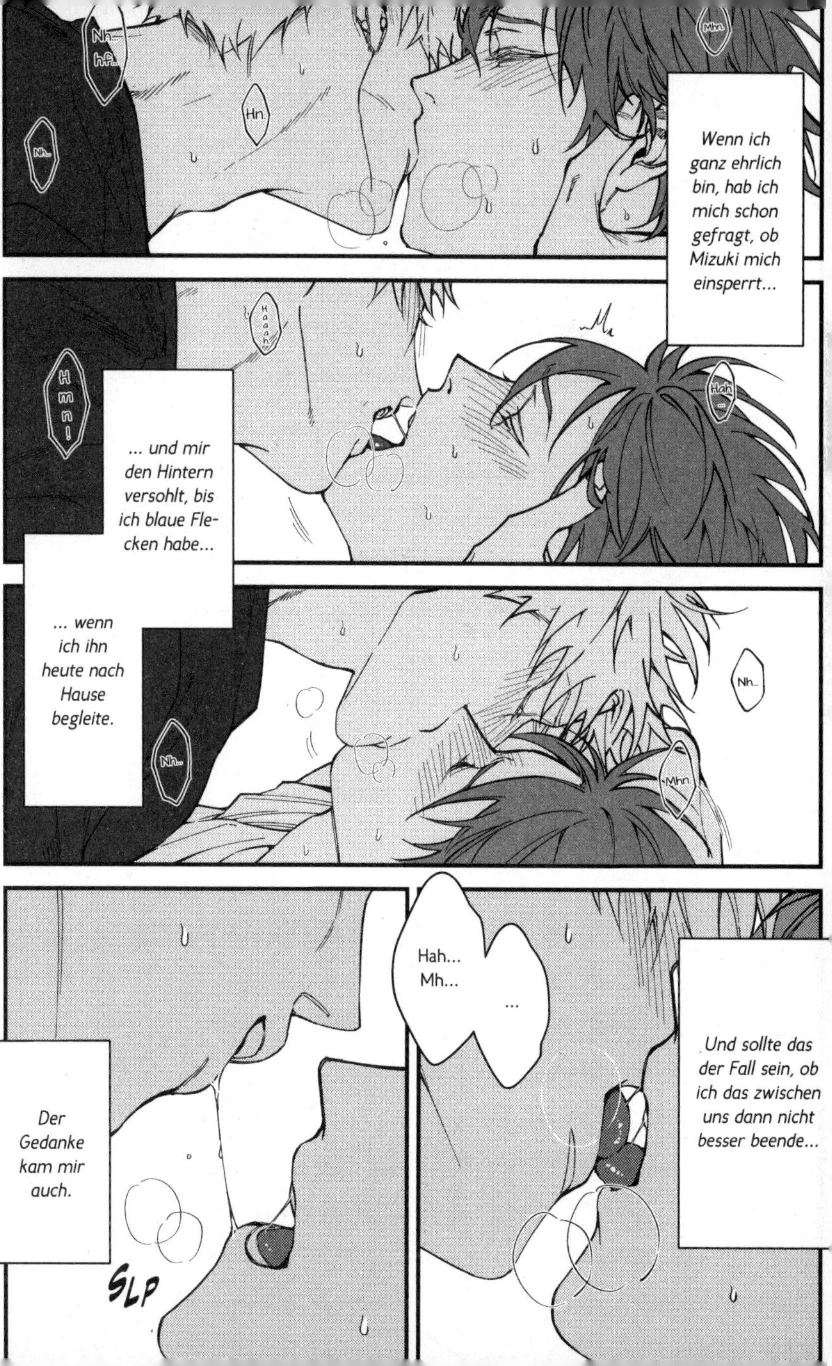

Mhn.
Wenn ich ganz ehrlich bin, hab ich mich schon gefragt, ob Mizuki mich einsperrt...
Hn.
Nh... hf...
Nh...
Hah...
Haaah
... und mir den Hintern versohlt, bis ich blaue Flecken habe...
Hmn!
Nh...
Mhn.
... wenn ich ihn heute nach Hause begleite.
Nh...
Und sollte das der Fall sein, ob ich das zwischen uns dann nicht besser beende...
Hah... Mh...
...
Der Gedanke kam mir auch.
SLP

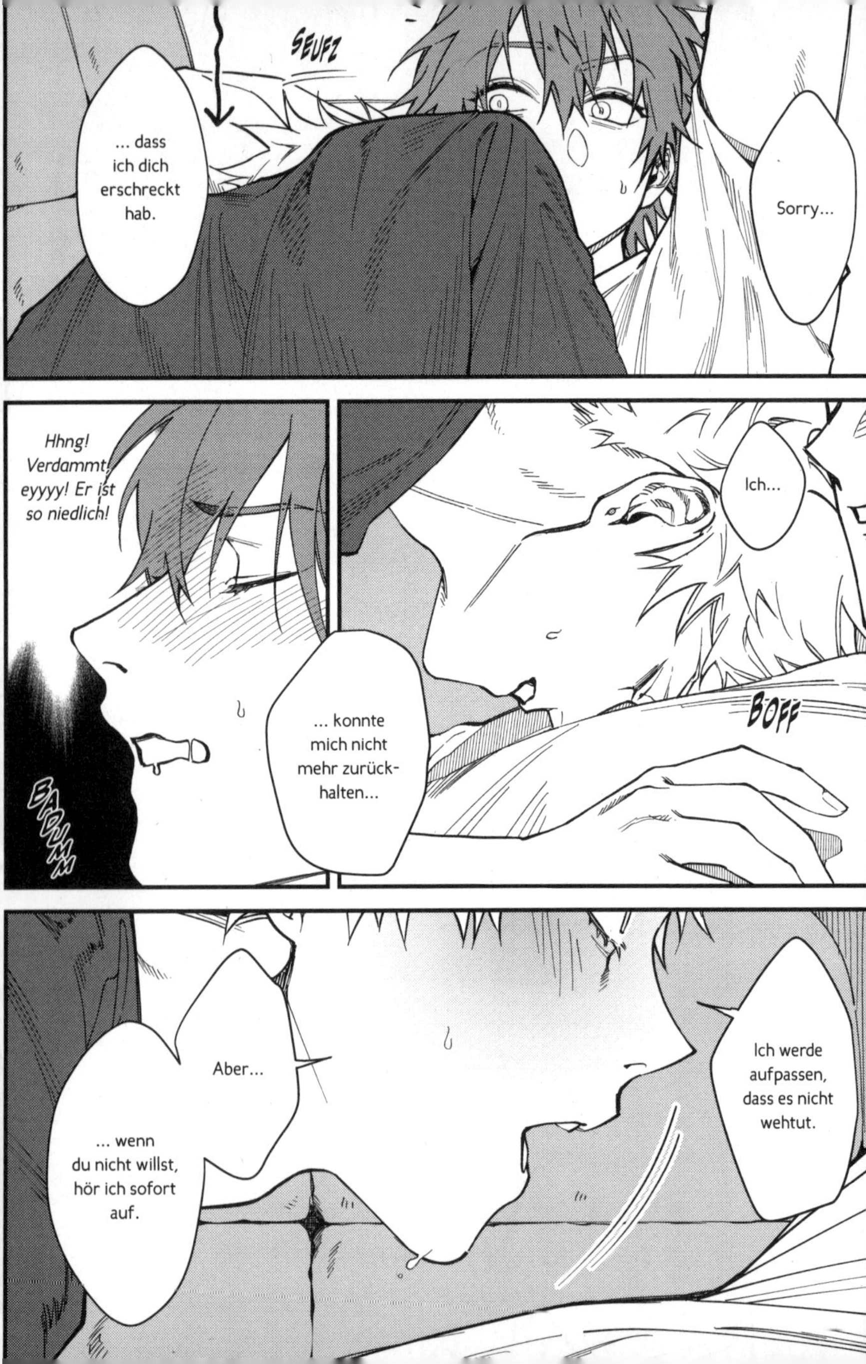
Sorry…
SEUFZ
… dass ich dich erschreckt hab.
Ich…
BOFF
… konnte mich nicht mehr zurückhalten…
Hhng! Verdammt, eyyyy! Er ist so niedlich!
BADUMM
Ich werde aufpassen, dass es nicht wehtut.
Aber…
… wenn du nicht willst, hör ich sofort auf.

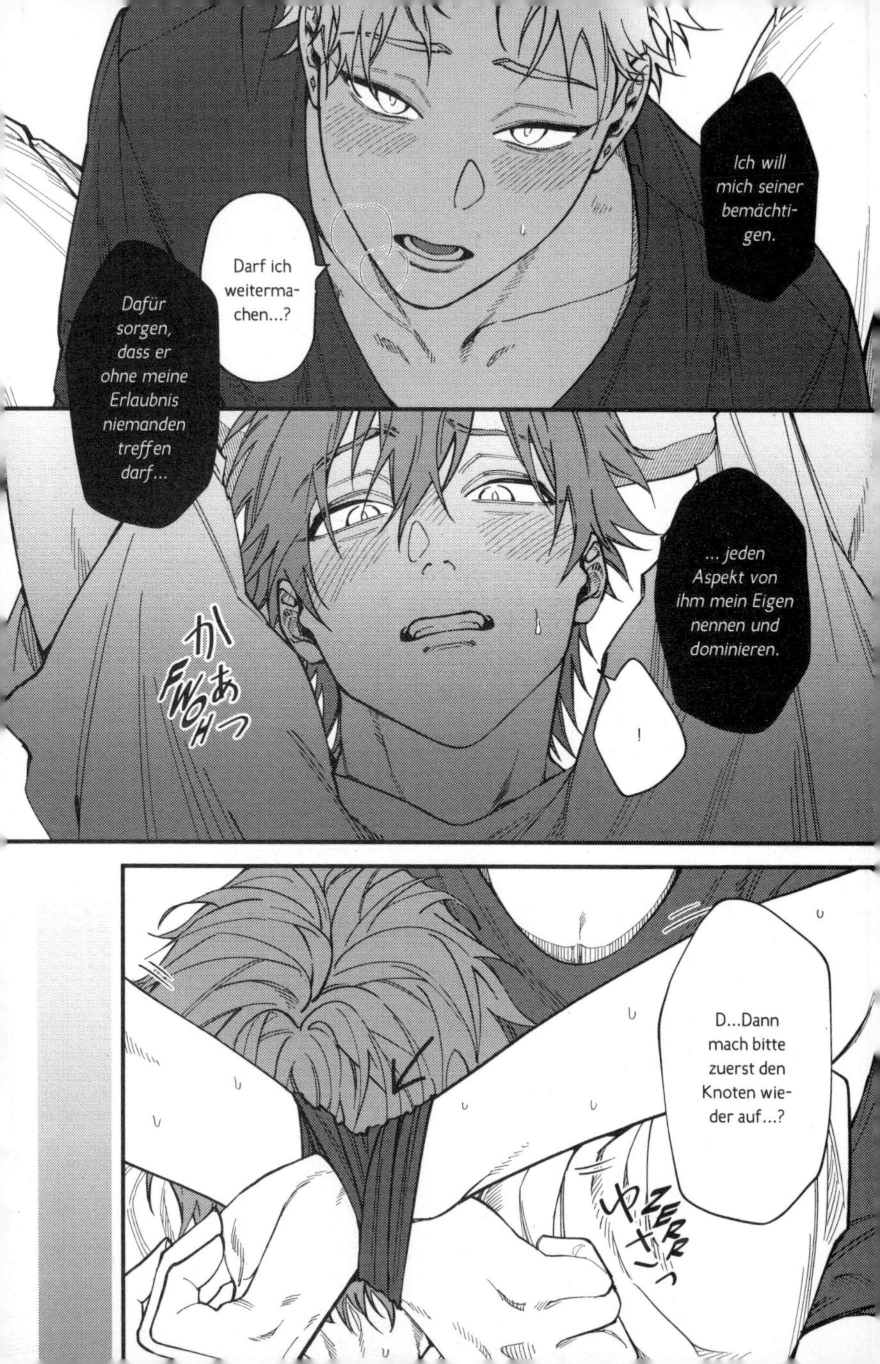

Ich will mich seiner bemächtigen.
Darf ich weitermachen...?
Dafür sorgen, dass er ohne meine Erlaubnis niemanden treffen darf...
... jeden Aspekt von ihm mein Eigen nennen und dominieren.
!
FWAH
D...Dann mach bitte zuerst den Knoten wieder auf...?
ZERR

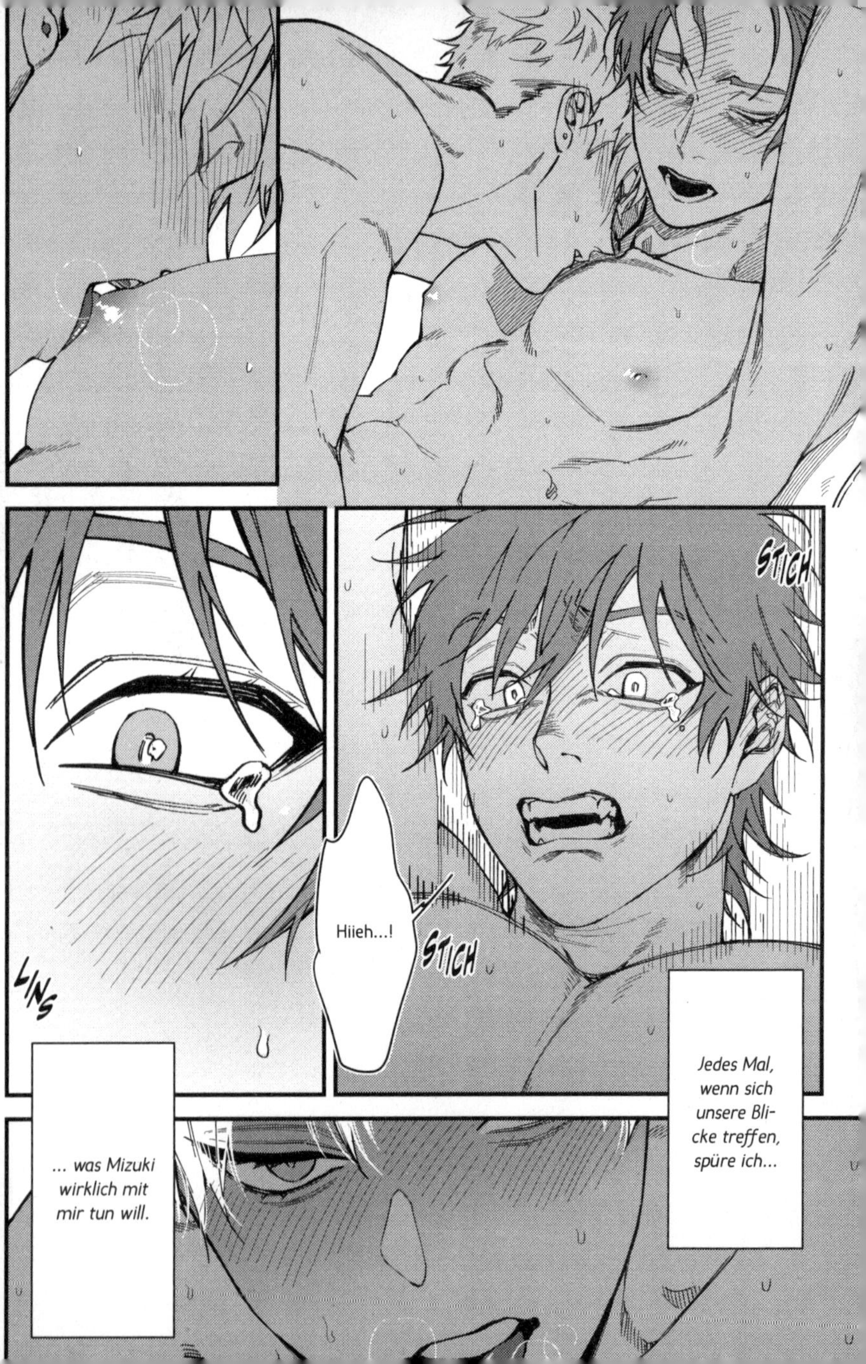
STICH
Hiieh...!
STICH
LINS
Jedes Mal, wenn sich unsere Bli-cke treffen, spüre ich...
... was Mizuki wirklich mit mir tun will.

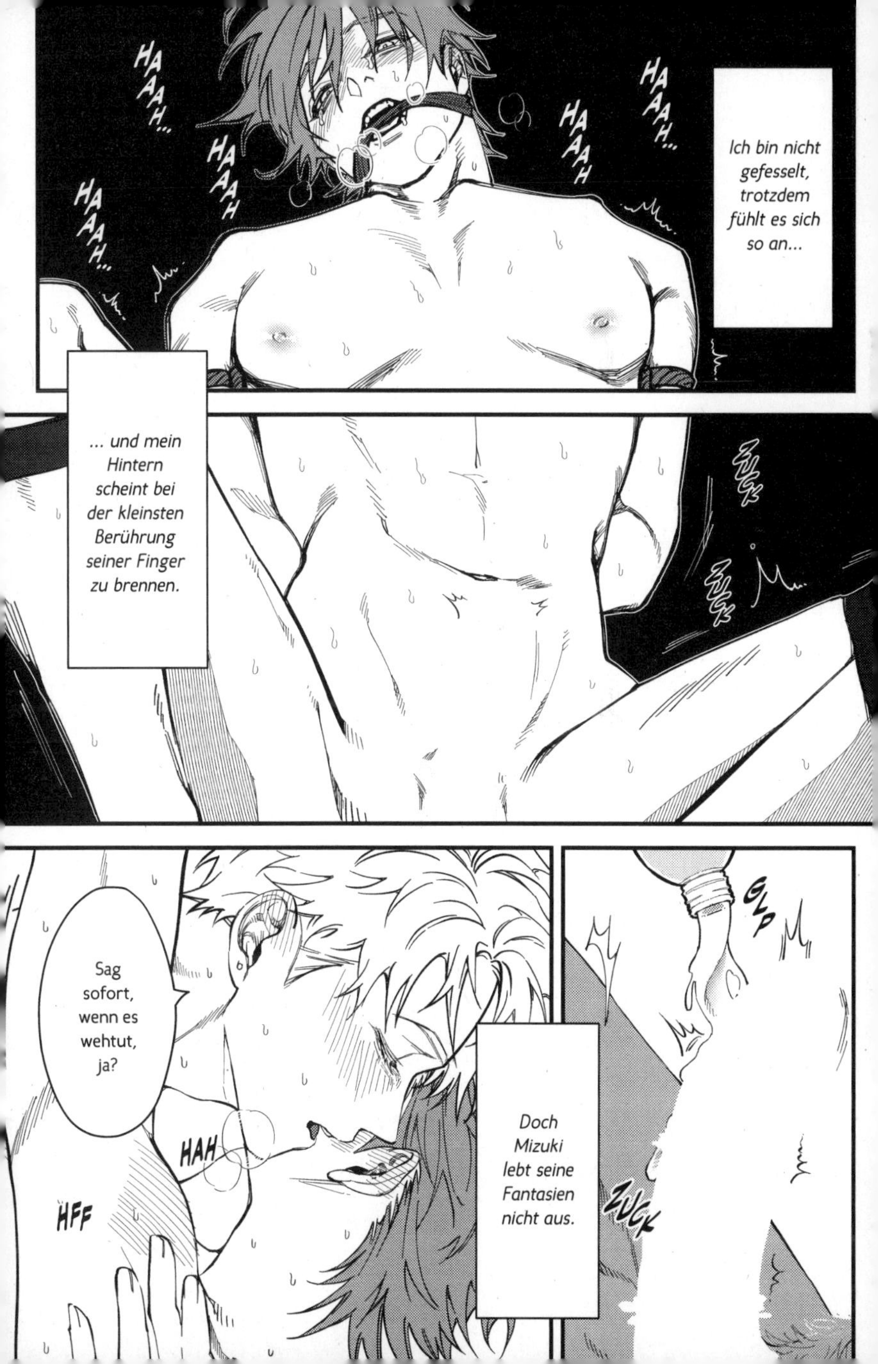
Ich bin nicht gefesselt, trotzdem fühlt es sich so an...
HAAAH...
HAAAH
HAAAH
HAAAH...
HAAAH...
... und mein Hintern scheint bei der kleinsten Berührung seiner Finger zu brennen.
ZUCK
ZUCK
GLP
ZUCK
Doch Mizuki lebt seine Fantasien nicht aus.
Sag sofort, wenn es wehtut, ja?
HAH
HFF

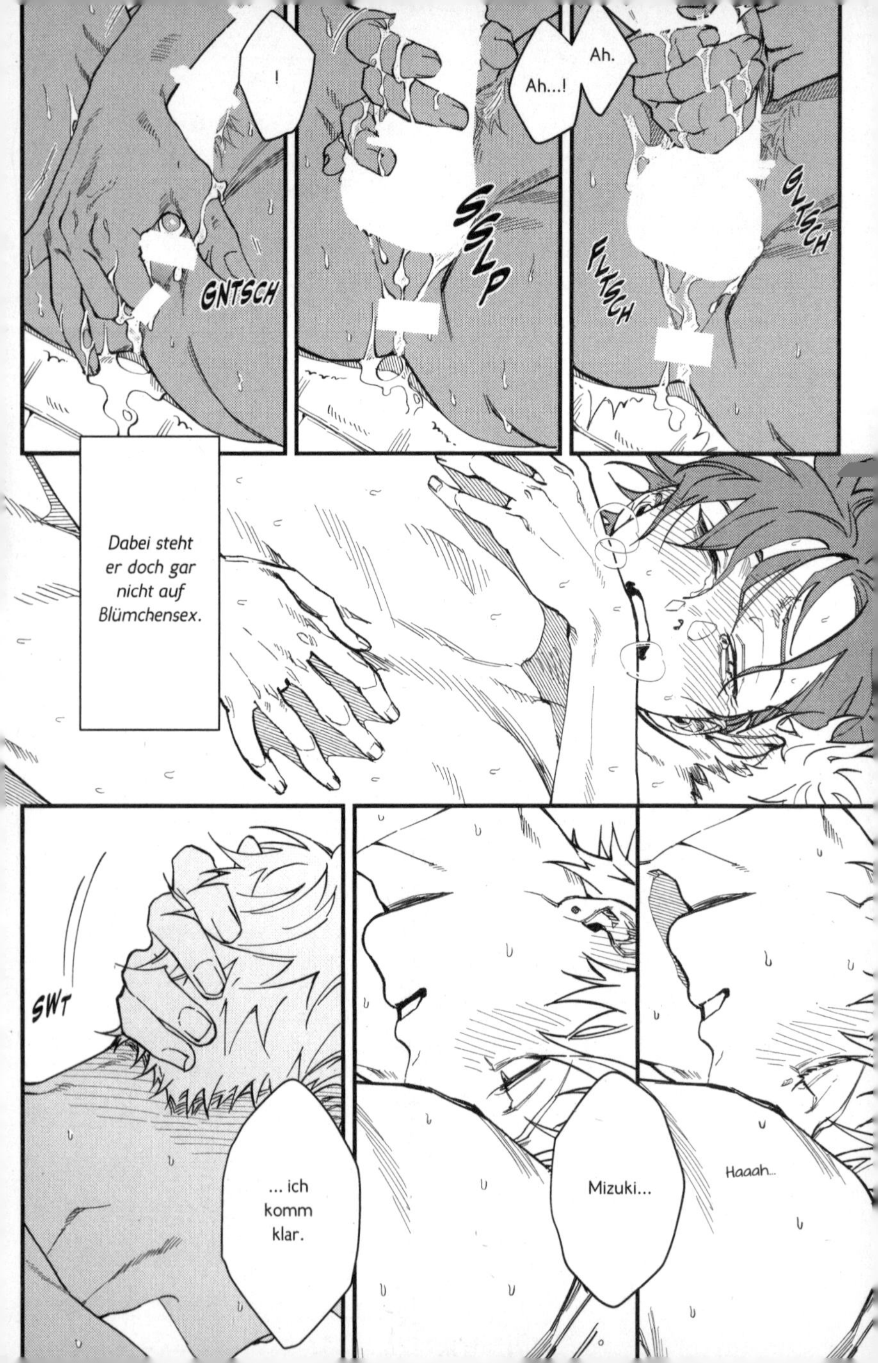
GLTSCH
FLATSCH
Ah.
Ah...!
SSLP
!
GNTSCH
Dabei steht er doch gar nicht auf Blümchensex.
Haaah..
Mizuki...
... ich komm klar.
SWT

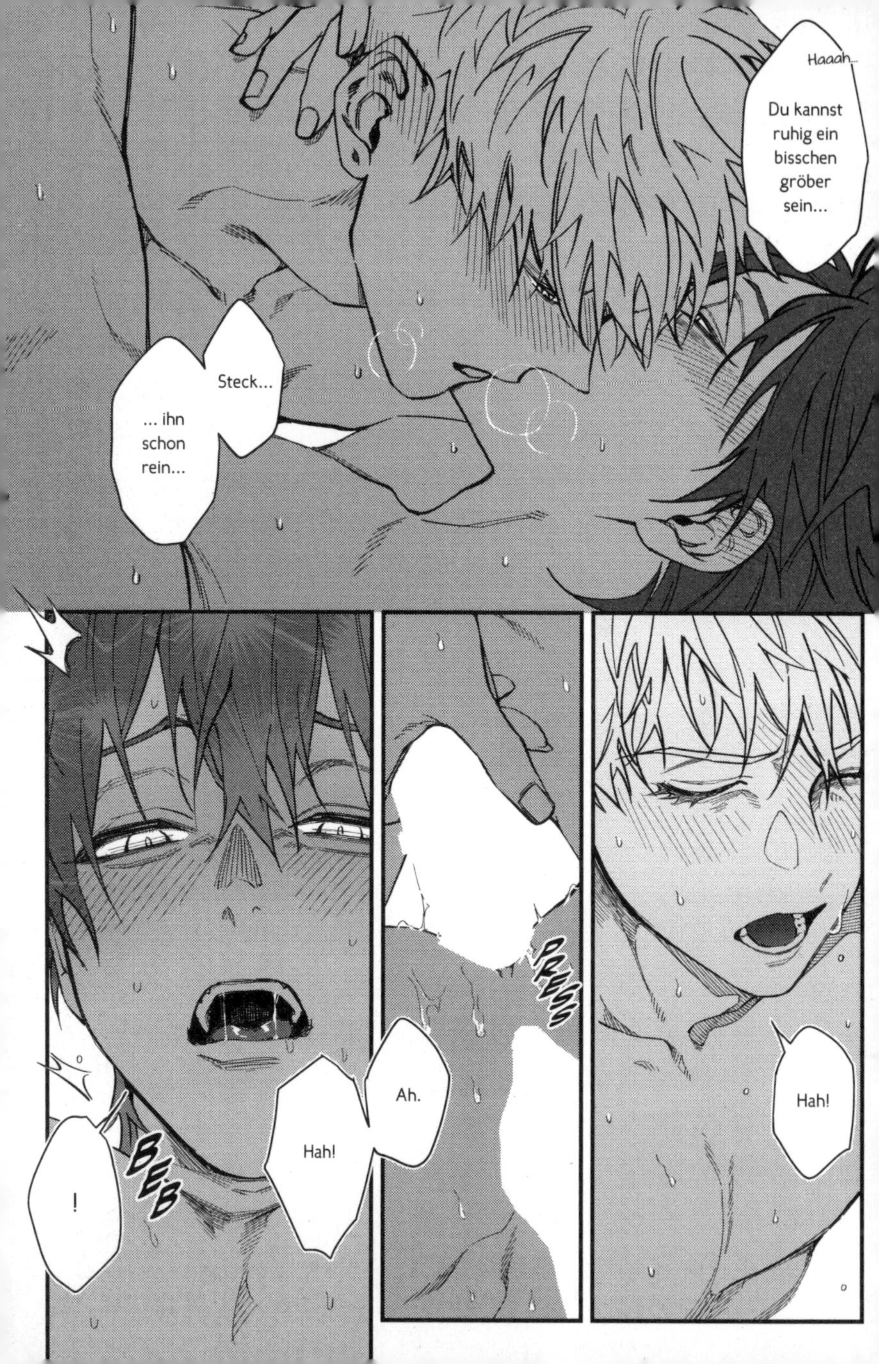
Haaah...
Du kannst ruhig ein bisschen gröber sein...
Steck...
... ihn schon rein...
Hah!
PRESS
Ah.
Hah!
BEB
!

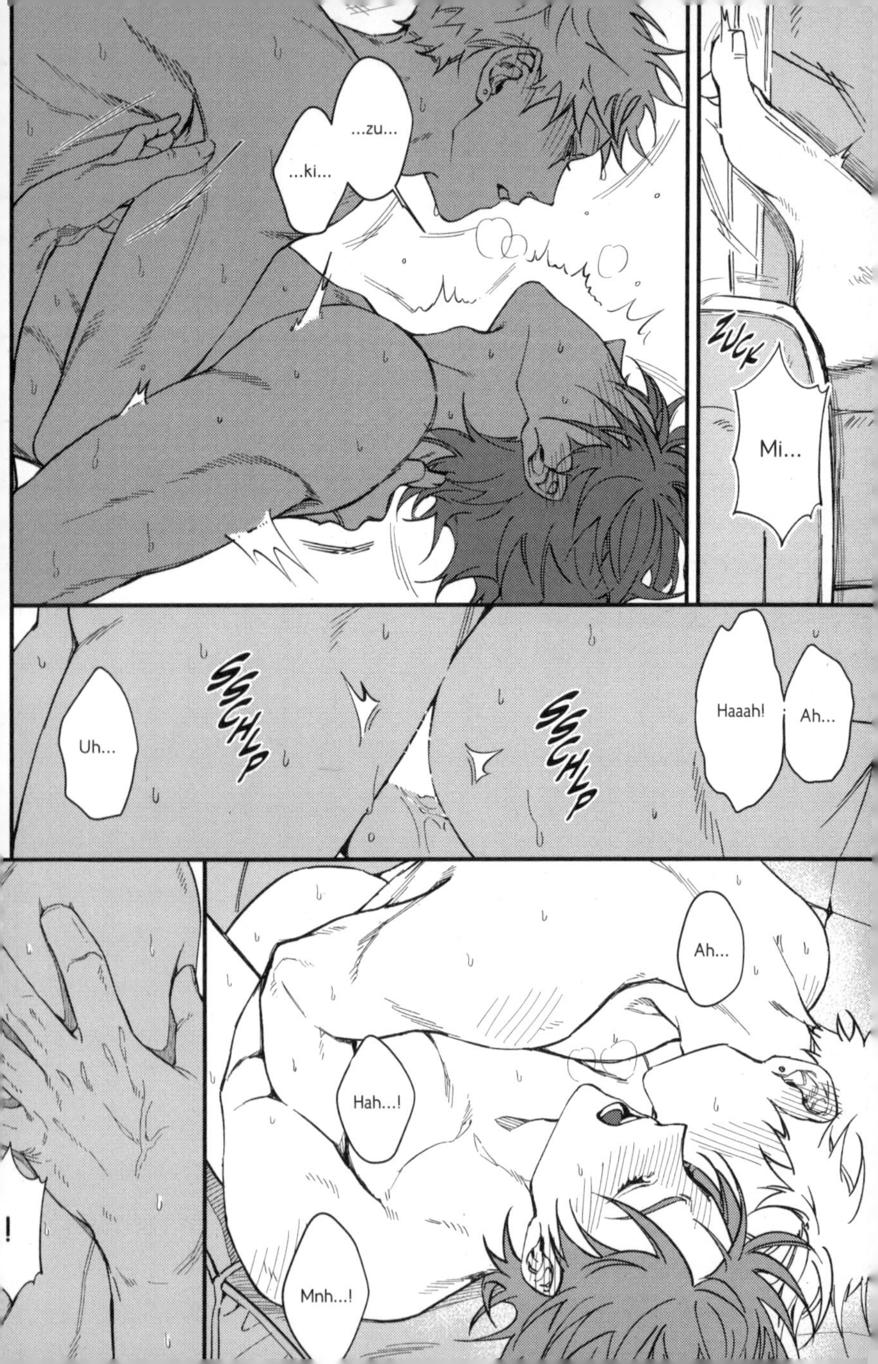
ZUCK
Mi...
...zu...
...ki...
Ah...
Haaah!
SSCHLP
SSCHLP
Uh...
Ah...
Hah...!
Mnh...!
!

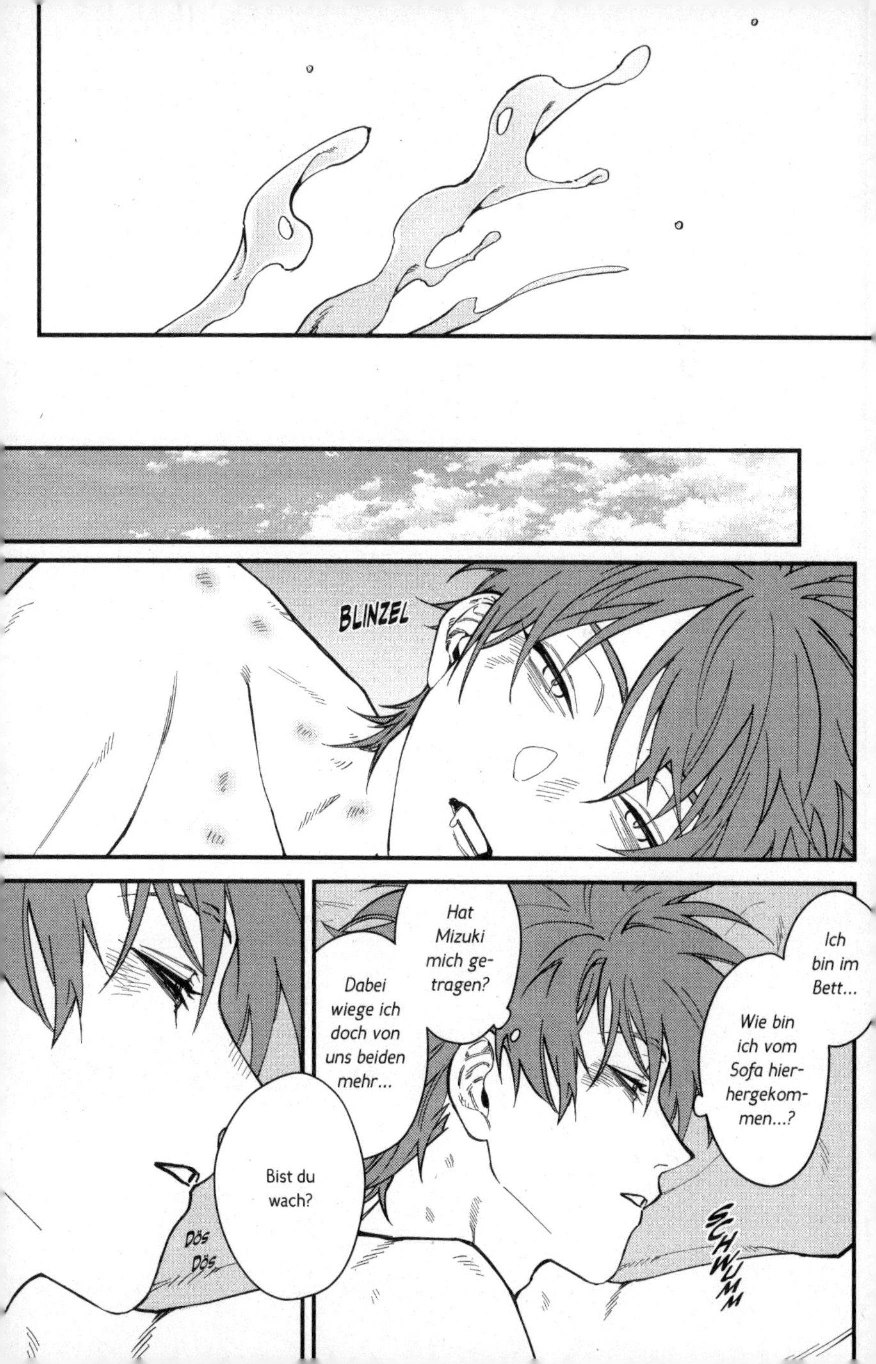
BLINZEL
Ich bin im Bett...
Wie bin ich vom Sofa hierhergekommen...?
Hat Mizuki mich getragen?
Dabei wiege ich doch von uns beiden mehr...
SCHWUMM
Bist du wach?
Dös Dös

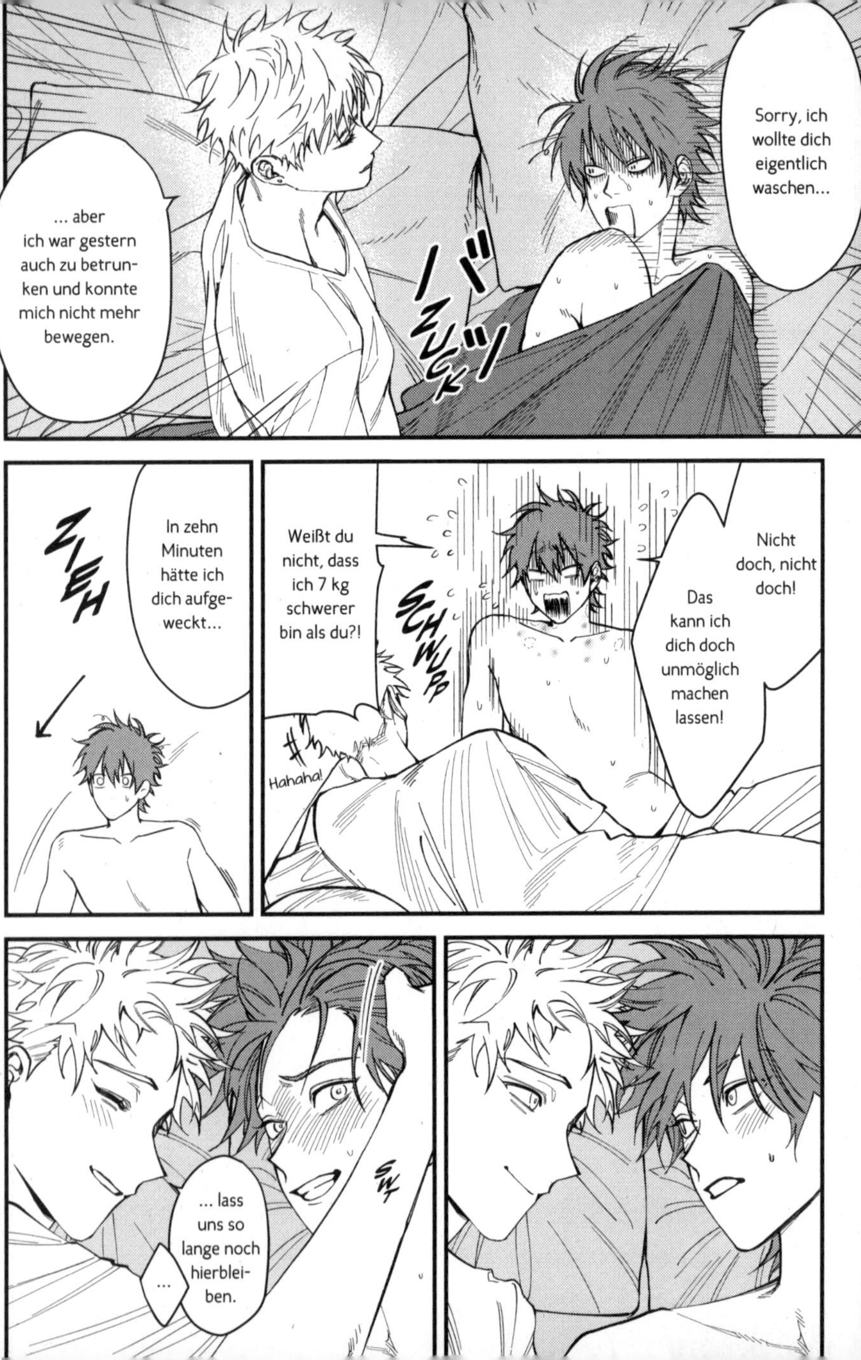
Sorry, ich wollte dich eigentlich waschen…
ZUCK
… aber ich war gestern auch zu betrunken und konnte mich nicht mehr bewegen.
Nicht doch, nicht doch!
Das kann ich dich doch unmöglich machen lassen!
SCHWUPP
Weißt du nicht, dass ich 7 kg schwerer bin als du?!
Hahaha!
ZIEH
In zehn Minuten hätte ich dich aufgeweckt…
… lass uns so lange noch hierbleiben.
…

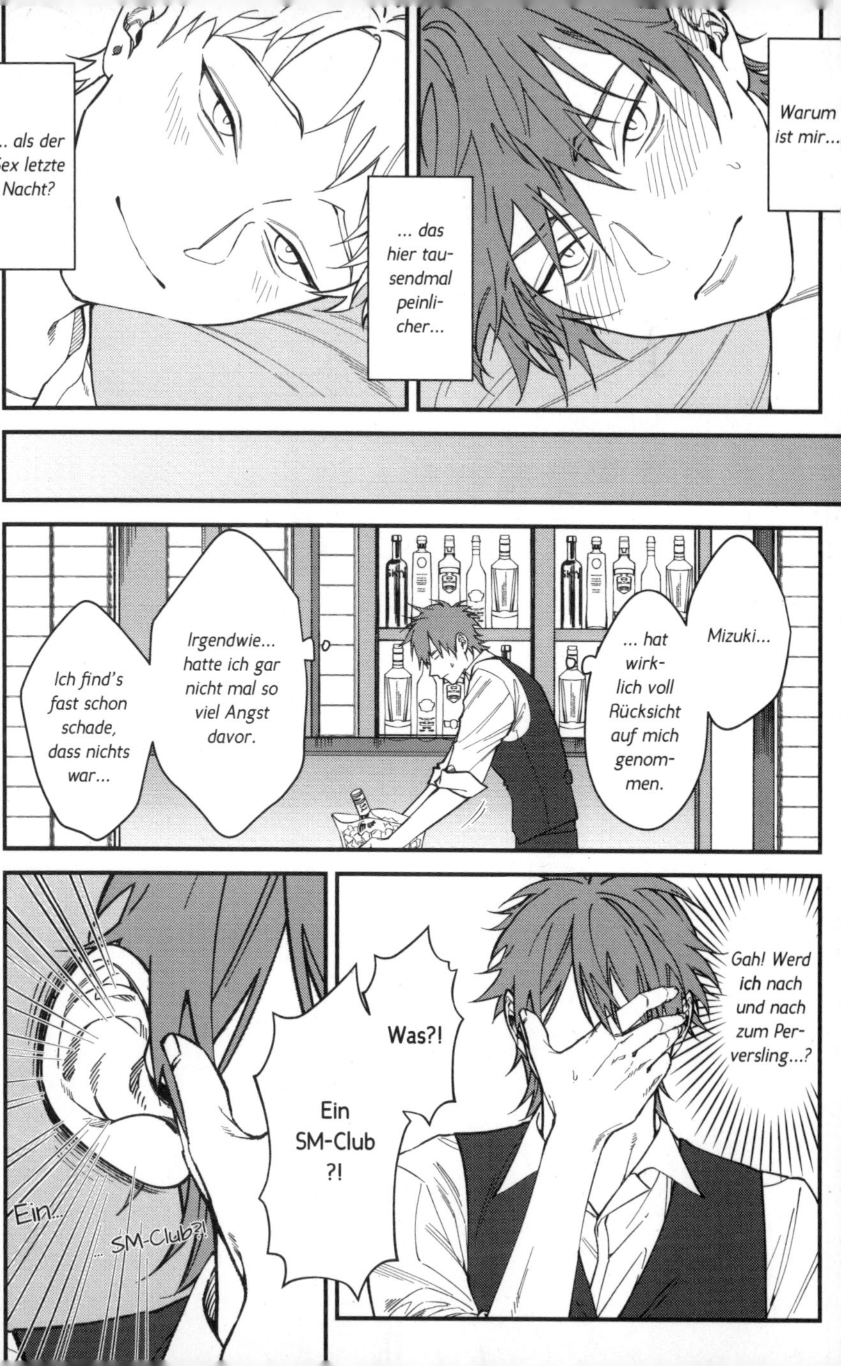
Warum ist mir...
... das hier tausendmal peinlicher...
... als der Sex letzte Nacht?
Mizuki...
... hat wirklich voll Rücksicht auf mich genommen.
Irgendwie... hatte ich gar nicht mal so viel Angst davor.
Ich find's fast schon schade, dass nichts war...
Gah! Werd ich nach und nach zum Perversling...?
Was?!
Ein SM-Club ?!
Ein...
... SM-Club?!

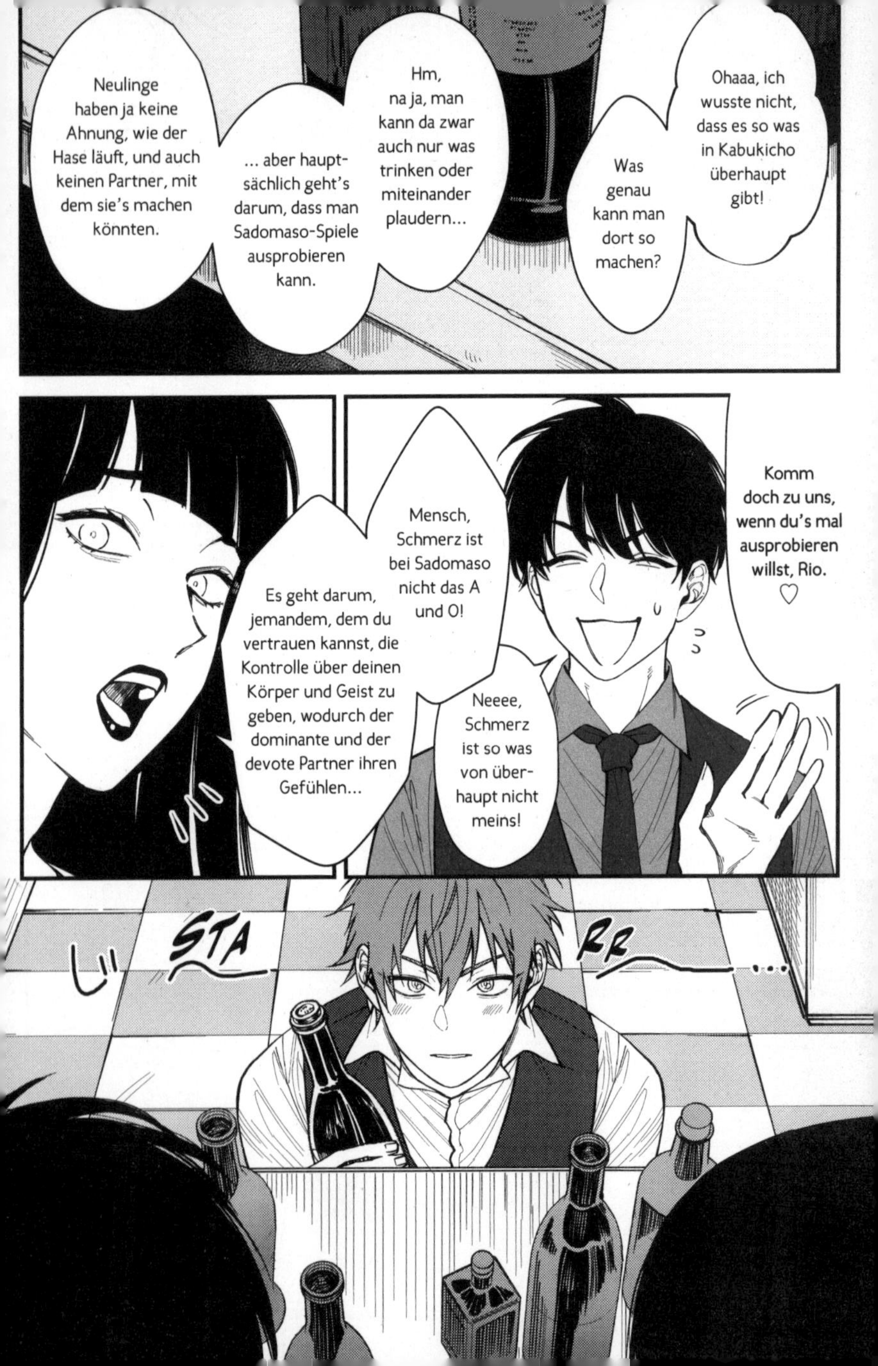

Ohaaa, ich wusste nicht, dass es so was in Kabukicho überhaupt gibt!
Was genau kann man dort so machen?
Hm, na ja, man kann da zwar auch nur was trinken oder miteinander plaudern...
... aber hauptsächlich geht's darum, dass man Sadomaso-Spiele ausprobieren kann.
Neulinge haben ja keine Ahnung, wie der Hase läuft, und auch keinen Partner, mit dem sie's machen könnten.
Komm doch zu uns, wenn du's mal ausprobieren willst, Rio. ♡
Mensch, Schmerz ist bei Sadomaso nicht das A und O!
Neeee, Schmerz ist so was von überhaupt nicht meins!
Es geht darum, jemandem, dem du vertrauen kannst, die Kontrolle über deinen Körper und Geist zu geben, wodurch der dominante und der devote Partner ihren Gefühlen...
STA RR...

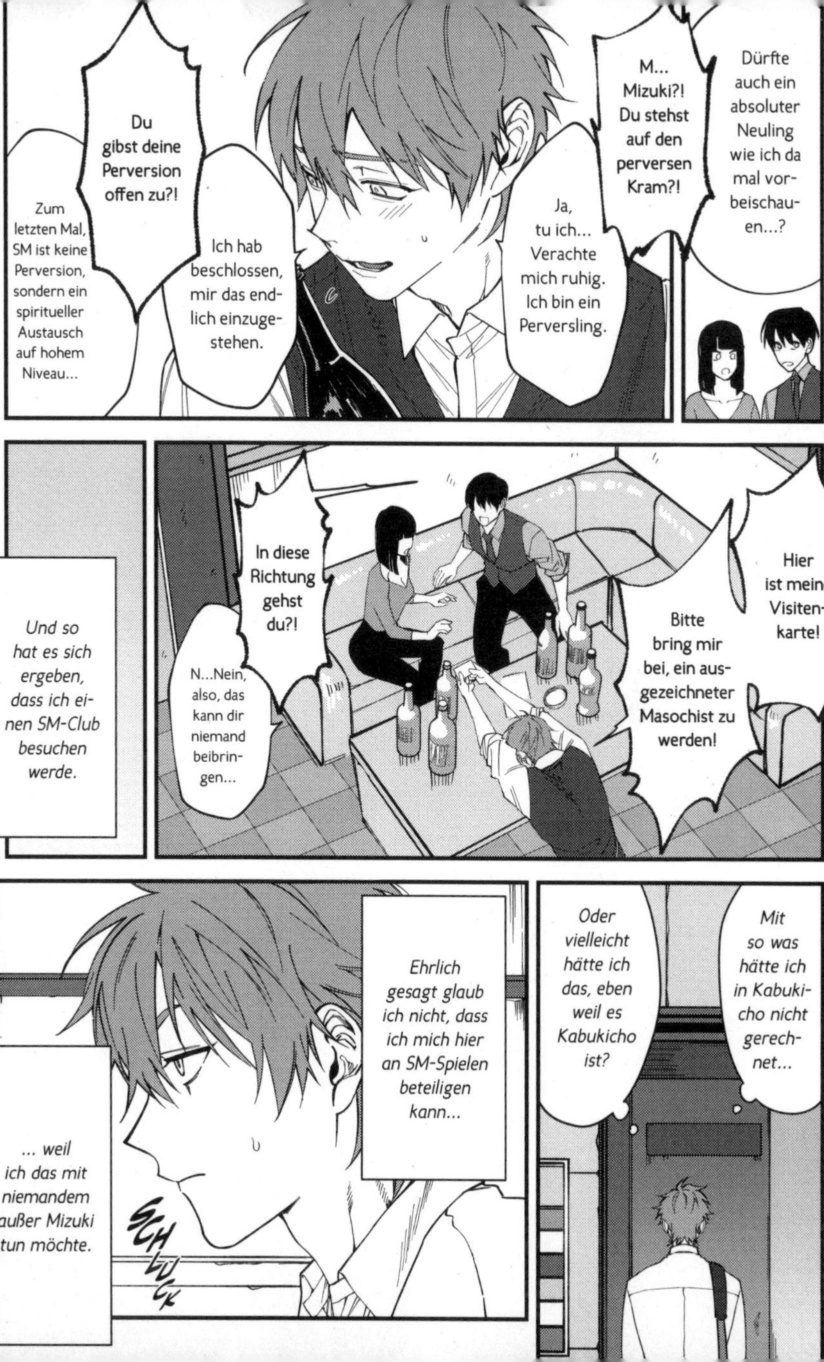

Dürfte auch ein absoluter Neuling wie ich da mal vorbeischauen...?
M... Mizuki?! Du stehst auf den perversen Kram?!
Ja, tu ich... Verachte mich ruhig. Ich bin ein Perversling.
Ich hab beschlossen, mir das endlich einzugestehen.
Du gibst deine Perversion offen zu?!
Zum letzten Mal, SM ist keine Perversion, sondern ein spiritueller Austausch auf hohem Niveau...
Hier ist meine Visitenkarte!
Bitte bring mir bei, ein ausgezeichneter Masochist zu werden!
In diese Richtung gehst du?!
N...Nein, also, das kann dir niemand beibringen...
Und so hat es sich ergeben, dass ich einen SM-Club besuchen werde.
Mit so was hätte ich in Kabukicho nicht gerechnet...
Oder vielleicht hätte ich das, eben weil es Kabukicho ist?
Ehrlich gesagt glaub ich nicht, dass ich mich hier an SM-Spielen beteiligen kann...
... weil ich das mit niemandem außer Mizuki tun möchte.
SCHLUCK

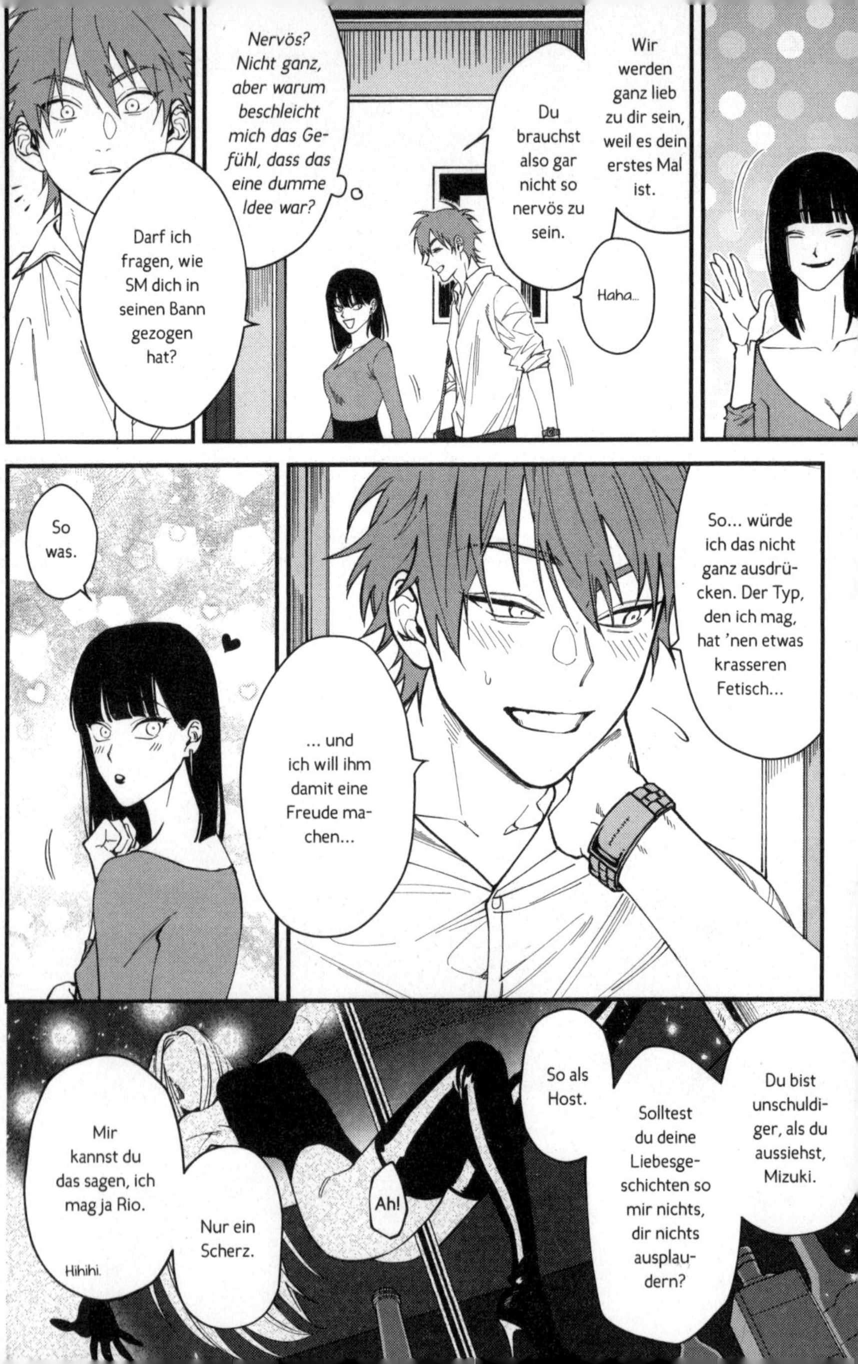
Wir werden ganz lieb zu dir sein, weil es dein erstes Mal ist.
Haha...
Du brauchst also gar nicht so nervös zu sein.
Nervös? Nicht ganz, aber warum beschleicht mich das Gefühl, dass das eine dumme Idee war?
Darf ich fragen, wie SM dich in seinen Bann gezogen hat?
So… würde ich das nicht ganz ausdrücken. Der Typ, den ich mag, hat ’nen etwas krasseren Fetisch…
… und ich will ihm damit eine Freude machen…
So was.
Du bist unschuldiger, als du aussiehst, Mizuki.
So als Host.
Solltest du deine Liebesgeschichten so mir nichts, dir nichts ausplaudern?
Ah!
Nur ein Scherz.
Mir kannst du das sagen, ich mag ja Rio.
Hihihi.

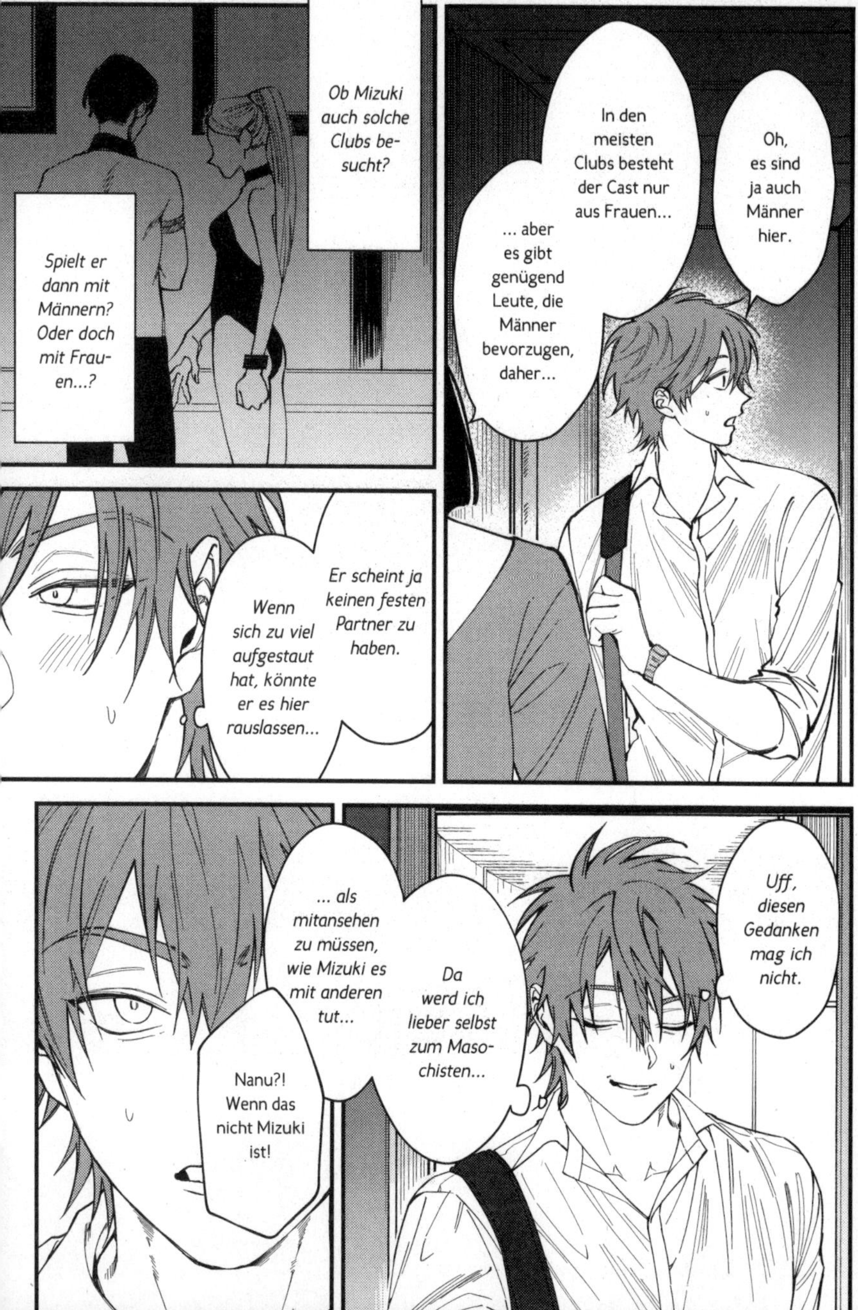
Oh, es sind ja auch Männer hier.
In den meisten Clubs besteht der Cast nur aus Frauen...
... aber es gibt genügend Leute, die Männer bevorzugen, daher...
Ob Mizuki auch solche Clubs besucht?
Spielt er dann mit Männern? Oder doch mit Frauen...?
Er scheint ja keinen festen Partner zu haben.
Wenn sich zu viel aufgestaut hat, könnte er es hier rauslassen...
Uff, diesen Gedanken mag ich nicht.
Da werd ich lieber selbst zum Masochisten...
... als mitansehen zu müssen, wie Mizuki es mit anderen tut...
Nanu?! Wenn das nicht Mizuki ist!

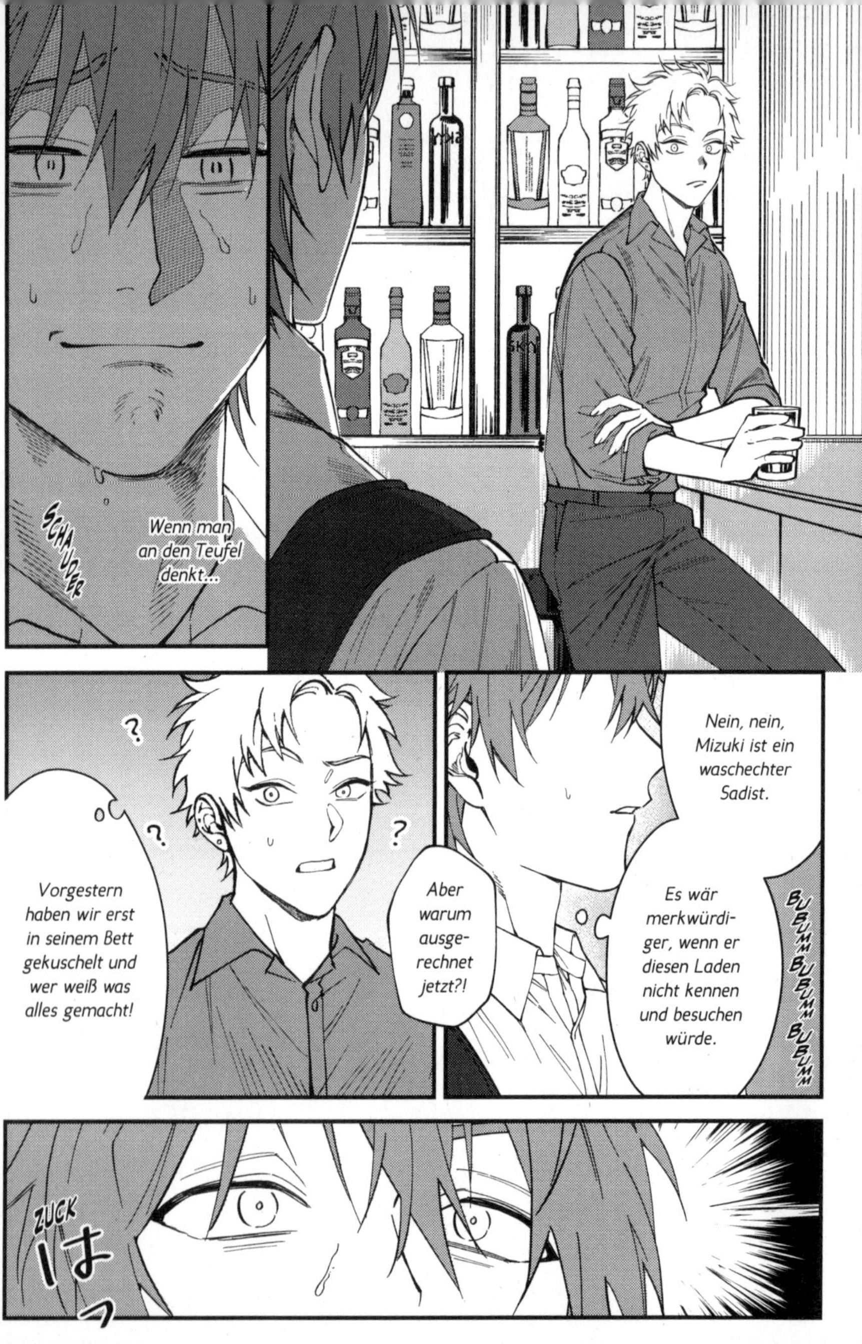

SCHAUDER
Wenn man an den Teufel denkt...
Nein, nein, Mizuki ist ein waschechter Sadist.
Es wär merkwürdiger, wenn er diesen Laden nicht kennen und besuchen würde.
BUBUMM BUBUMM BUBUMM
Aber warum ausgerechnet jetzt?!
Vorgestern haben wir erst in seinem Bett gekuschelt und wer weiß was alles gemacht!
ZUCK
はっ

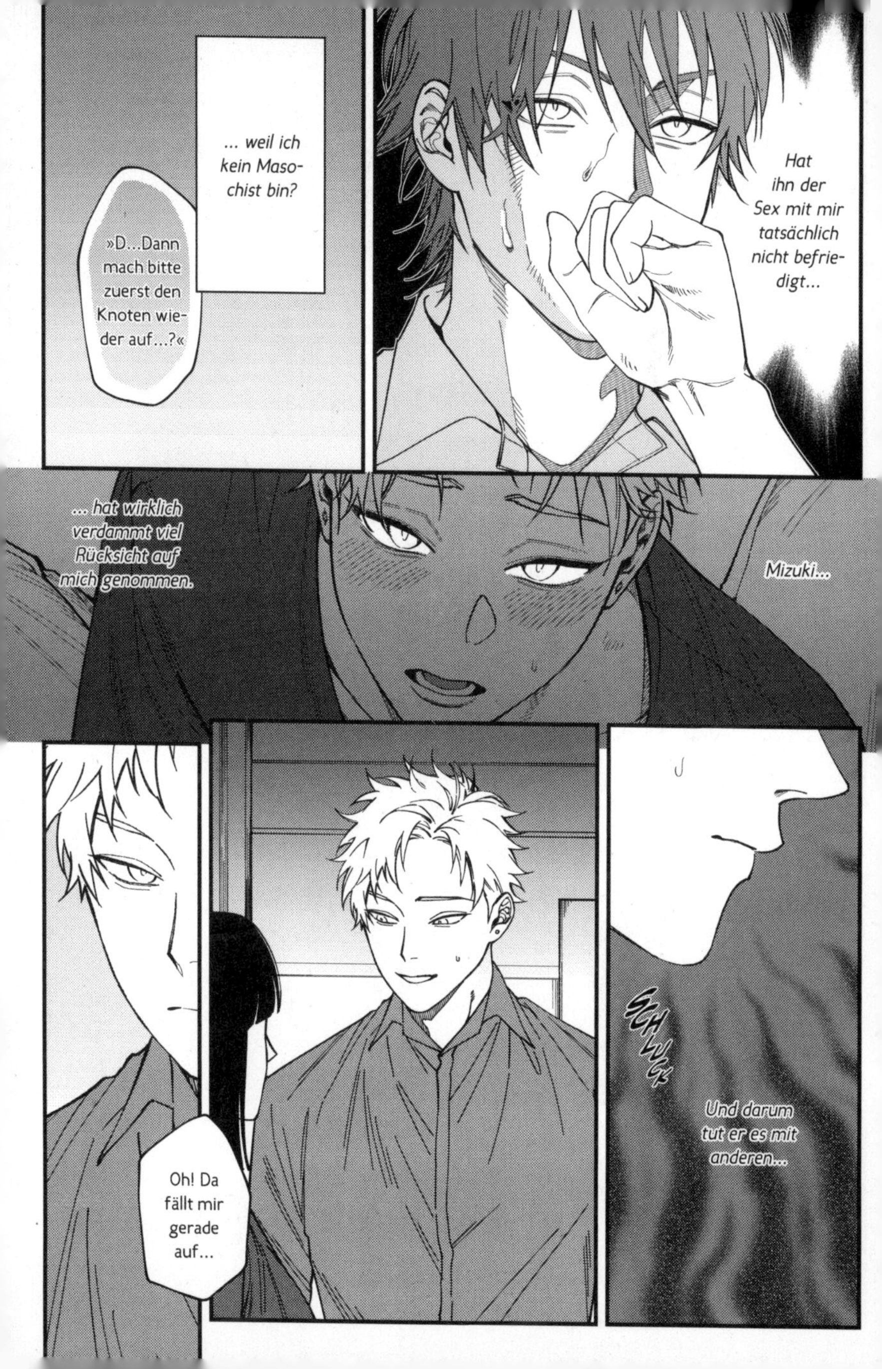
Hat ihn der Sex mit mir tatsächlich nicht befriedigt...
... weil ich kein Masochist bin?
»D...Dann mach bitte zuerst den Knoten wieder auf...?«
Mizuki...
... hat wirklich verdammt viel Rücksicht auf mich genommen.
SCHLUCK
Und darum tut er es mit anderen...
Oh! Da fällt mir gerade auf...

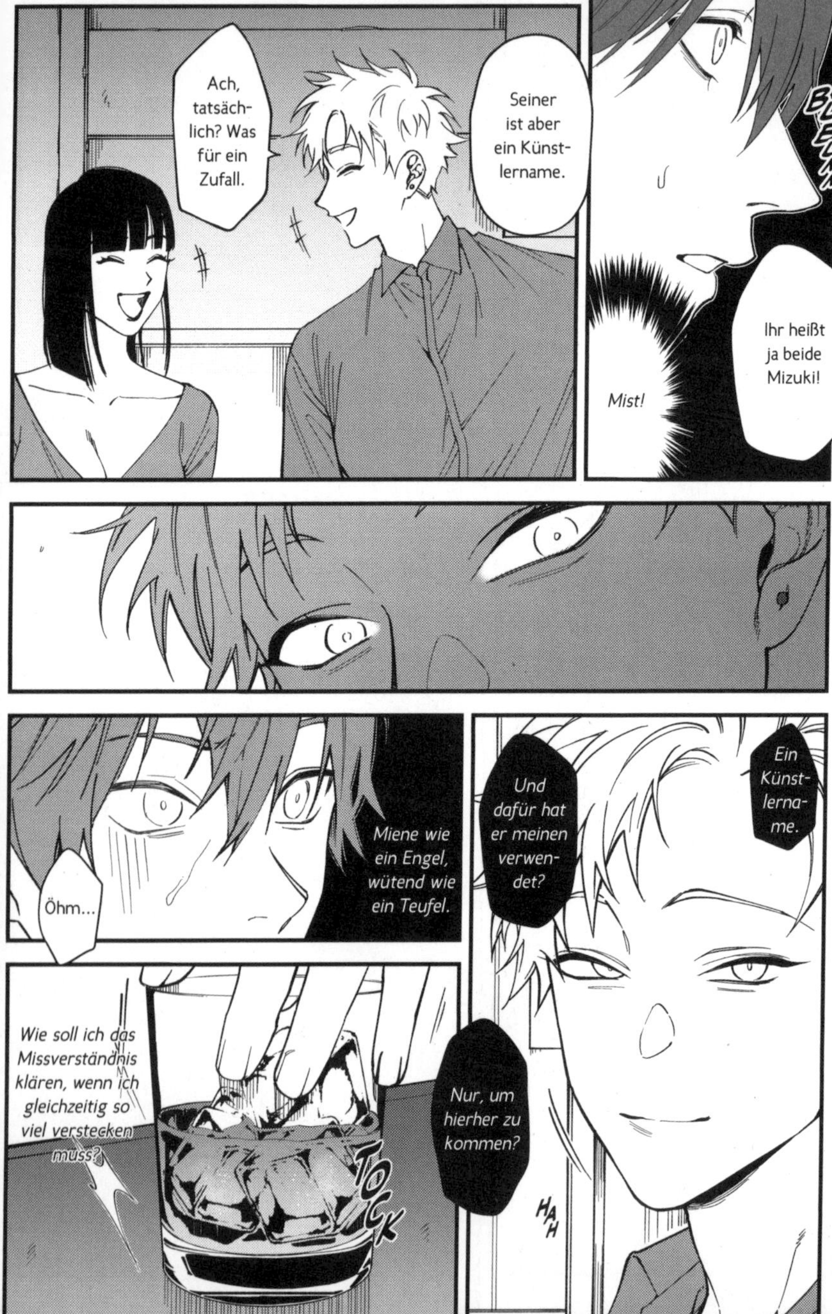
BUBUMM
Ihr heißt ja beide Mizuki!
Mist!
Seiner ist aber ein Künstlername.
Ach, tatsächlich? Was für ein Zufall.
Ein Künstlername.
Und dafür hat er meinen verwendet?
Miene wie ein Engel, wütend wie ein Teufel.
Öhm…
Nur, um hierher zu kommen?
HAH
TOCK
Wie soll ich das Missverständnis klären, wenn ich gleichzeitig so viel verstecken muss?

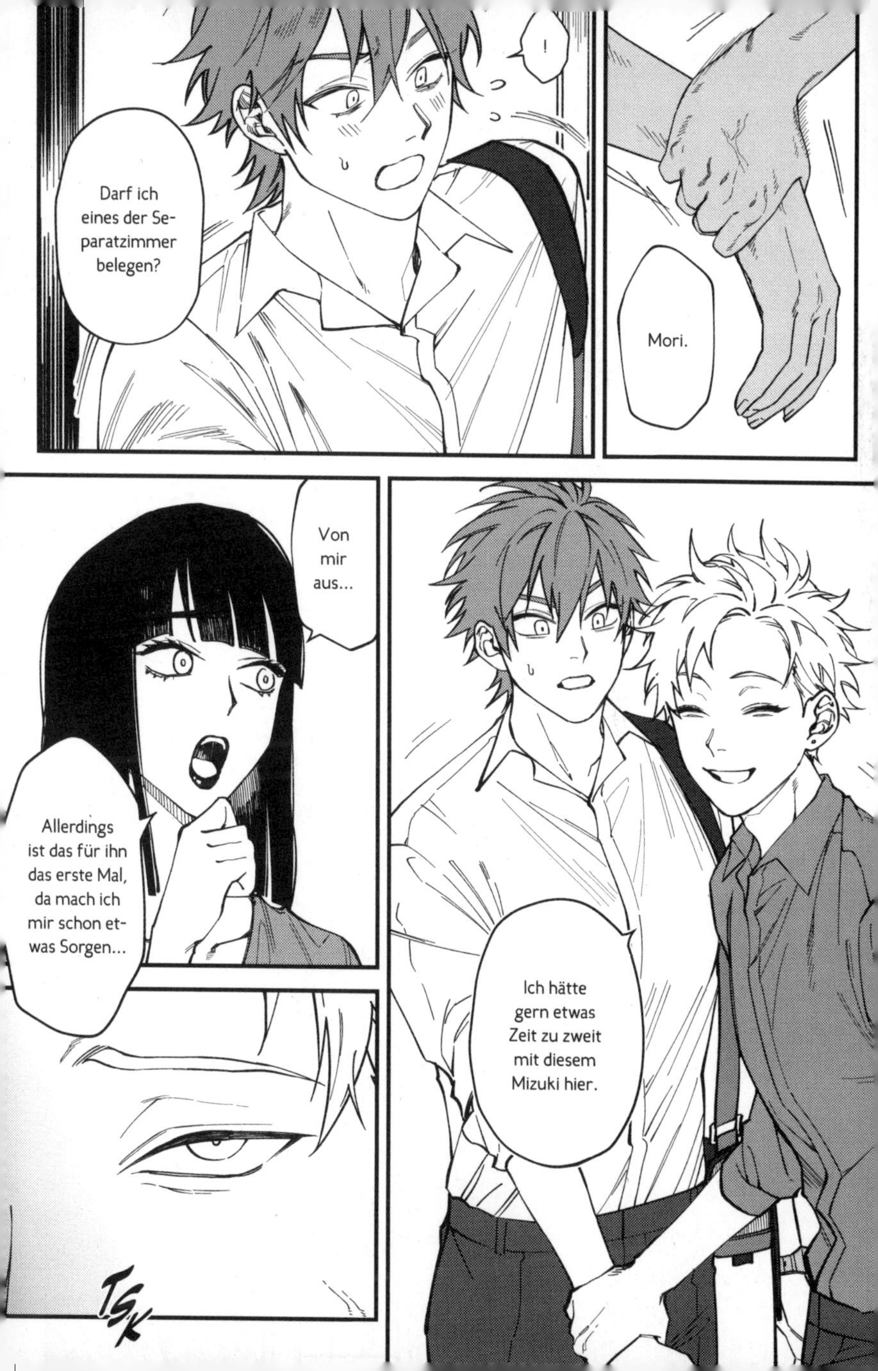
!
Darf ich eines der Separatzimmer belegen?
Mori.
Ich hätte gern etwas Zeit zu zweit mit diesem Mizuki hier.
Von mir aus...
Allerdings ist das für ihn das erste Mal, da mach ich mir schon etwas Sorgen...
T.S.K

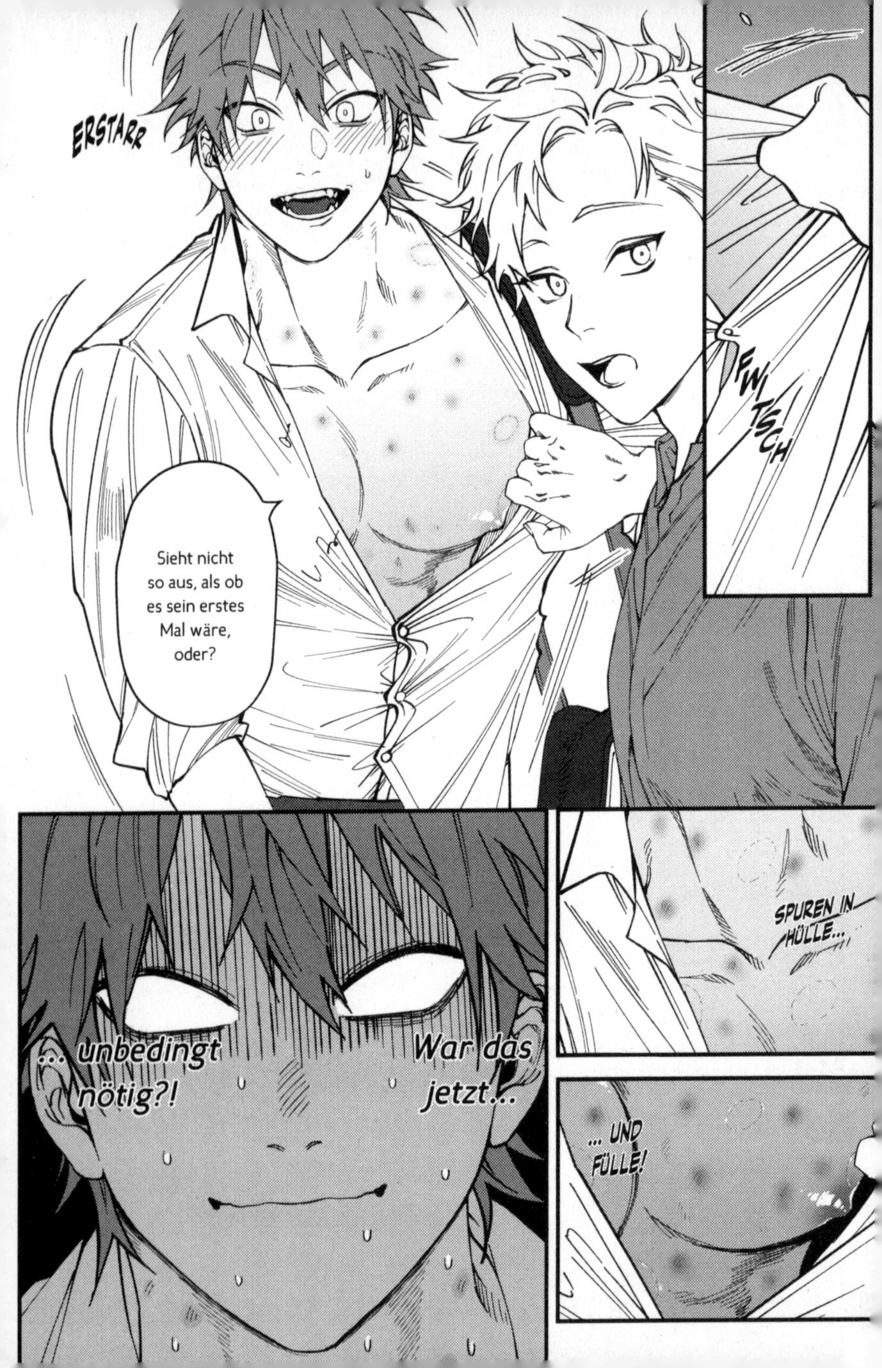

FWITSCH
ERSTARR
Sieht nicht so aus, als ob es sein erstes Mal wäre, oder?
SPUREN IN HÜLLE...
... UND FÜLLE!
War das jetzt...
... unbedingt nötig?!

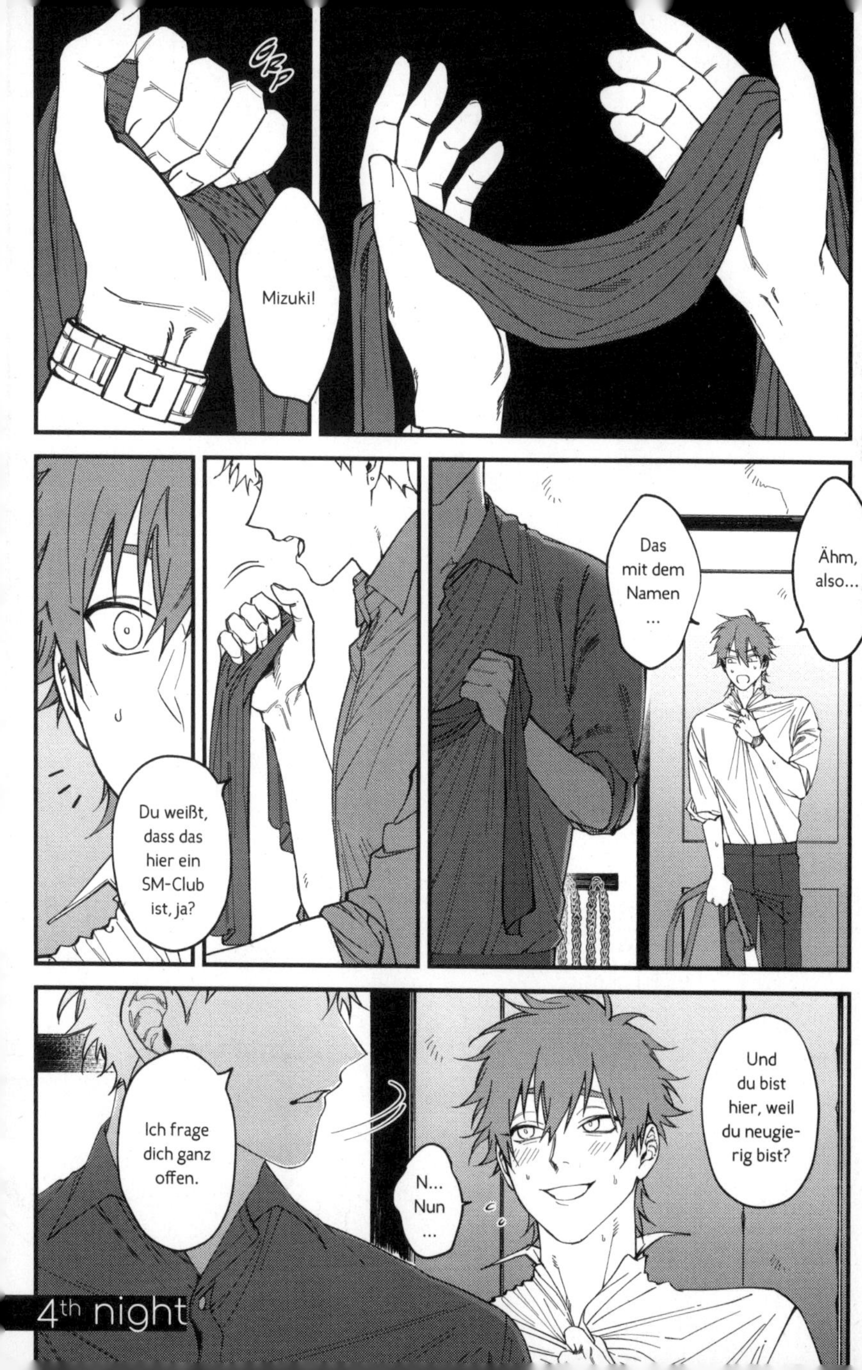
Mizuki!
Ähm, also…
Das mit dem Namen …
Du weißt, dass das hier ein SM-Club ist, ja?
Und du bist hier, weil du neugie-rig bist?
N… Nun …
Ich frage dich ganz offen.
4th night

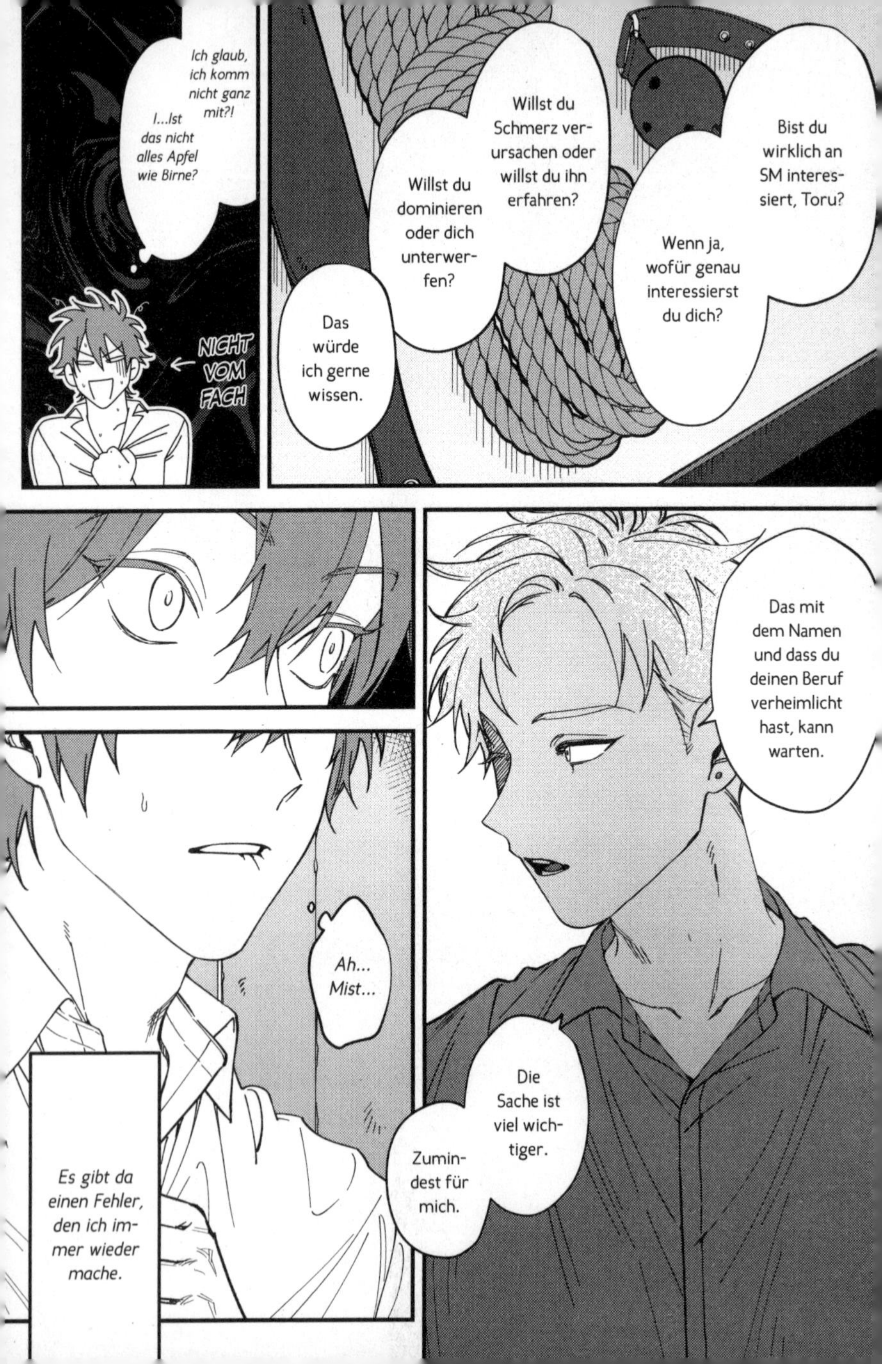

Bist du wirklich an SM interessiert, Toru?
Wenn ja, wofür genau interessierst du dich?
Willst du Schmerz verursachen oder willst du ihn erfahren?
Willst du dominieren oder dich unterwerfen?
Das würde ich gerne wissen.
Ich glaub, ich komm nicht ganz mit?!
I...Ist das nicht alles Apfel wie Birne?
NICHT VOM FACH
Das mit dem Namen und dass du deinen Beruf verheimlicht hast, kann warten.
Die Sache ist viel wichtiger.
Zumindest für mich.
Ah... Mist...
Es gibt da einen Fehler, den ich immer wieder mache.

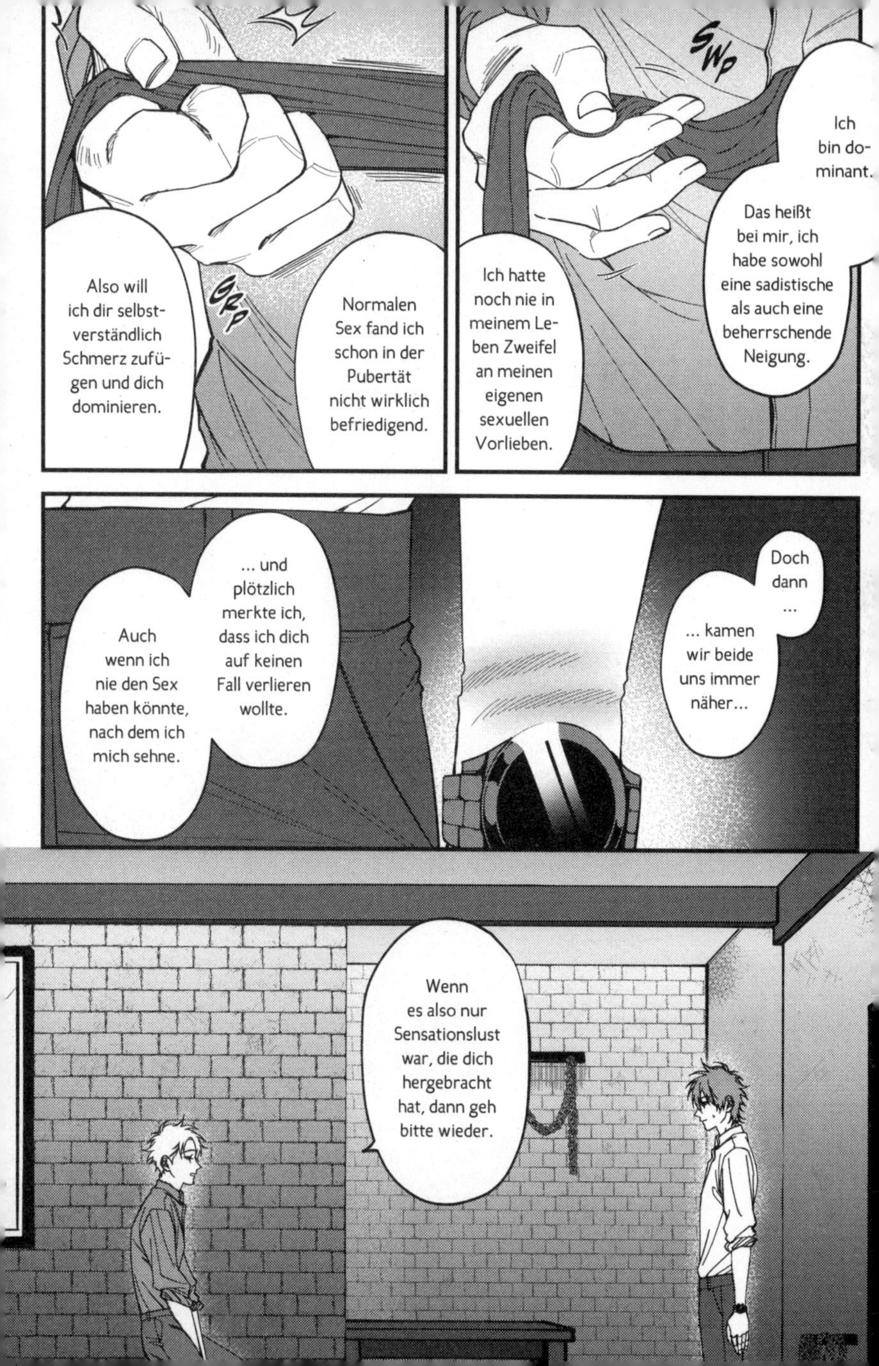
SWP
Ich bin dominant.
Das heißt bei mir, ich habe sowohl eine sadistische als auch eine beherrschende Neigung.
Ich hatte noch nie in meinem Leben Zweifel an meinen eigenen sexuellen Vorlieben.
Normalen Sex fand ich schon in der Pubertät nicht wirklich befriedigend.
GRP
Also will ich dir selbstverständlich Schmerz zufügen und dich dominieren.
Doch dann …
… kamen wir beide uns immer näher…
… und plötzlich merkte ich, dass ich dich auf keinen Fall verlieren wollte.
Auch wenn ich nie den Sex haben könnte, nach dem ich mich sehne.
Wenn es also nur Sensationslust war, die dich hergebracht hat, dann geh bitte wieder.

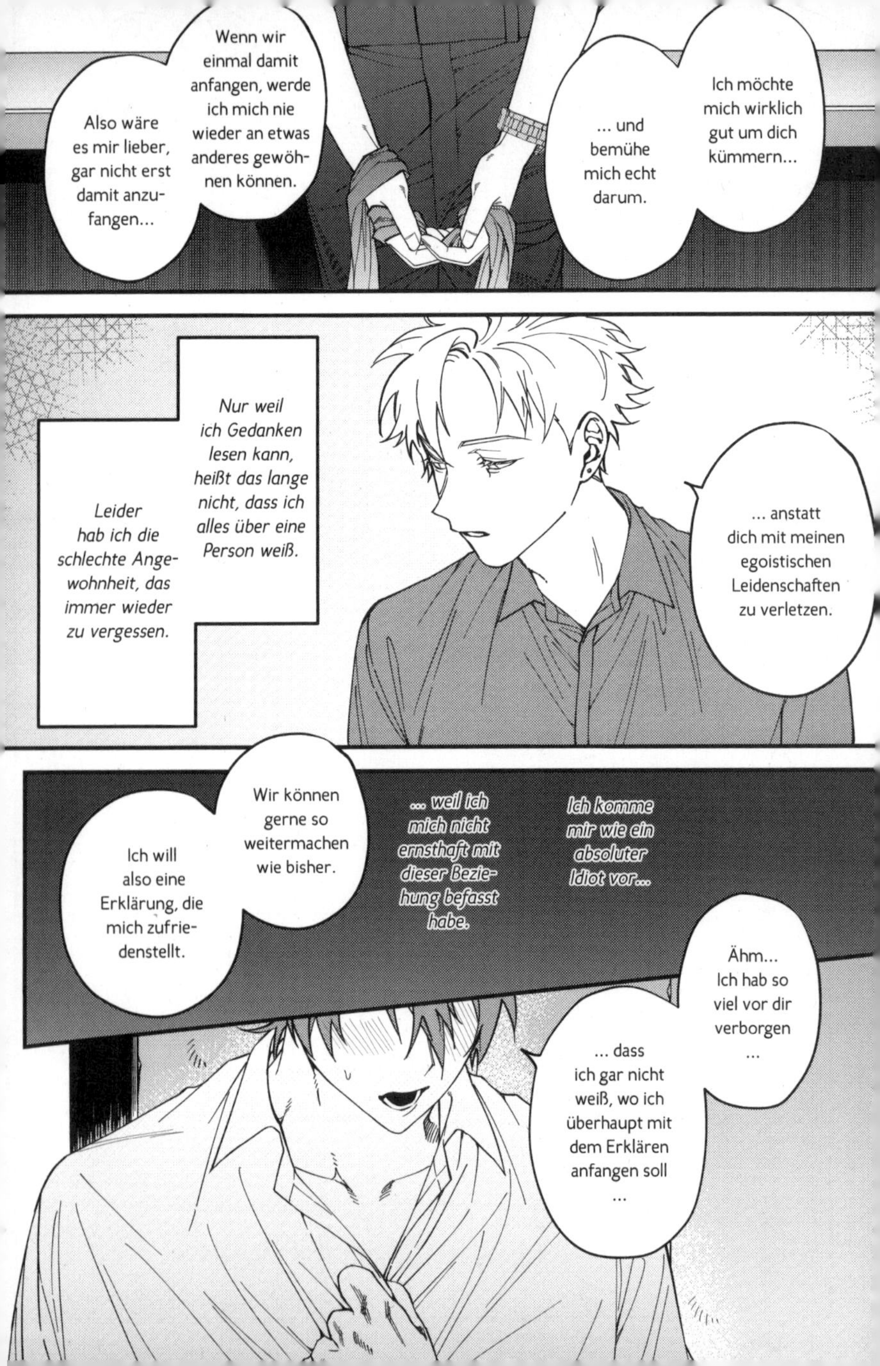
Ich möchte mich wirklich gut um dich kümmern...
... und bemühe mich echt darum.
Wenn wir einmal damit anfangen, werde ich mich nie wieder an etwas anderes gewöhnen können.
Also wäre es mir lieber, gar nicht erst damit anzufangen...
... anstatt dich mit meinen egoistischen Leidenschaften zu verletzen.
Nur weil ich Gedanken lesen kann, heißt das lange nicht, dass ich alles über eine Person weiß.
Leider hab ich die schlechte Angewohnheit, das immer wieder zu vergessen.
Ich komme mir wie ein absoluter Idiot vor...
... weil ich mich nicht ernsthaft mit dieser Beziehung befasst habe.
Wir können gerne so weitermachen wie bisher.
Ich will also eine Erklärung, die mich zufriedenstellt.
Ähm... Ich hab so viel vor dir verborgen ...
... dass ich gar nicht weiß, wo ich überhaupt mit dem Erklären anfangen soll ...

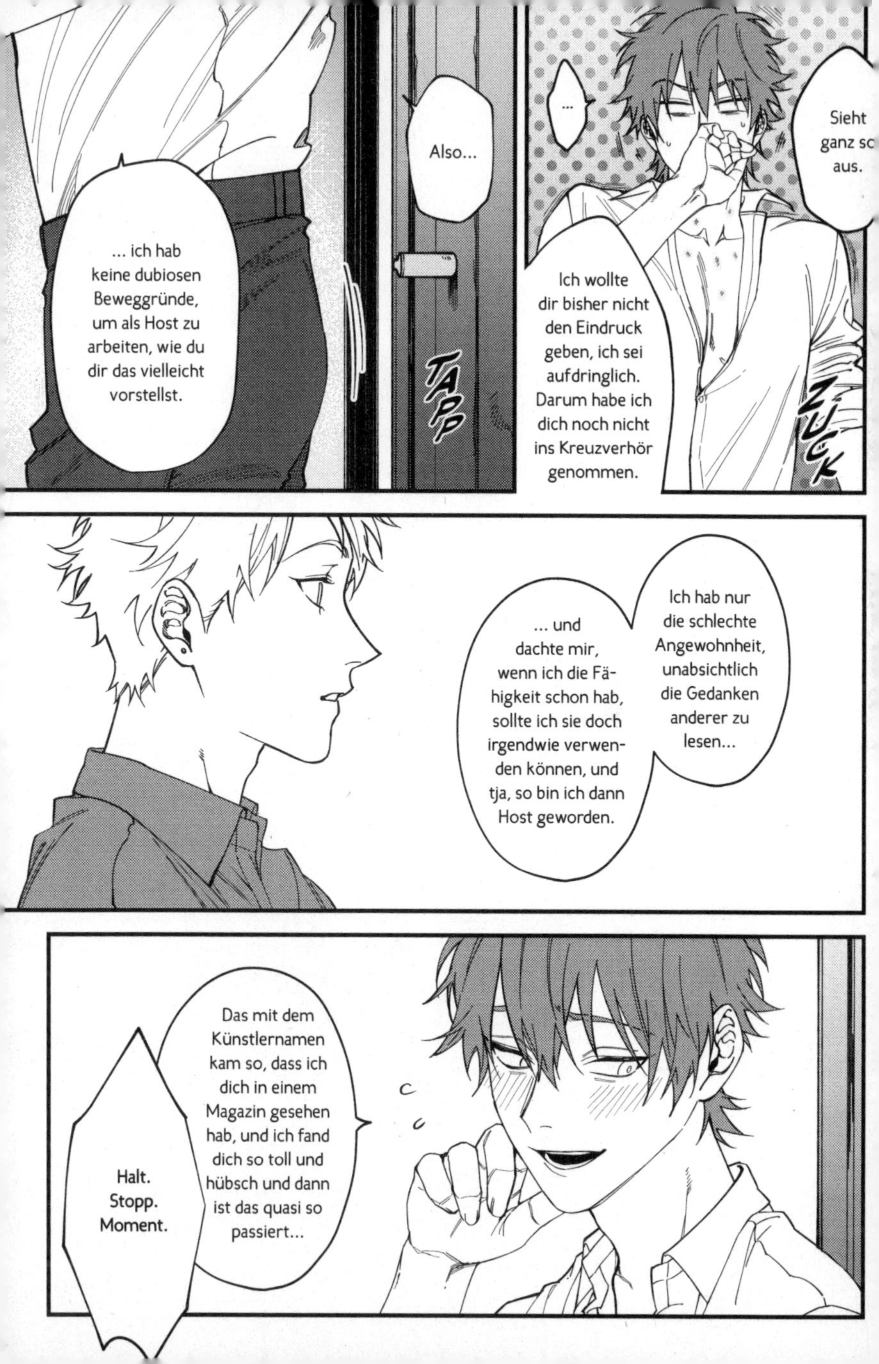
Sieht ganz so aus.
...
Ich wollte dir bisher nicht den Eindruck geben, ich sei aufdringlich. Darum habe ich dich noch nicht ins Kreuzverhör genommen.
ZUCK
Also...
TAPP
... ich hab keine dubiosen Beweggründe, um als Host zu arbeiten, wie du dir das vielleicht vorstellst.
Ich hab nur die schlechte Angewohnheit, unabsichtlich die Gedanken anderer zu lesen...
... und dachte mir, wenn ich die Fähigkeit schon hab, sollte ich sie doch irgendwie verwenden können, und tja, so bin ich dann Host geworden.
Das mit dem Künstlernamen kam so, dass ich dich in einem Magazin gesehen hab, und ich fand dich so toll und hübsch und dann ist das quasi so passiert...
Halt. Stopp. Moment.

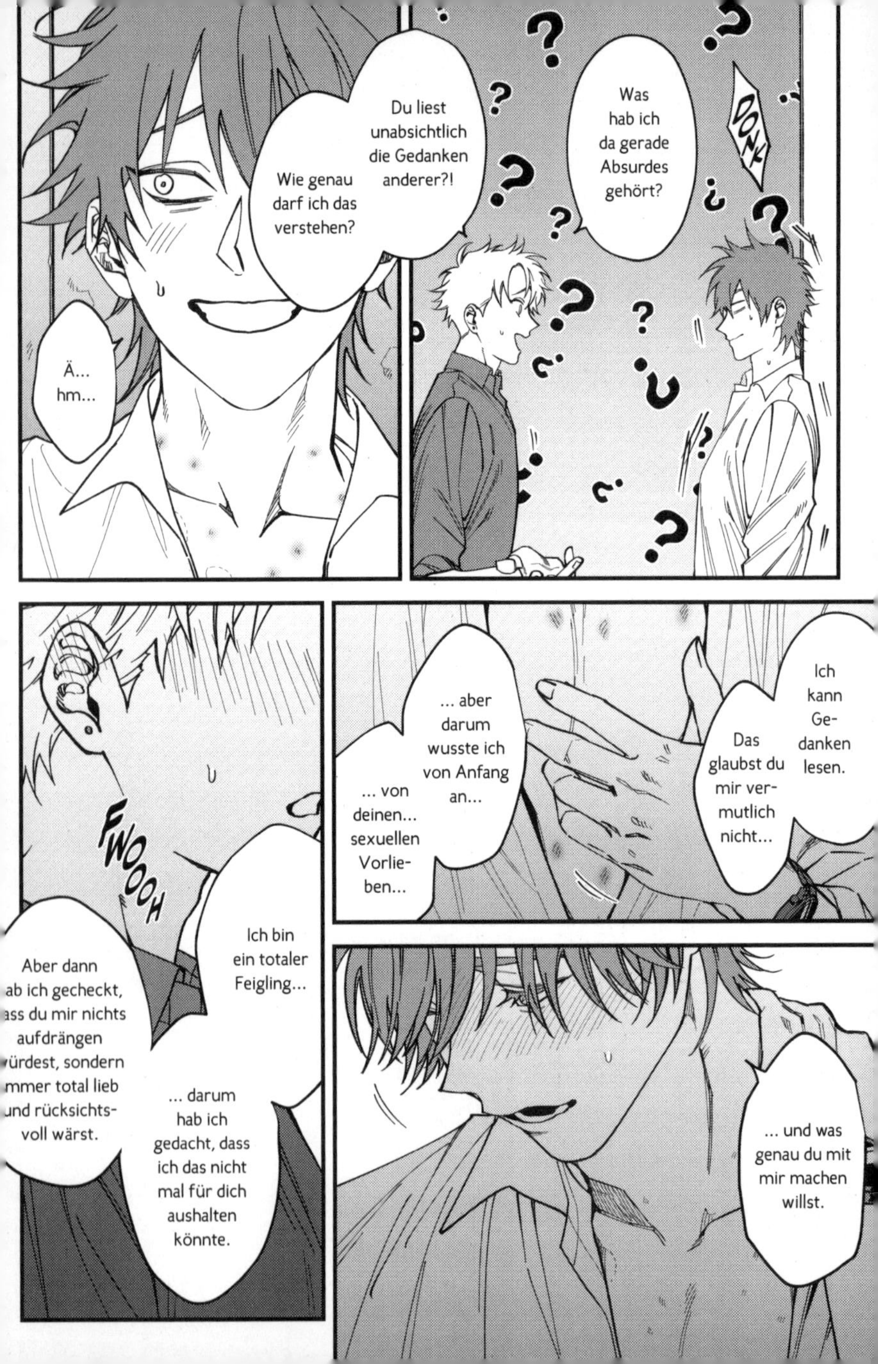
DONK
Was hab ich da gerade Absurdes gehört?
Du liest unabsichtlich die Gedanken anderer?!
Wie genau darf ich das verstehen?
Ä... hm...
Ich kann Ge-danken lesen.
Das glaubst du mir ver-mutlich nicht...
... aber darum wusste ich von Anfang an...
... von deinen... sexuellen Vorlie-ben...
FWOOOH
Ich bin ein totaler Feigling...
Aber dann ab ich gecheckt, ass du mir nichts aufdrängen ürdest, sondern mmer total lieb und rücksichts-voll wärst.
... darum hab ich gedacht, dass ich das nicht mal für dich aushalten könnte.
... und was genau du mit mir machen willst.

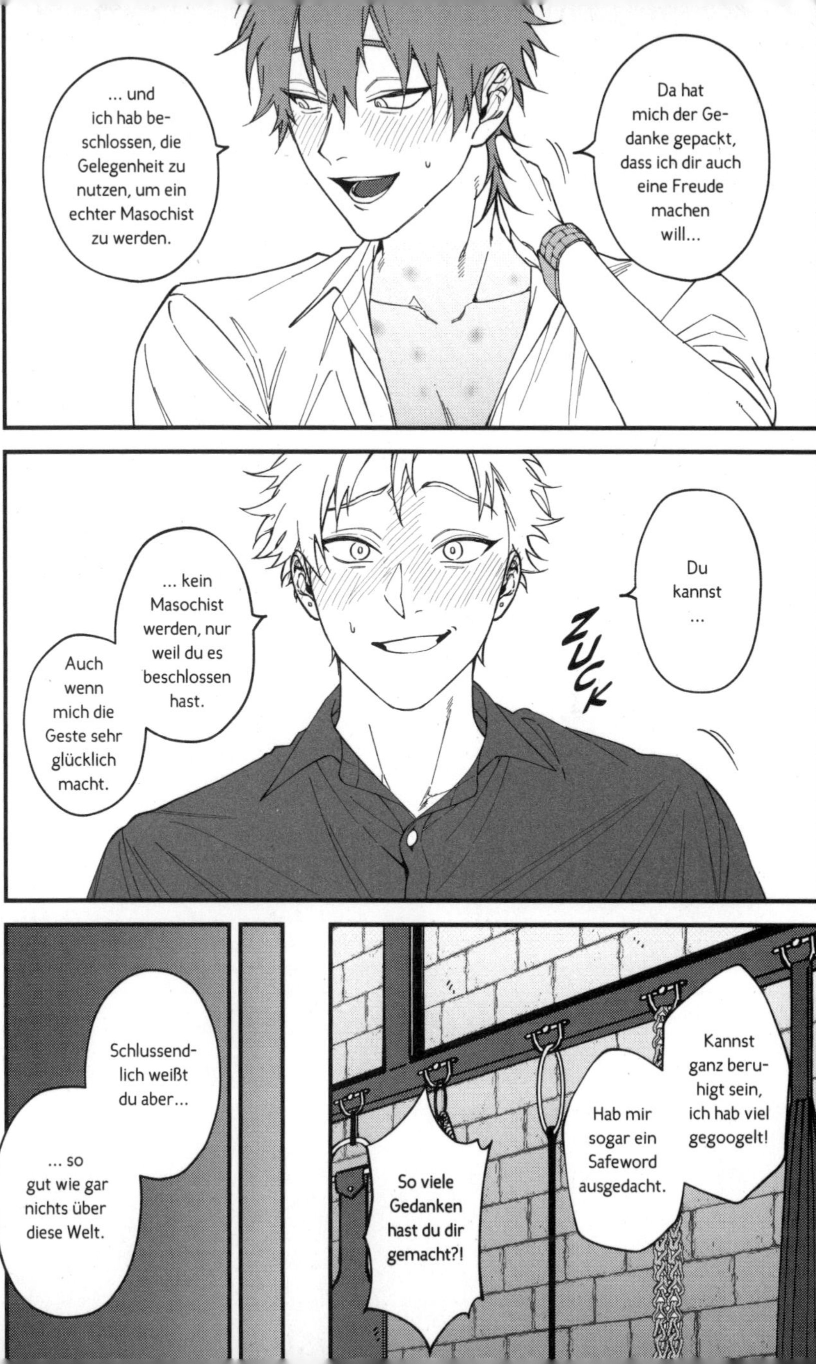
Da hat mich der Gedanke gepackt, dass ich dir auch eine Freude machen will...
... und ich hab beschlossen, die Gelegenheit zu nutzen, um ein echter Masochist zu werden.
Du kannst ...
ZUCK
... kein Masochist werden, nur weil du es beschlossen hast.
Auch wenn mich die Geste sehr glücklich macht.
Kannst ganz beruhigt sein, ich hab viel gegoogelt!
Hab mir sogar ein Safeword ausgedacht.
So viele Gedanken hast du dir gemacht?!
Schlussendlich weißt du aber...
... so gut wie gar nichts über diese Welt.

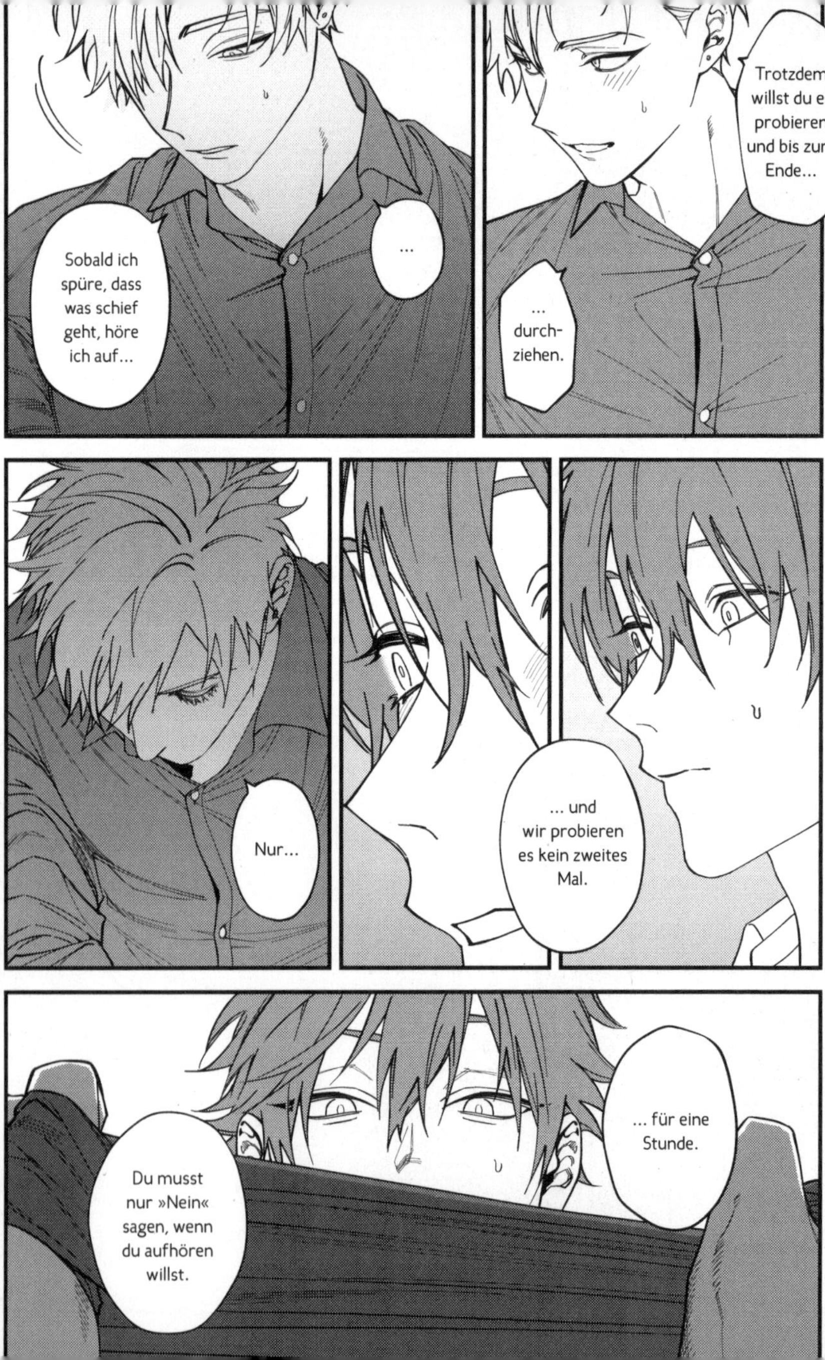
Trotzdem willst du es probieren und bis zum Ende…
… durch-ziehen.
…
Sobald ich spüre, dass was schief geht, höre ich auf…
… und wir probieren es kein zweites Mal.
Nur…
… für eine Stunde.
Du musst nur »Nein« sagen, wenn du aufhören willst.

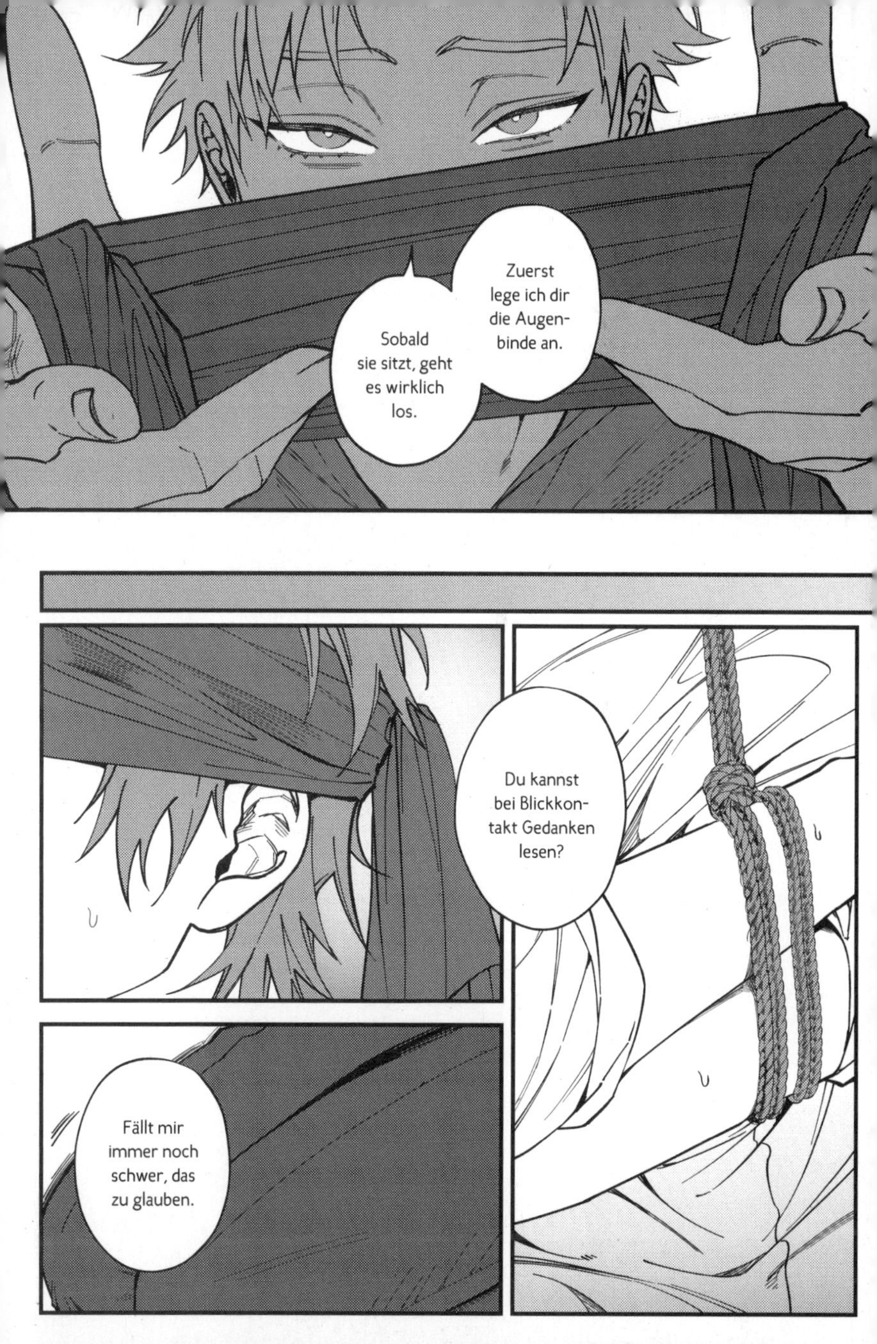

Zuerst lege ich dir die Augenbinde an.
Sobald sie sitzt, geht es wirklich los.
Du kannst bei Blickkontakt Gedanken lesen?
Fällt mir immer noch schwer, das zu glauben.

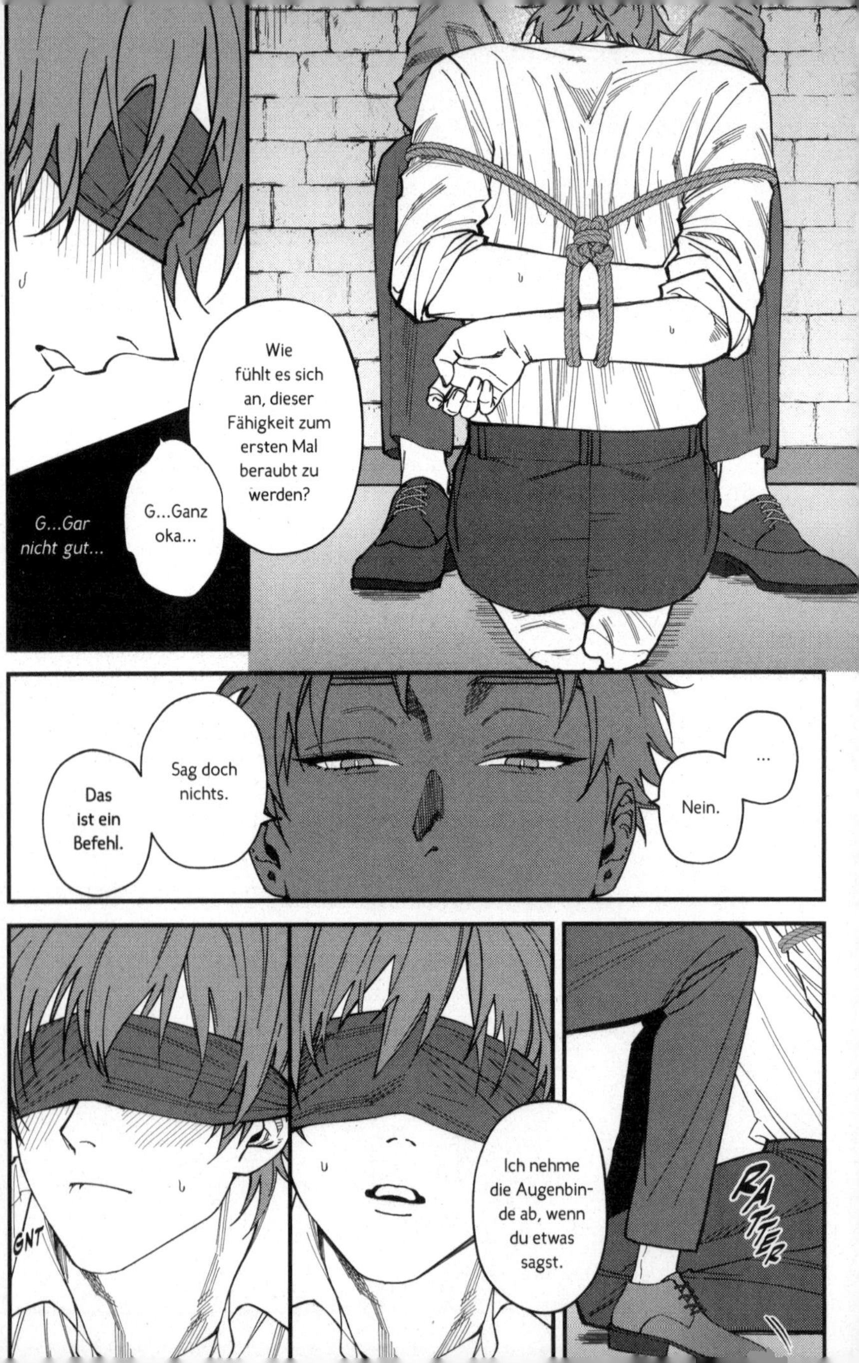
Wie fühlt es sich an, dieser Fähigkeit zum ersten Mal beraubt zu werden?
G…Ganz oka…
G…Gar nicht gut…
…
Nein.
Sag doch nichts.
Das ist ein Befehl.
RATTER
Ich nehme die Augenbinde ab, wenn du etwas sagst.
GNT

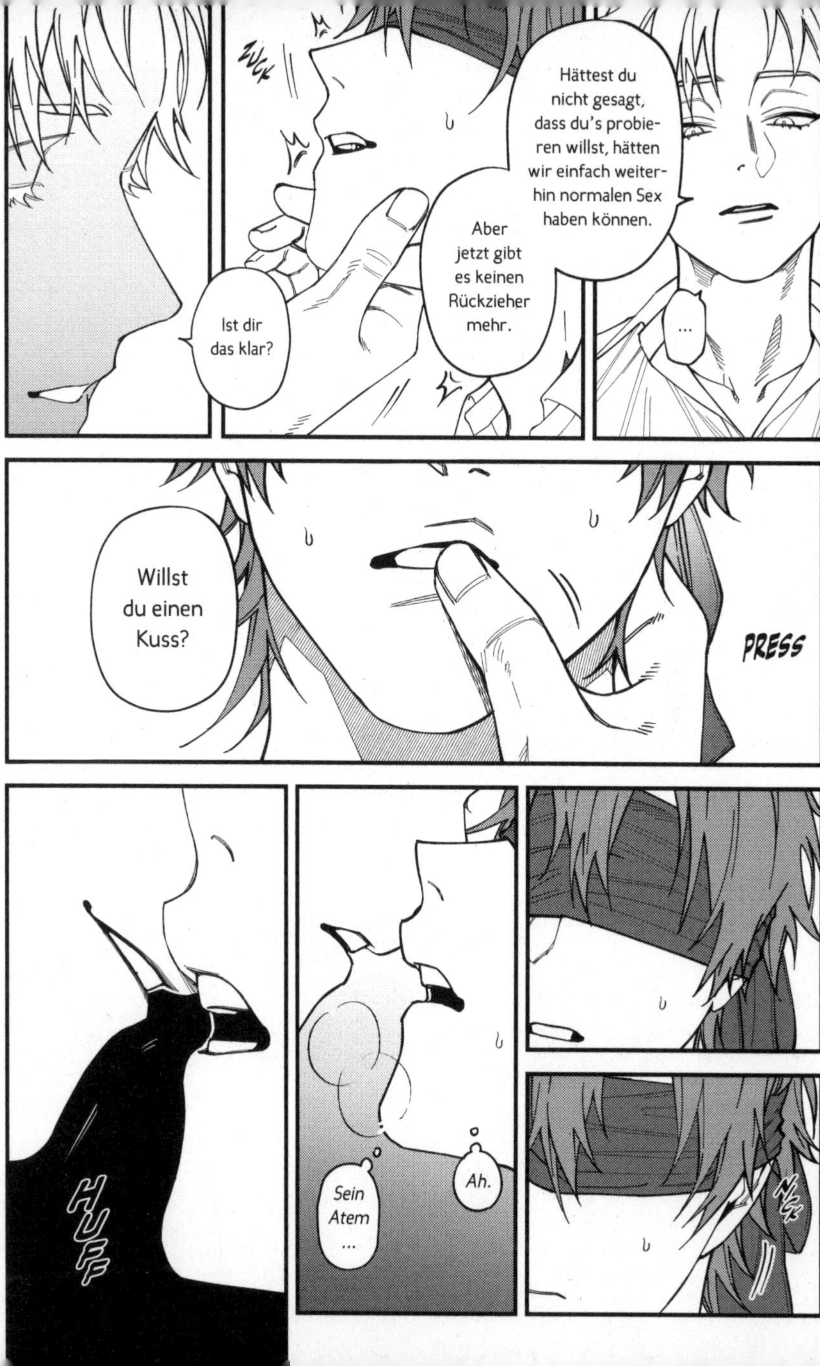
ZUCK
Hättest du nicht gesagt, dass du's probieren willst, hätten wir einfach weiterhin normalen Sex haben können.
Aber jetzt gibt es keinen Rückzieher mehr.
Ist dir das klar?
...
Willst du einen Kuss?
PRESS
Ah.
Sein Atem ...
HUFF

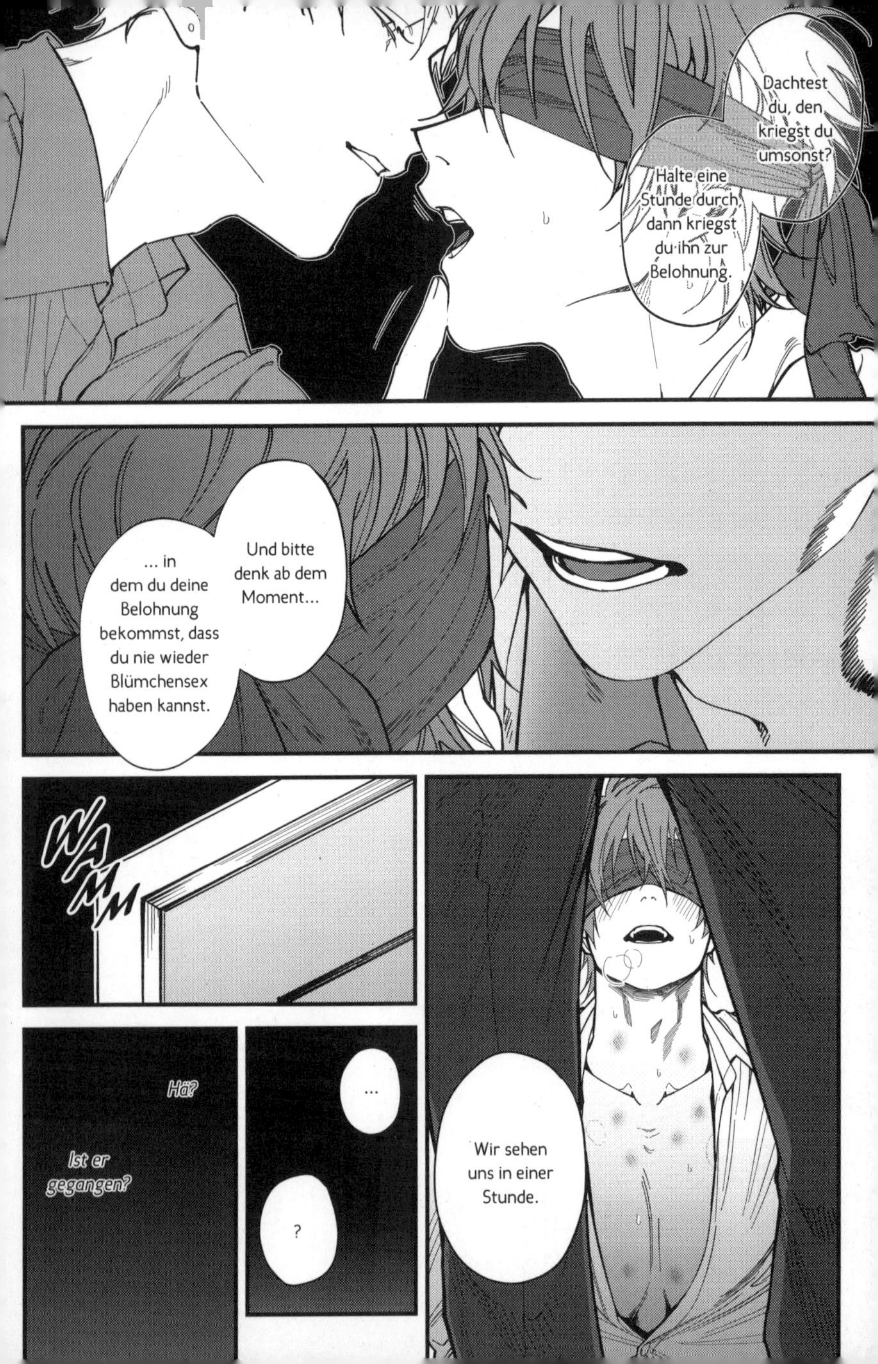
Dachtest du, den kriegst du umsonst?
Halte eine Stunde durch, dann kriegst du ihn zur Belohnung.
Und bitte denk ab dem Moment...
... in dem du deine Belohnung bekommst, dass du nie wieder Blümchensex haben kannst.
Wir sehen uns in einer Stunde.
WAMM
...
?
Hä?
Ist er gegangen?

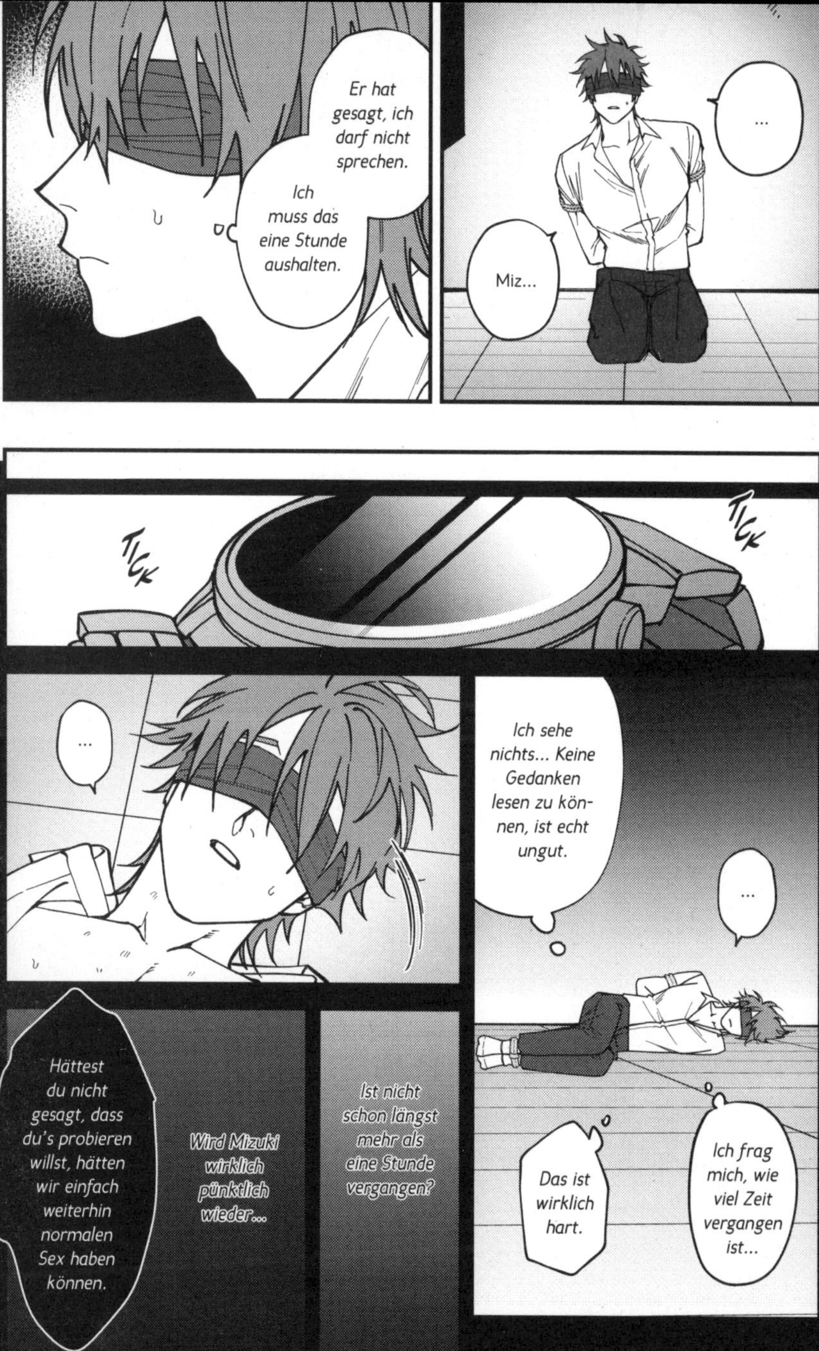
...
Miz...
Er hat gesagt, ich darf nicht sprechen.
Ich muss das eine Stunde aushalten.
TICK
TICK
Ich sehe nichts... Keine Gedanken lesen zu können, ist echt ungut.
...
...
Ich frag mich, wie viel Zeit vergangen ist...
Das ist wirklich hart.
Ist nicht schon längst mehr als eine Stunde vergangen?
Wird Mizuki wirklich pünktlich wieder...
Hättest du nicht gesagt, dass du's probieren willst, hätten wir einfach weiterhin normalen Sex haben können.

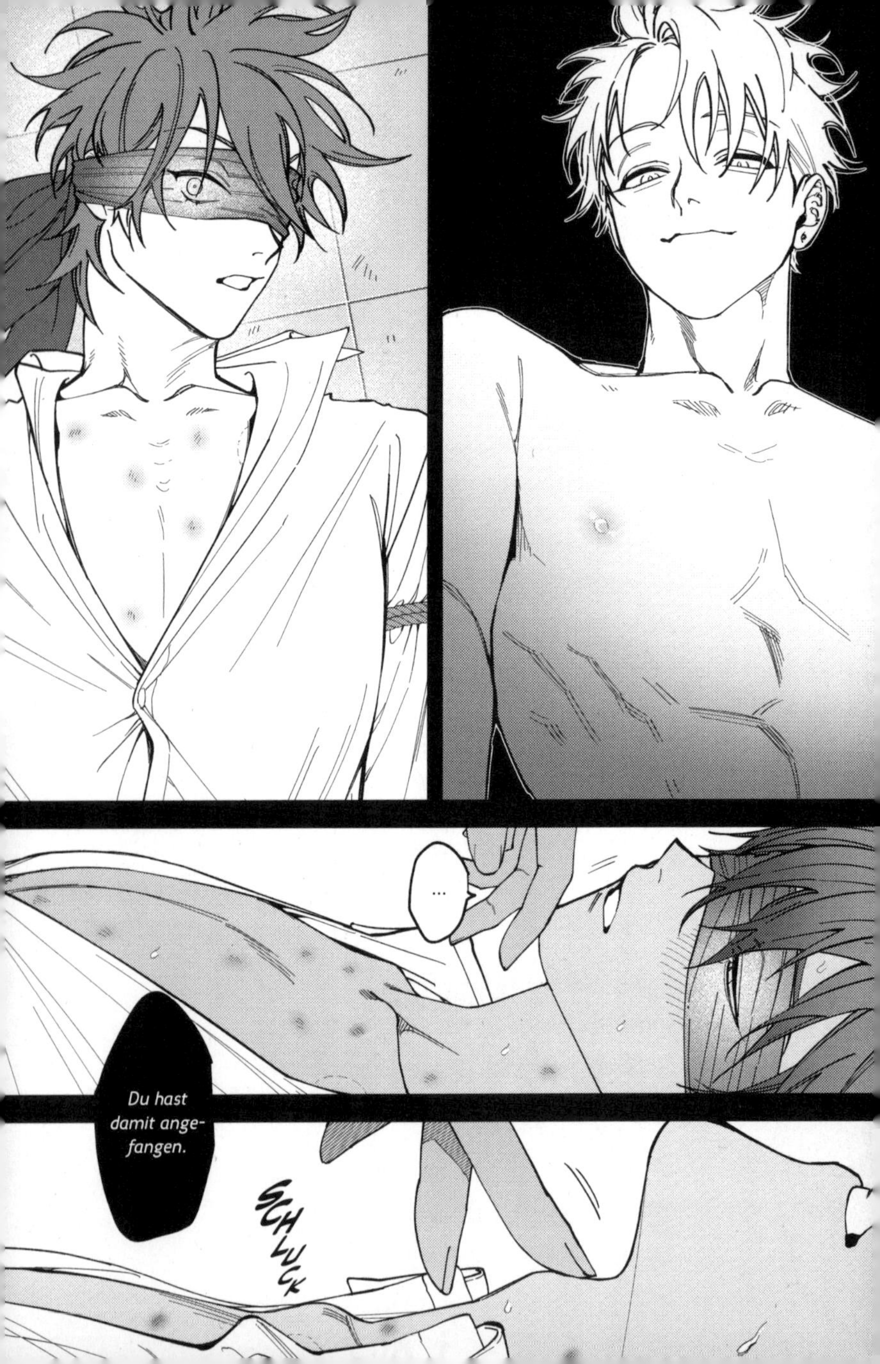
...
Du hast damit angefangen.
SCHLUCK

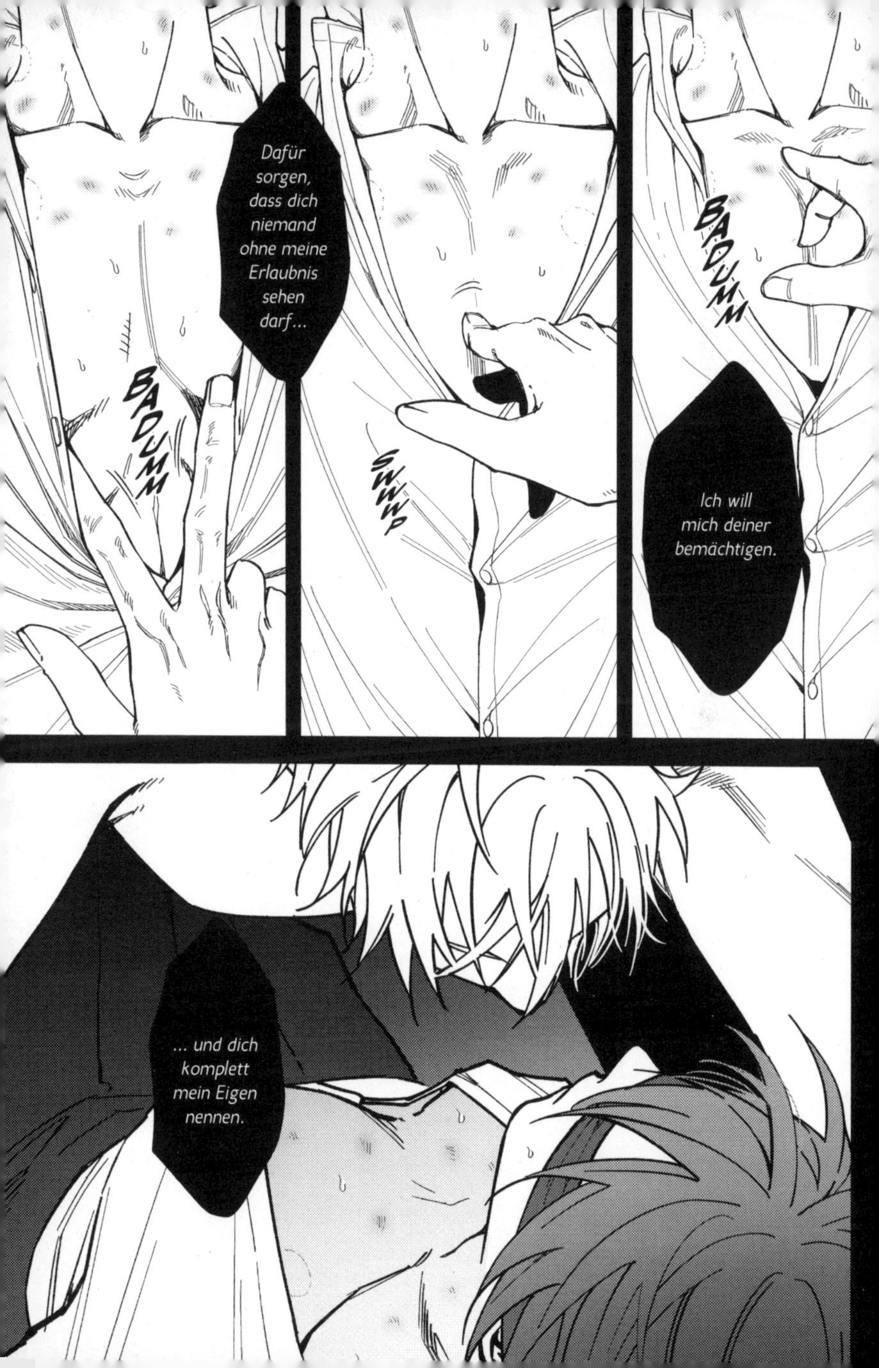
BADUMM
Ich will mich deiner bemächtigen.
SWWWP
Dafür sorgen, dass dich niemand ohne meine Erlaubnis sehen darf…
BADUMM
… und dich komplett mein Eigen nennen.

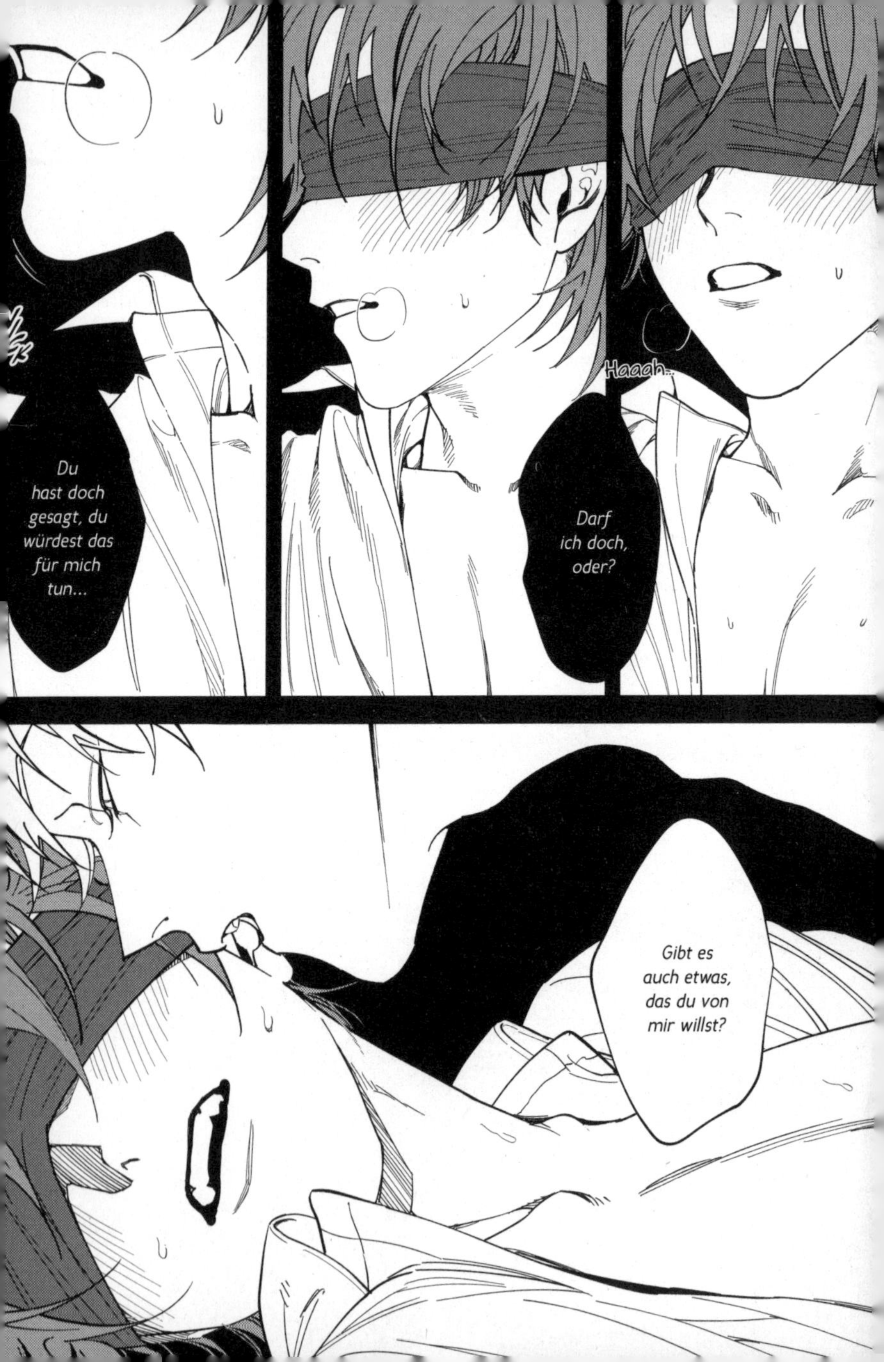
Haaah...
Darf ich doch, oder?
Du hast doch gesagt, du würdest das für mich tun...
Gibt es auch etwas, das du von mir willst?

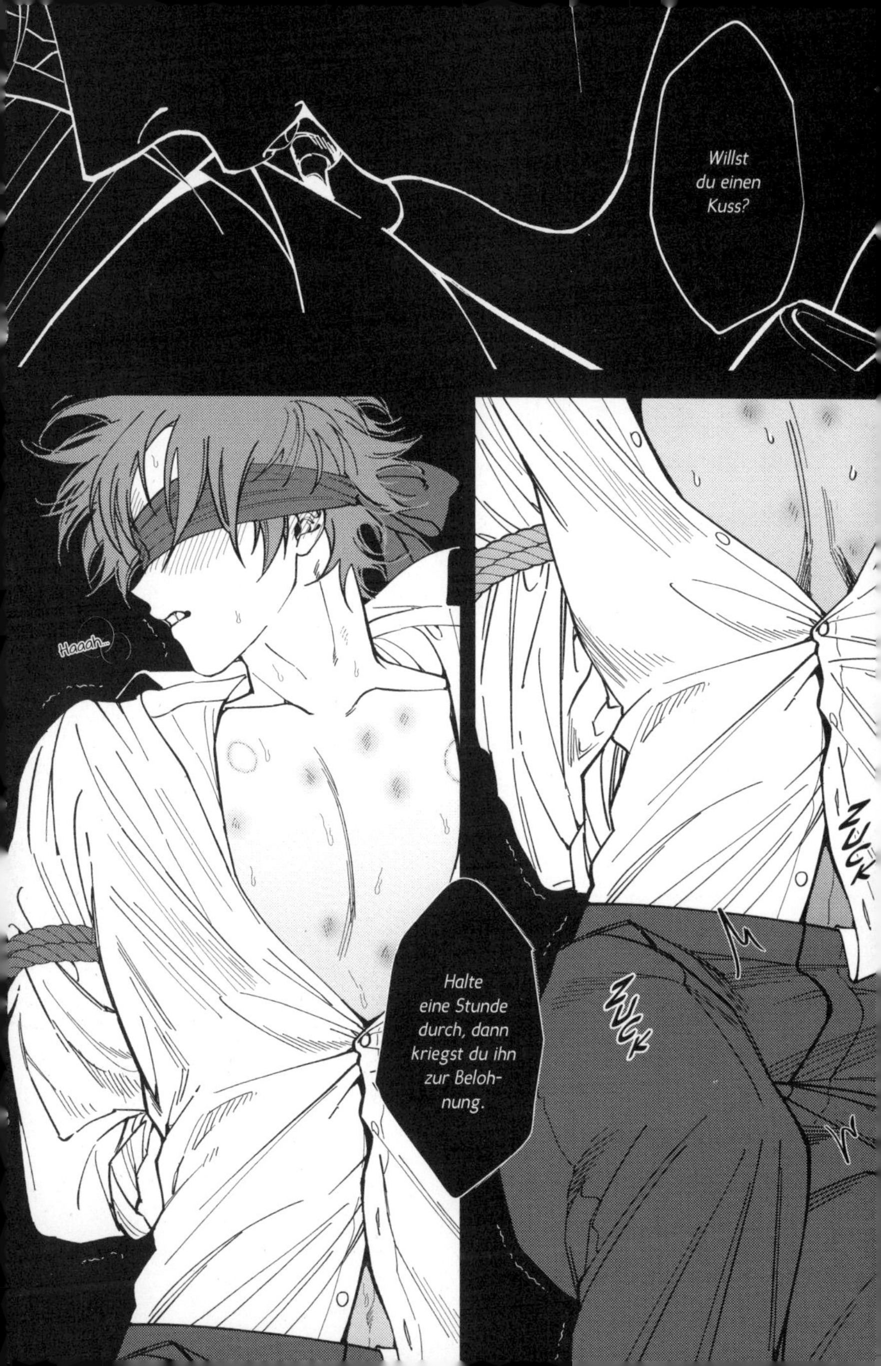

Willst du einen Kuss?
ZUCK
ZUCK
Haaah...
Halte eine Stunde durch, dann kriegst du ihn zur Belohnung.

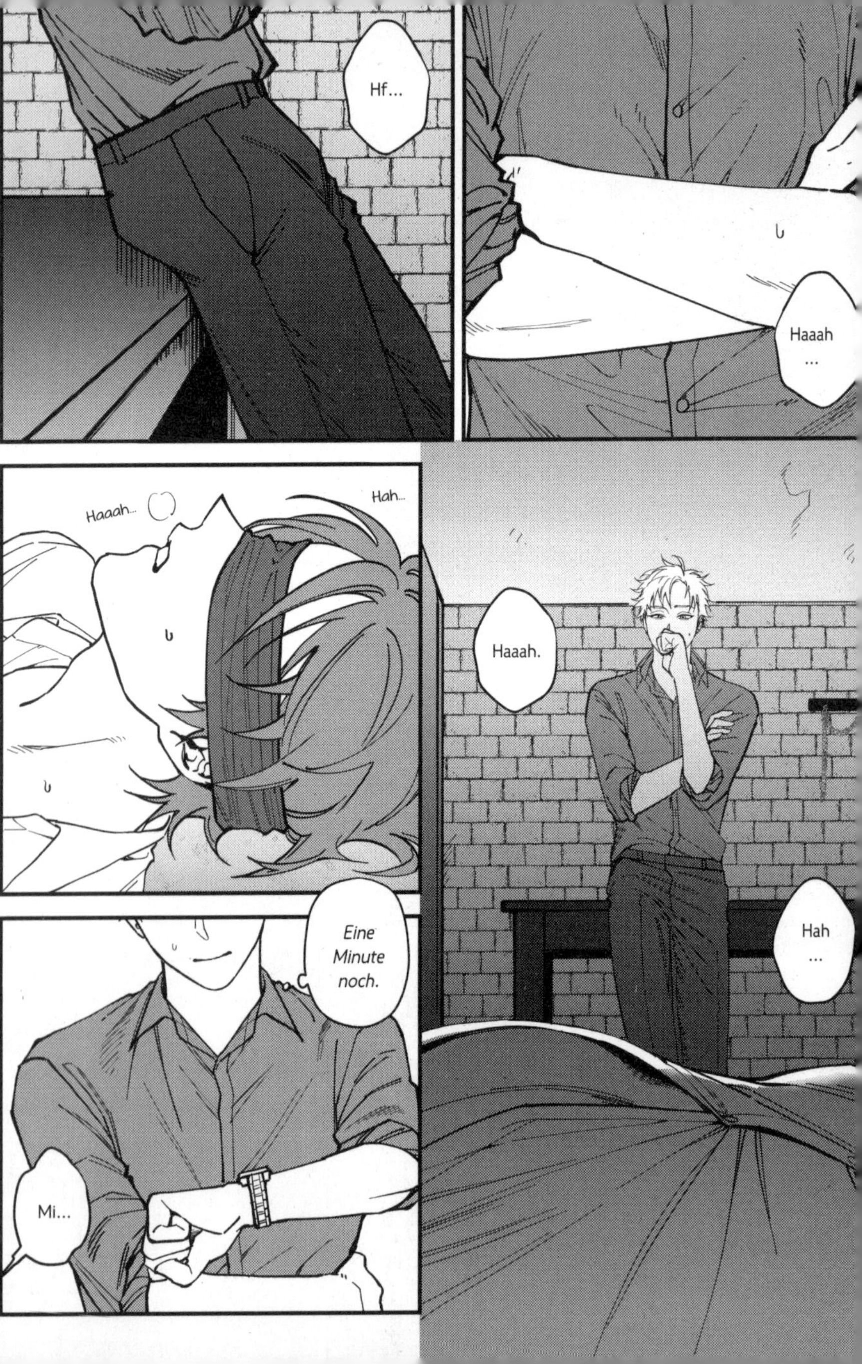
Hf...
Haaah
...
Haaah...
Hah...
Haaah.
Hah
...
Eine Minute noch.
Mi...

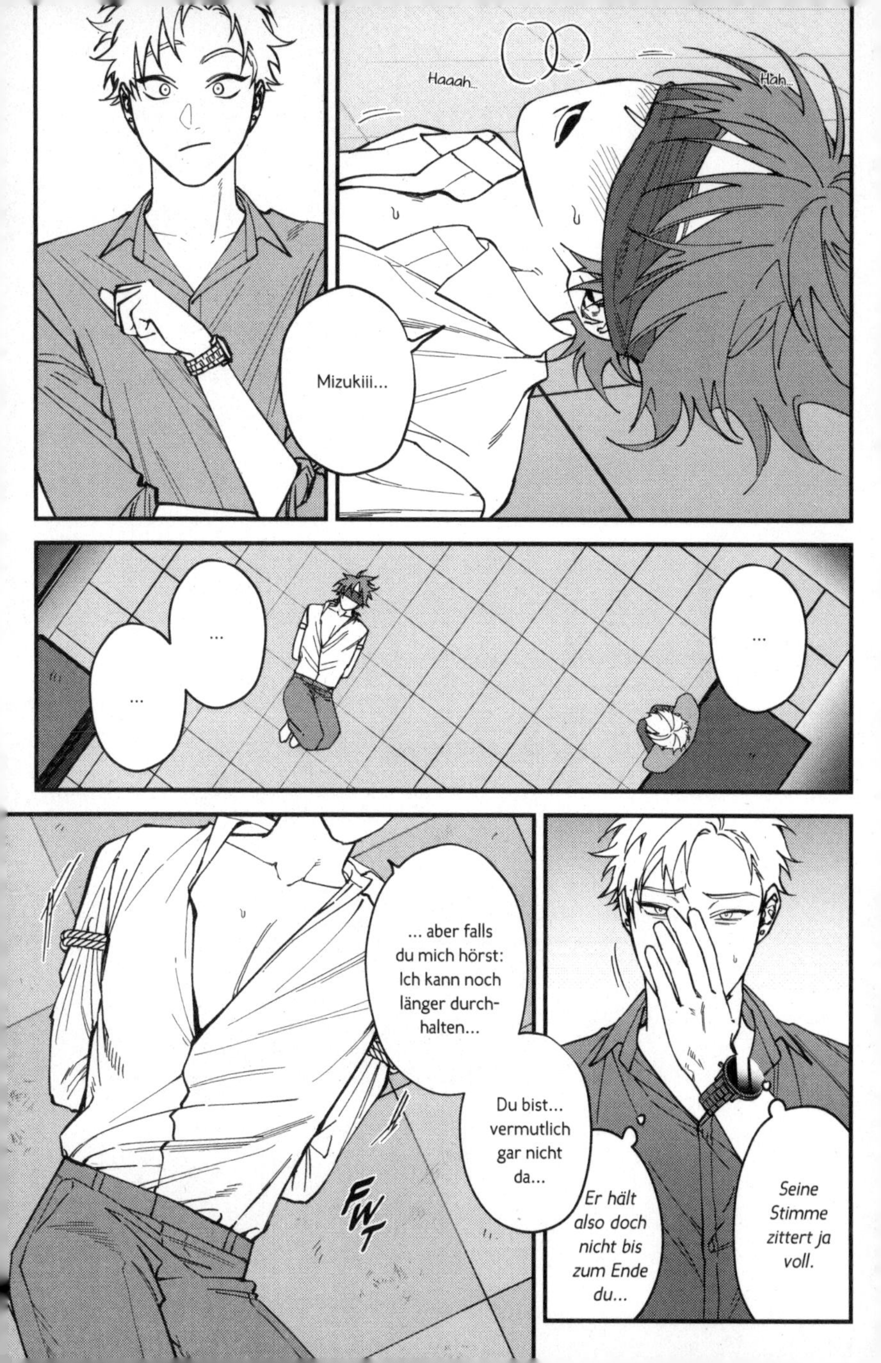

Haaah...
Häh...
Mizukiii...
...
...
...
... aber falls du mich hörst: Ich kann noch länger durchhalten...
Du bist... vermutlich gar nicht da...
FWT
Seine Stimme zittert ja voll.
Er hält also doch nicht bis zum Ende du...

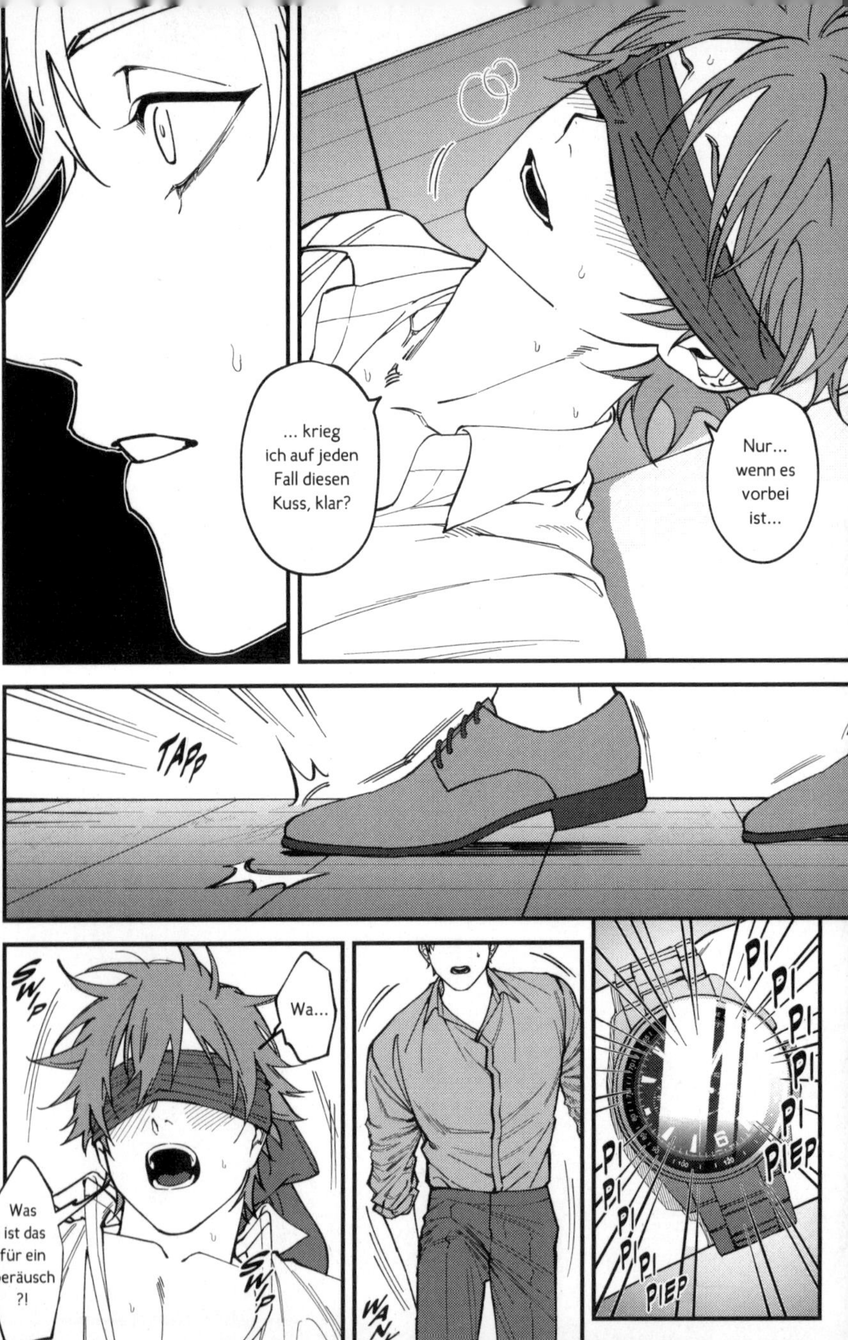

Nur... wenn es vorbei ist...
... krieg ich auf jeden Fall diesen Kuss, klar?
TAPP
PI PI PI PI PI PI PIEP
PI PI PI PI PI PIEP
WANK
Wa...
SWIP
Was ist das für ein Geräusch?!
SWIP

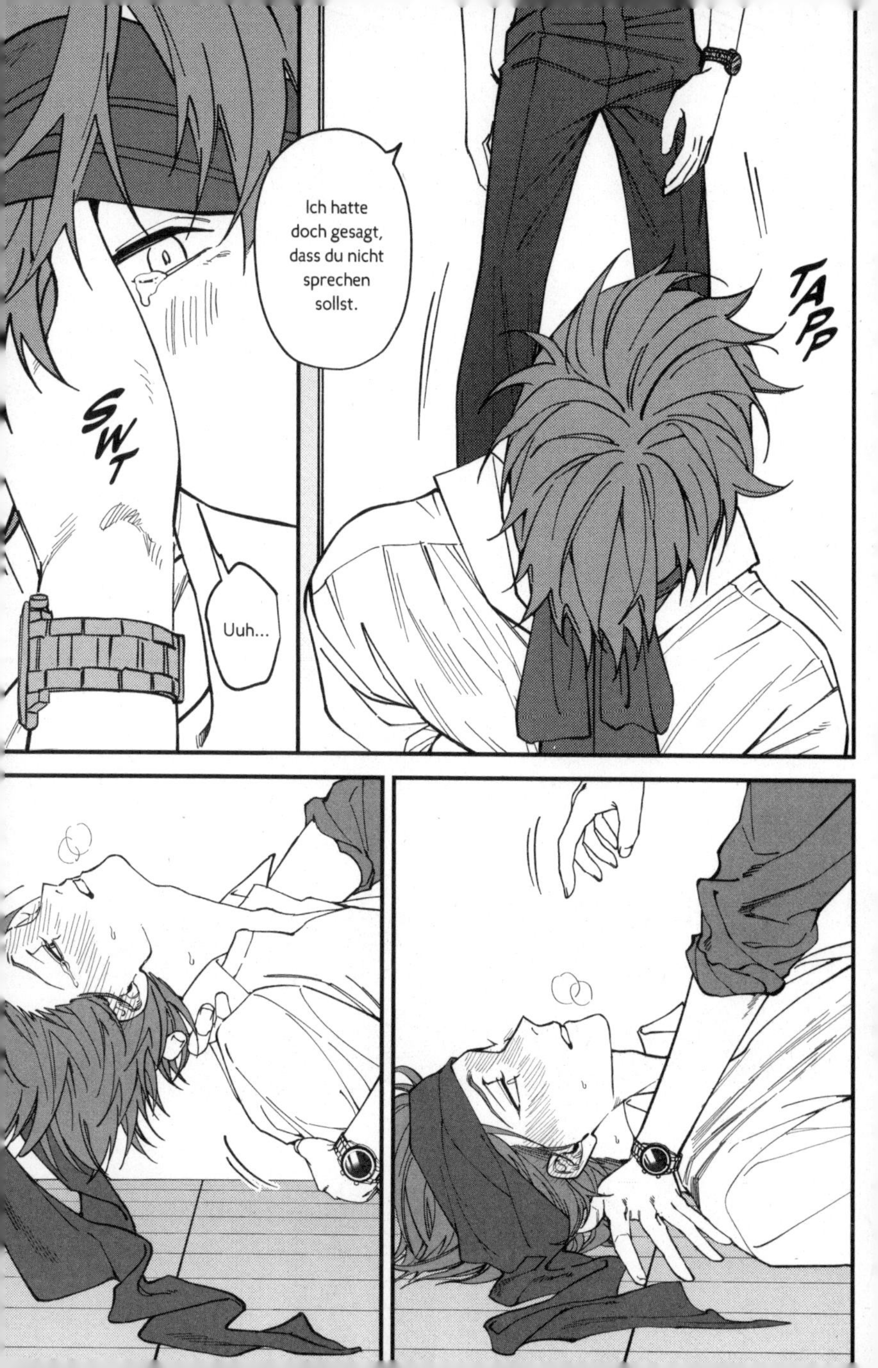
TAPP
Ich hatte doch gesagt, dass du nicht sprechen sollst.
SWT
Uuh...

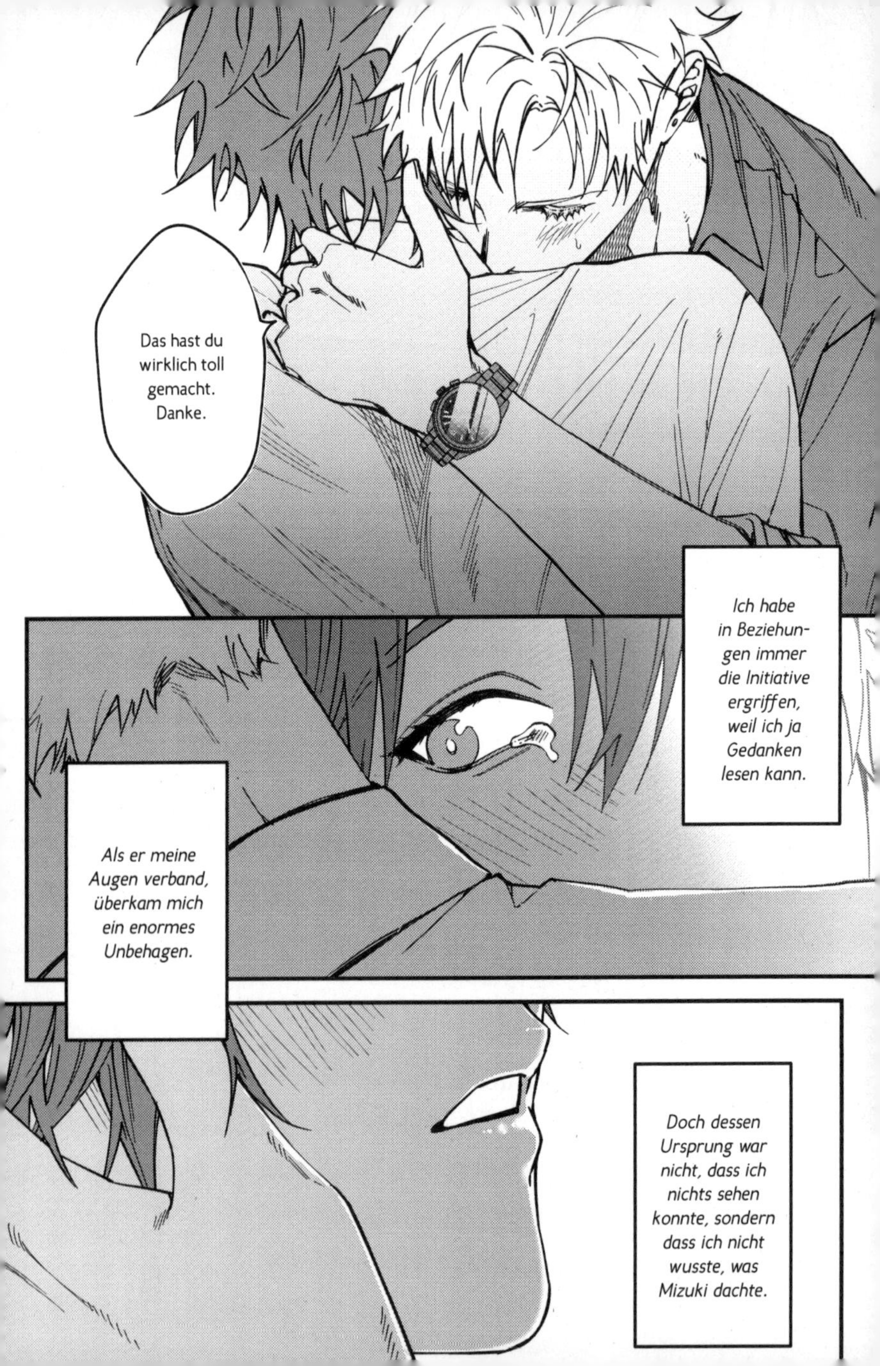
Das hast du wirklich toll gemacht. Danke.
Ich habe in Beziehungen immer die Initiative ergriffen, weil ich ja Gedanken lesen kann.
Als er meine Augen verband, überkam mich ein enormes Unbehagen.
Doch dessen Ursprung war nicht, dass ich nichts sehen konnte, sondern dass ich nicht wusste, was Mizuki dachte.

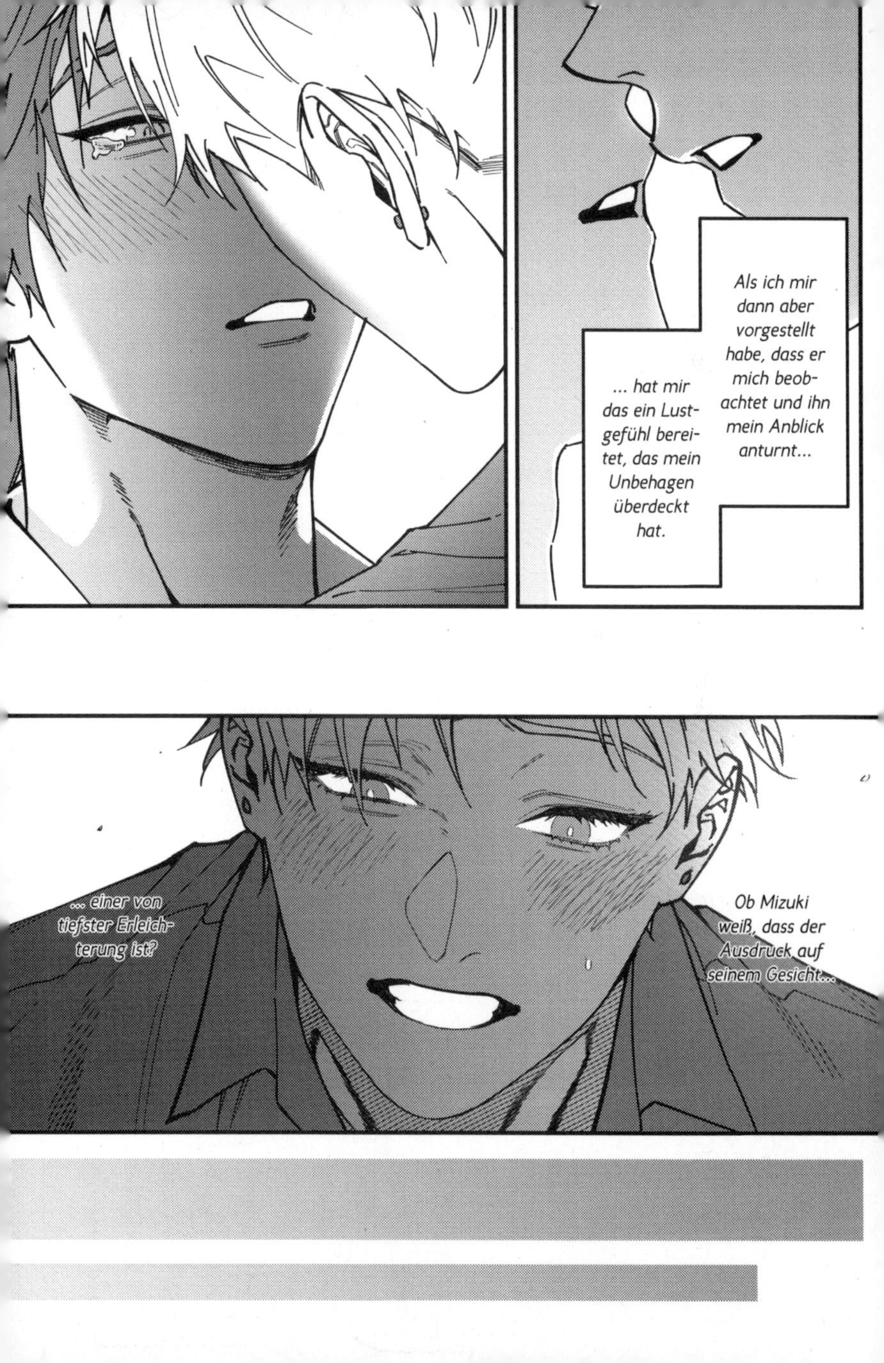
Als ich mir dann aber vorgestellt habe, dass er mich beob-achtet und ihn mein Anblick anturnt...
... hat mir das ein Lust-gefühl berei-tet, das mein Unbehagen überdeckt hat.
Ob Mizuki weiß, dass der Ausdruck auf seinem Gesicht...
... einer von tiefster Erleich-terung ist?

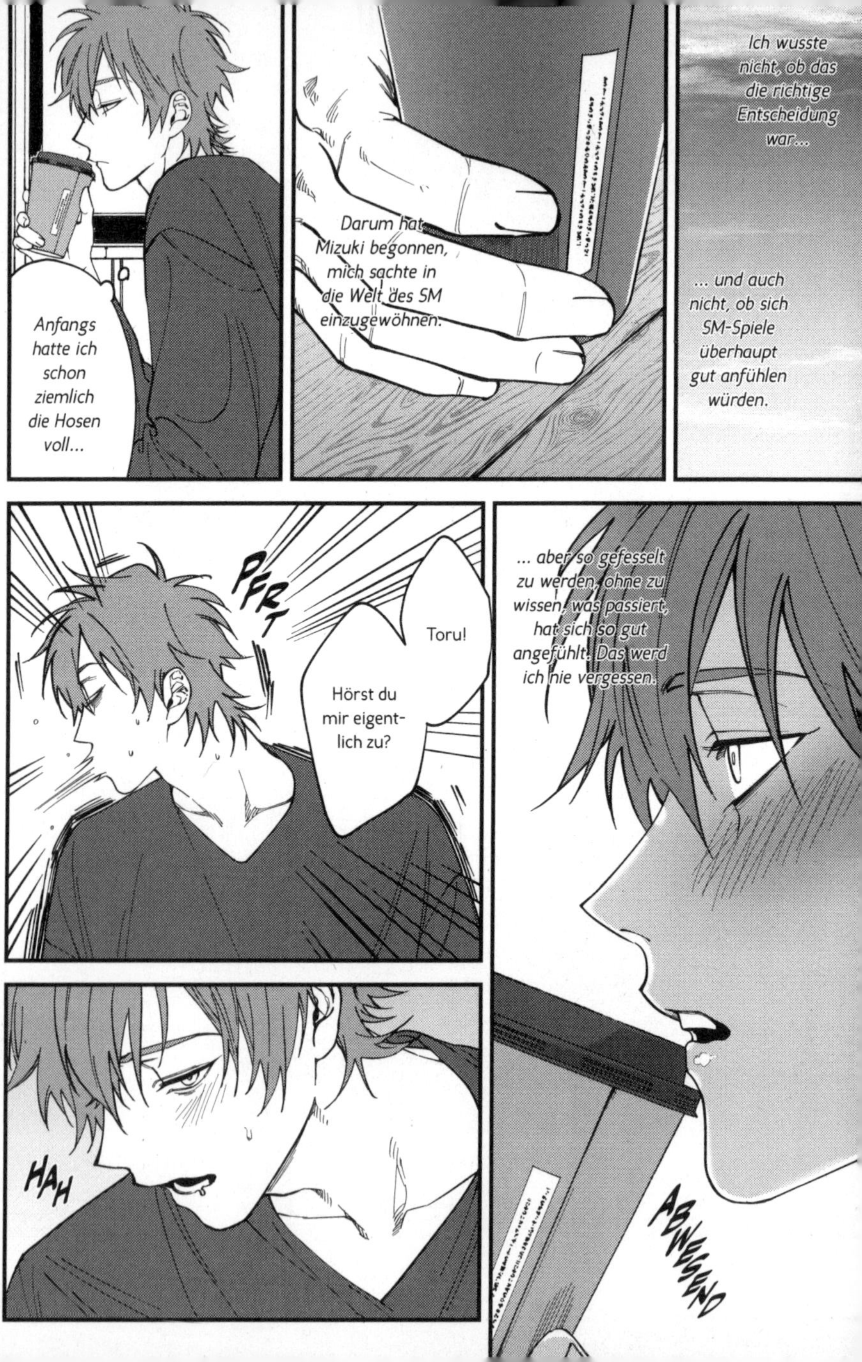
Ich wusste nicht, ob das die richtige Entscheidung war...
... und auch nicht, ob sich SM-Spiele überhaupt gut anfühlen würden.
Darum hat Mizuki begonnen, mich sachte in die Welt des SM einzugewöhnen.
Anfangs hatte ich schon ziemlich die Hosen voll...
... aber so gefesselt zu werden, ohne zu wissen, was passiert, hat sich so gut angefühlt. Das werd ich nie vergessen.
ABWESEND
PFRT
Toru!
Hörst du mir eigentlich zu?
HAH

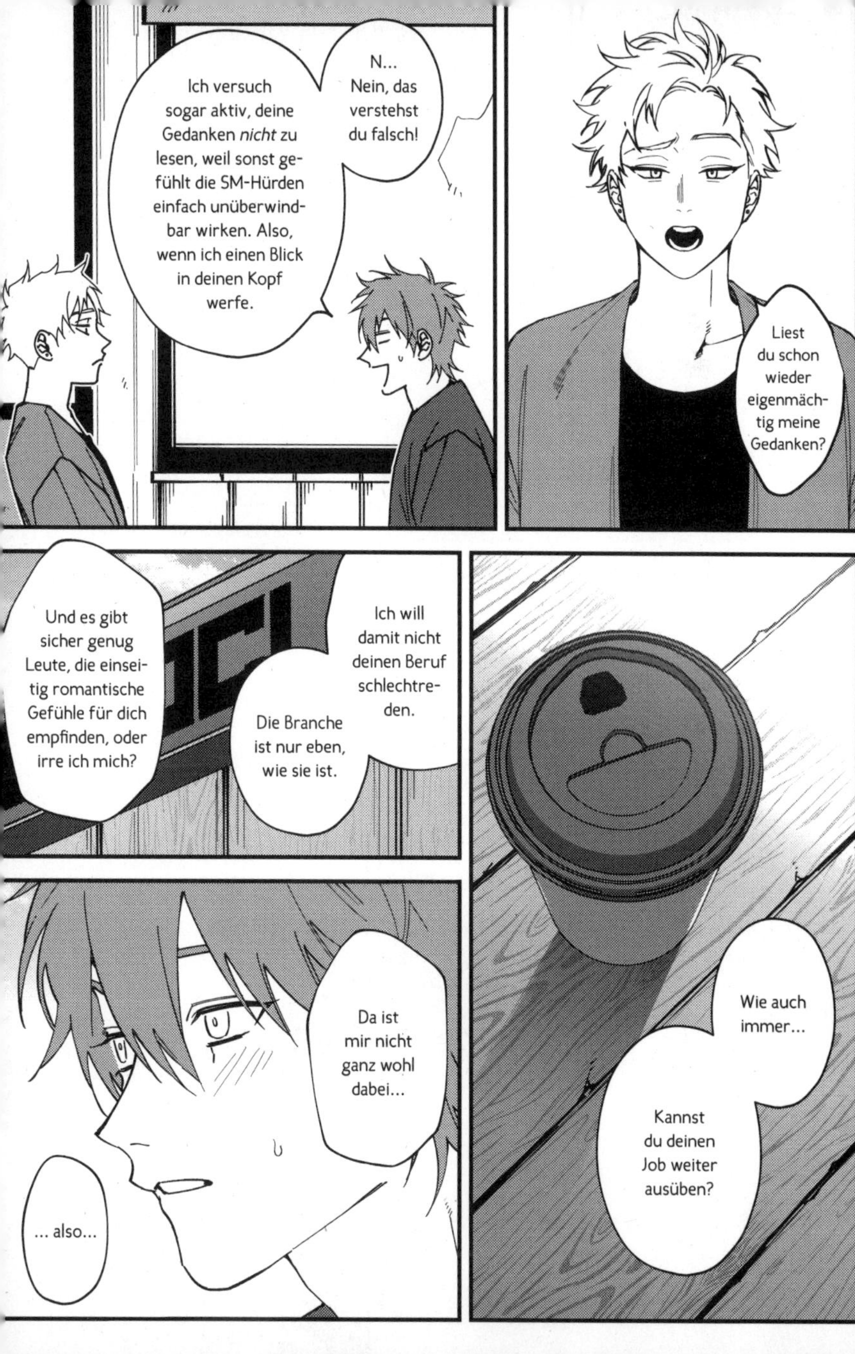
Liest du schon wieder eigenmächtig meine Gedanken?
N... Nein, das verstehst du falsch!
Ich versuch sogar aktiv, deine Gedanken *nicht* zu lesen, weil sonst gefühlt die SM-Hürden einfach unüberwindbar wirken. Also, wenn ich einen Blick in deinen Kopf werfe.
Wie auch immer...
Kannst du deinen Job weiter ausüben?
Ich will damit nicht deinen Beruf schlechtreden.
Die Branche ist nur eben, wie sie ist.
Und es gibt sicher genug Leute, die einseitig romantische Gefühle für dich empfinden, oder irre ich mich?
Da ist mir nicht ganz wohl dabei...
... also...

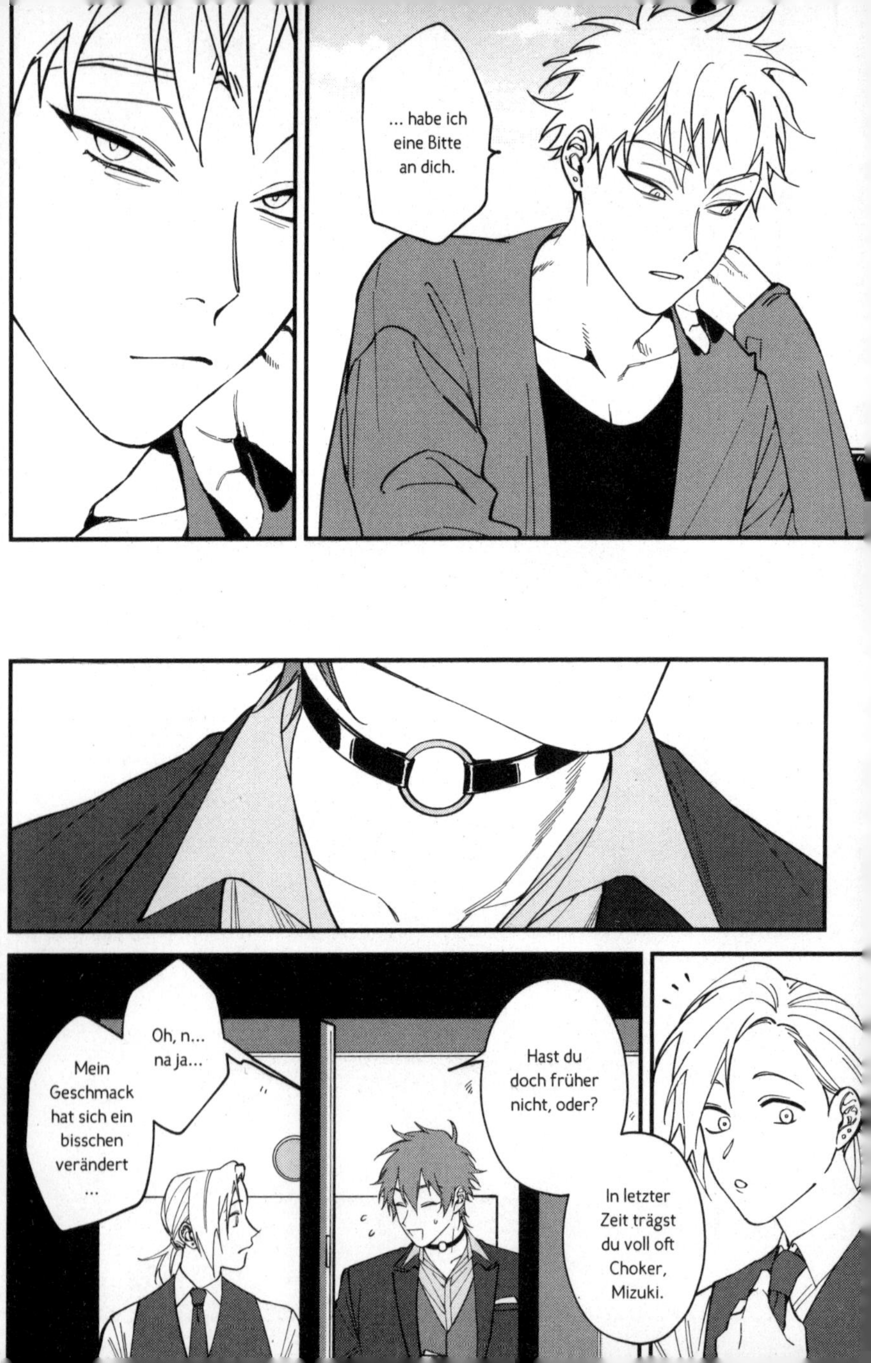
… habe ich eine Bitte an dich.
In letzter Zeit trägst du voll oft Choker, Mizuki.
Hast du doch früher nicht, oder?
Oh, n… na ja…
Mein Geschmack hat sich ein bisschen verändert …

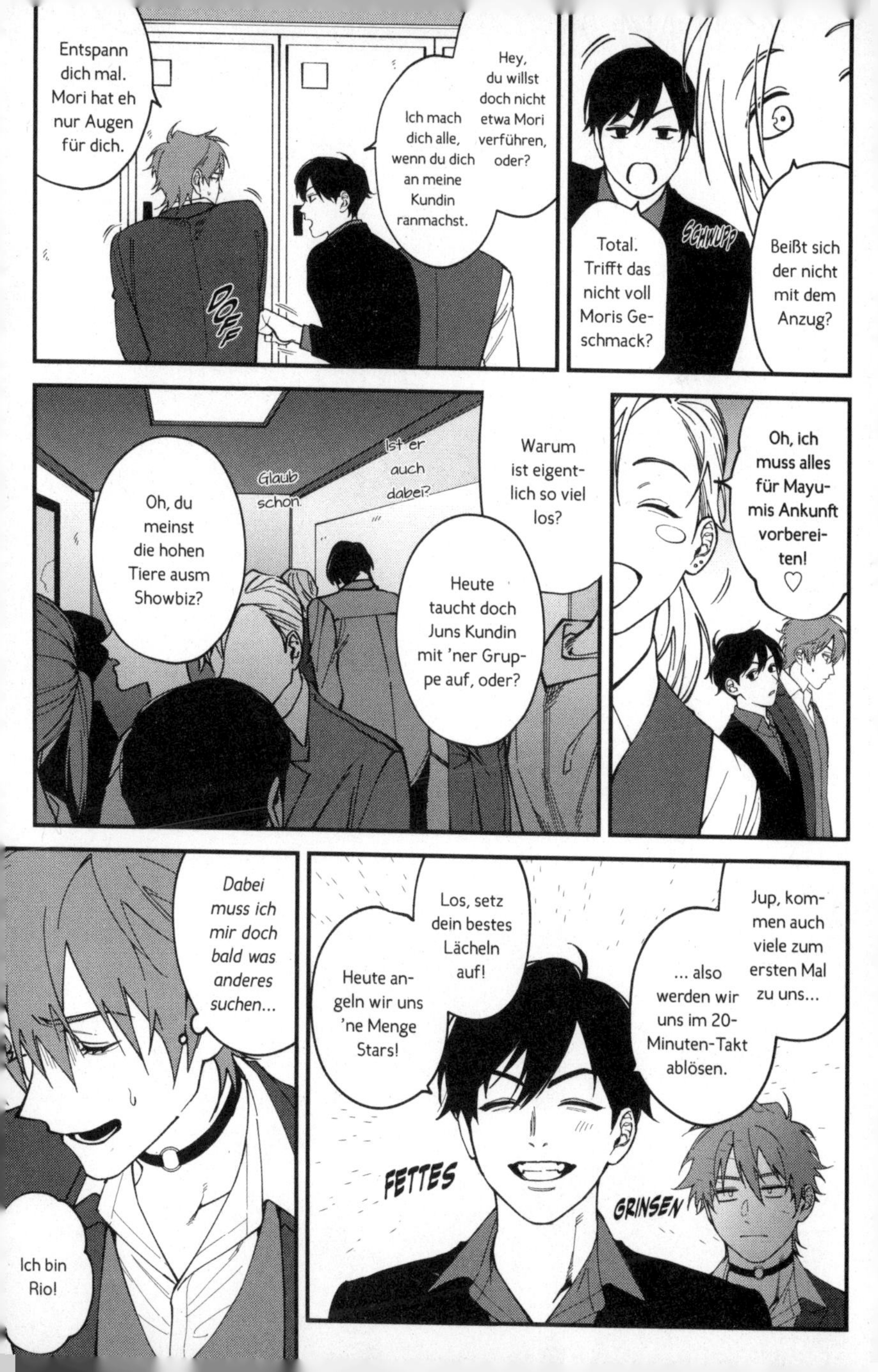

Beißt sich der nicht mit dem Anzug?
Total. Trifft das nicht voll Moris Geschmack?
SCHWUPP
Hey, du willst doch nicht etwa Mori verführen, oder?
Ich mach dich alle, wenn du dich an meine Kundin ranmachst.
Entspann dich mal. Mori hat eh nur Augen für dich.
DOFF
Oh, ich muss alles für Mayumis Ankunft vorbereiten! ♡
Warum ist eigentlich so viel los?
Heute taucht doch Juns Kundin mit 'ner Gruppe auf, oder?
Ist er auch dabei?
Glaub schon.
Oh, du meinst die hohen Tiere ausm Showbiz?
Jup, kommen auch viele zum ersten Mal zu uns …
… also werden wir uns im 20-Minuten-Takt ablösen.
Los, setz dein bestes Lächeln auf!
Heute angeln wir uns 'ne Menge Stars!
FETTES GRINSEN
Dabei muss ich mir doch bald was anderes suchen …
Ich bin Rio!

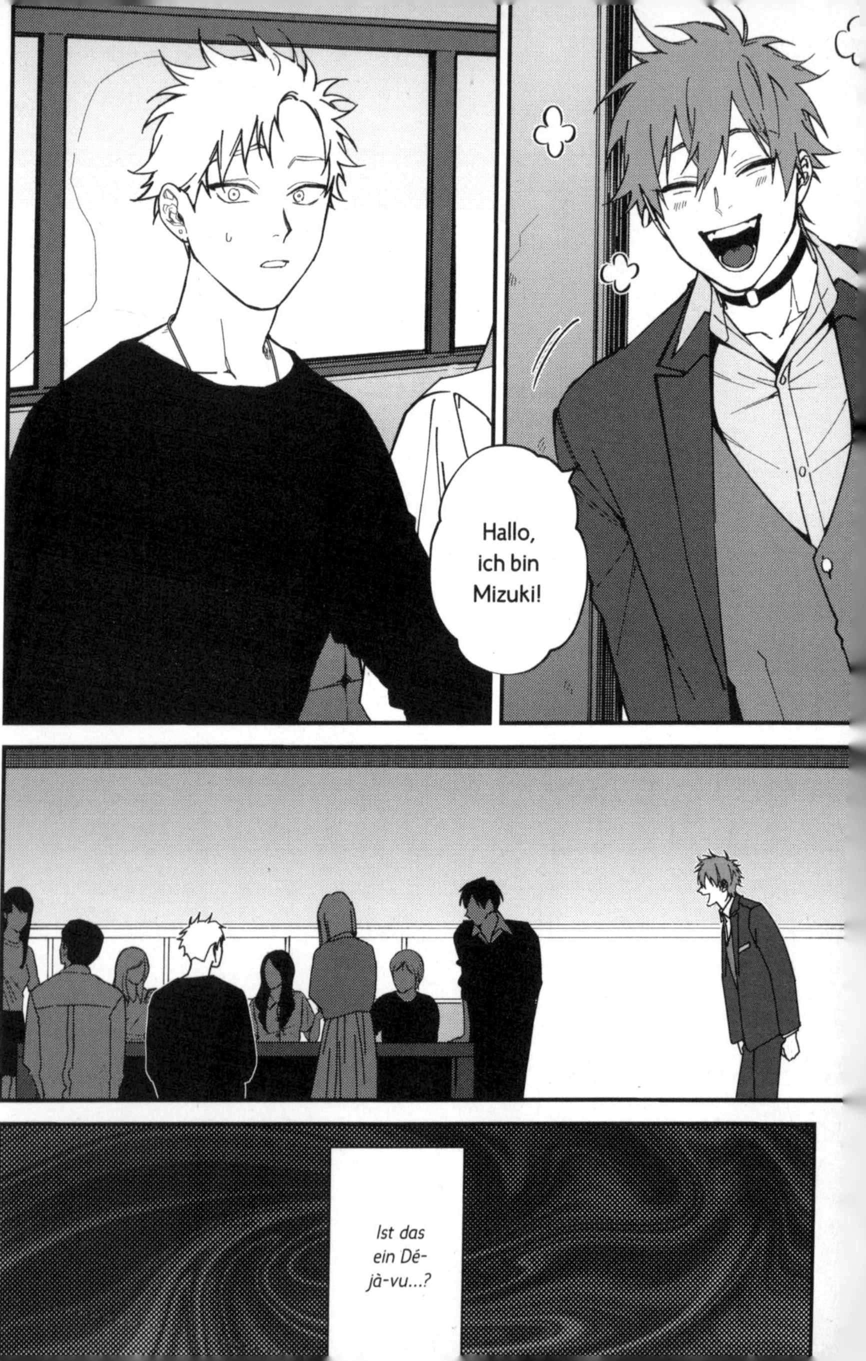
Hallo, ich bin Mizuki!
Ist das ein Déjà-vu...?

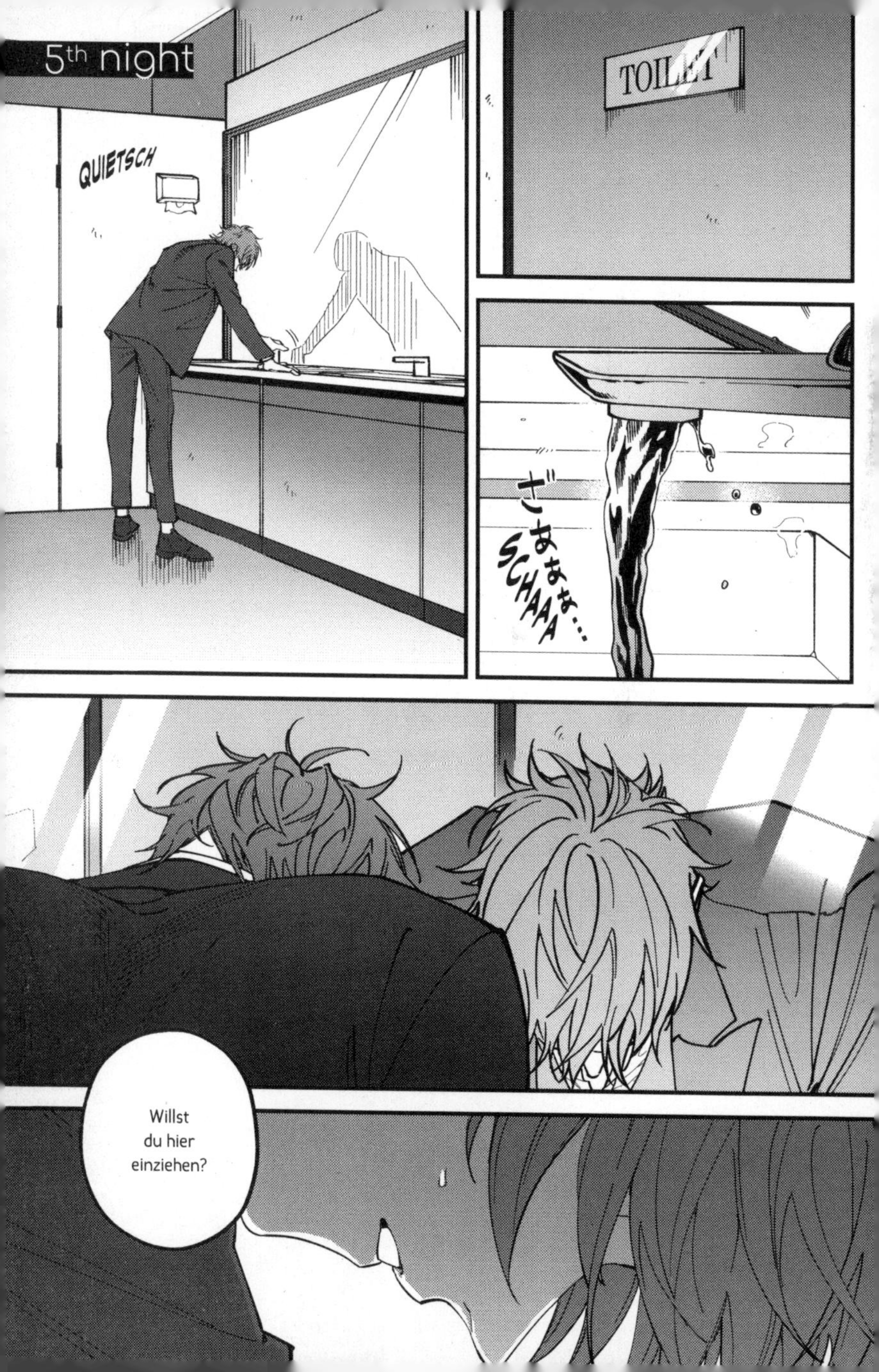
5th night
TOILET
QUIETSCH
ざあああ…
SCHAAA
Willst du hier einziehen?

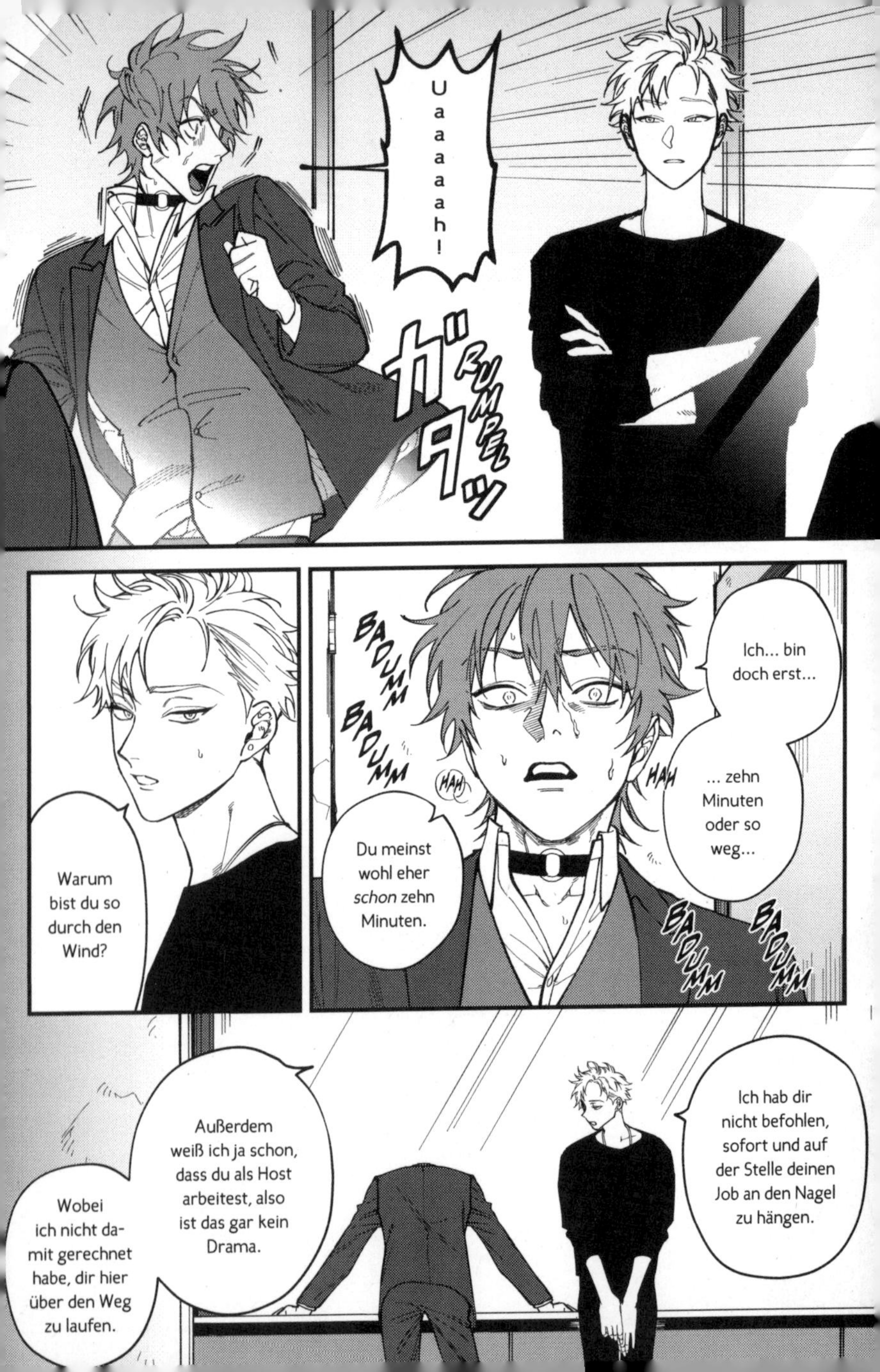
Uaaaaaah!
RUMPEL
ガタッ
Ich… bin doch erst…
… zehn Minuten oder so weg…
HAH
HAH
BADUMM BADUMM
BADUMM BADUMM
Du meinst wohl eher *schon* zehn Minuten.
Warum bist du so durch den Wind?
Ich hab dir nicht befohlen, sofort und auf der Stelle deinen Job an den Nagel zu hängen.
Außerdem weiß ich ja schon, dass du als Host arbeitest, also ist das gar kein Drama.
Wobei ich nicht damit gerechnet habe, dir hier über den Weg zu laufen.

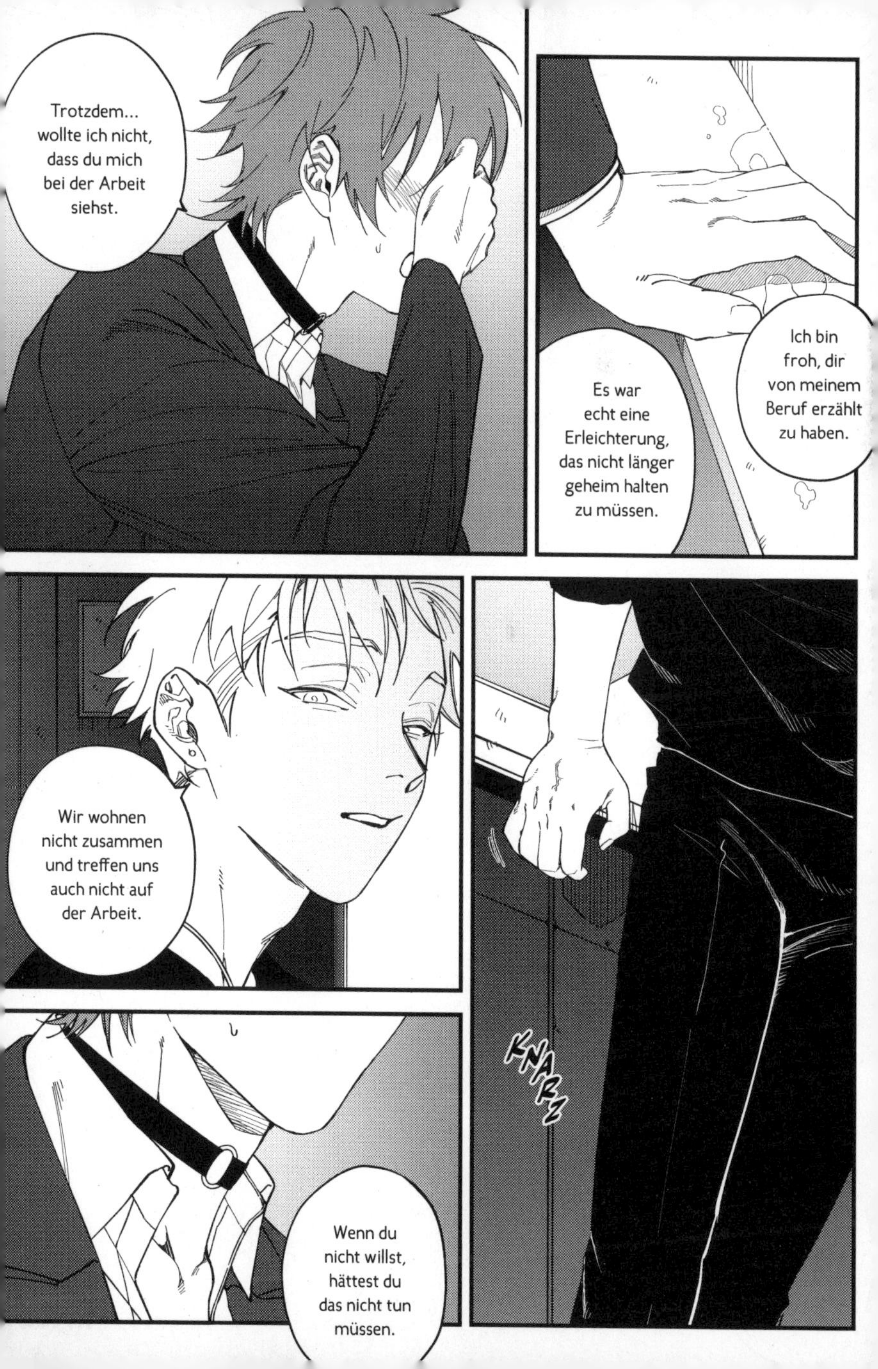
Ich bin froh, dir von meinem Beruf erzählt zu haben.
Es war echt eine Erleichterung, das nicht länger geheim halten zu müssen.
Trotzdem... wollte ich nicht, dass du mich bei der Arbeit siehst.
KNARZ
Wir wohnen nicht zusammen und treffen uns auch nicht auf der Arbeit.
Wenn du nicht willst, hättest du das nicht tun müssen.

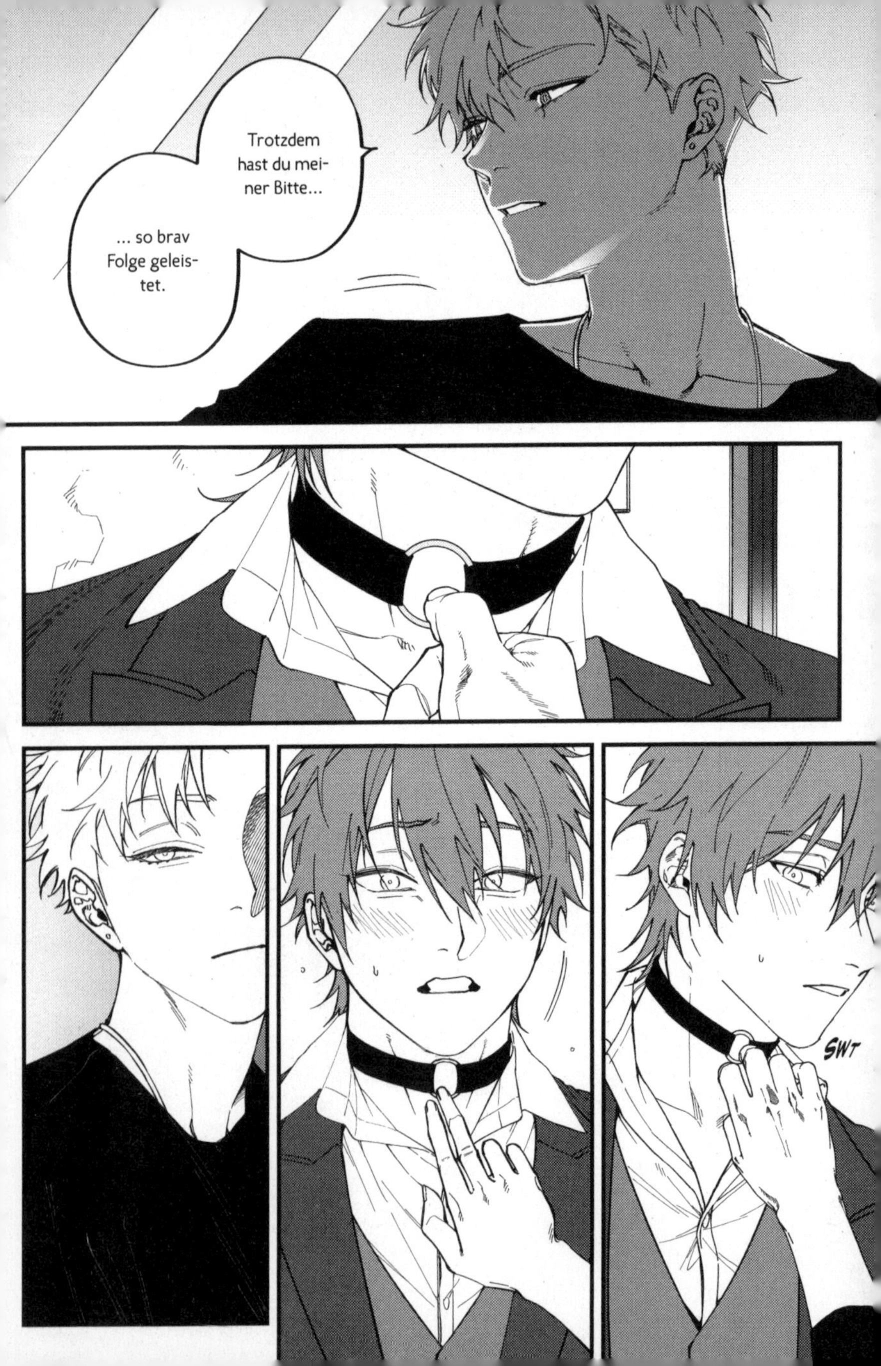
Trotzdem hast du meiner Bitte...
... so brav Folge geleistet.
SWT

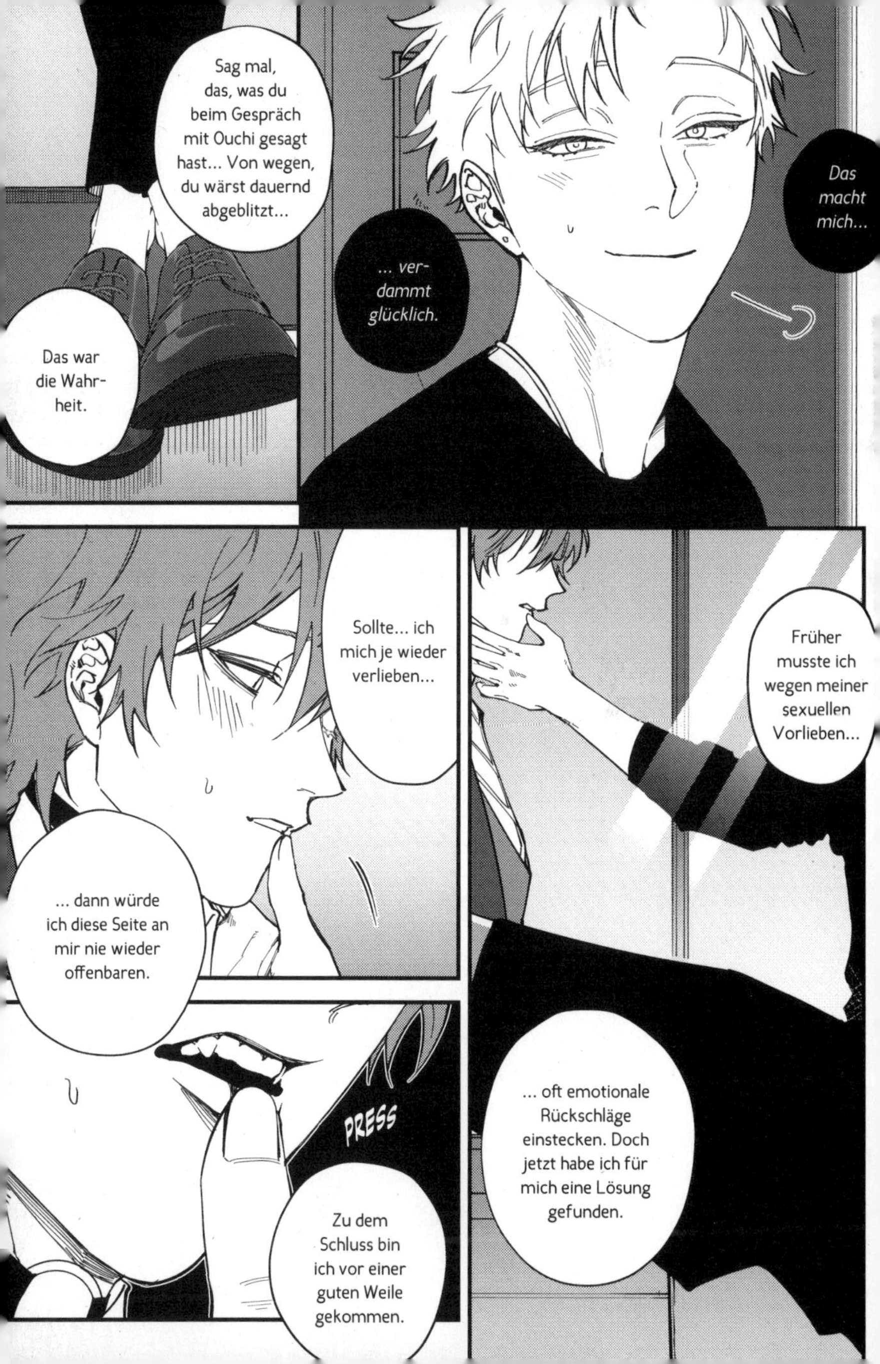
Das macht mich...
... ver-dammt glücklich.
Sag mal, das, was du beim Gespräch mit Ouchi gesagt hast... Von wegen, du wärst dauernd abgeblitzt...
Das war die Wahrheit.
Früher musste ich wegen meiner sexuellen Vorlieben...
... oft emotionale Rückschläge einstecken. Doch jetzt habe ich für mich eine Lösung gefunden.
Sollte... ich mich je wieder verlieben...
... dann würde ich diese Seite an mir nie wieder offenbaren.
PRESS
Zu dem Schluss bin ich vor einer guten Weile gekommen.

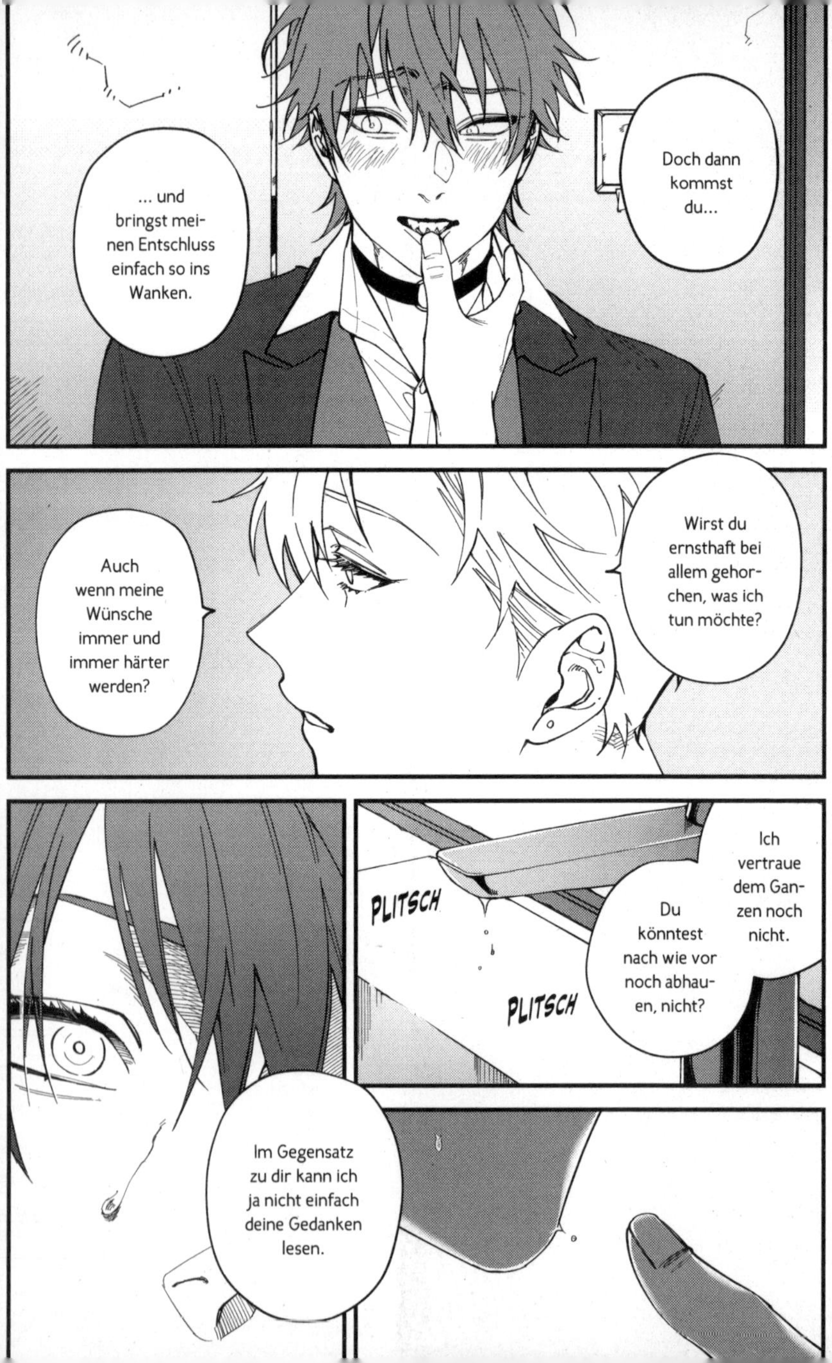
Doch dann kommst du...
... und bringst meinen Entschluss einfach so ins Wanken.
Wirst du ernsthaft bei allem gehorchen, was ich tun möchte?
Auch wenn meine Wünsche immer und immer härter werden?
Ich vertraue dem Ganzen noch nicht.
Du könntest nach wie vor noch abhauen, nicht?
PLITSCH
PLITSCH
Im Gegensatz zu dir kann ich ja nicht einfach deine Gedanken lesen.

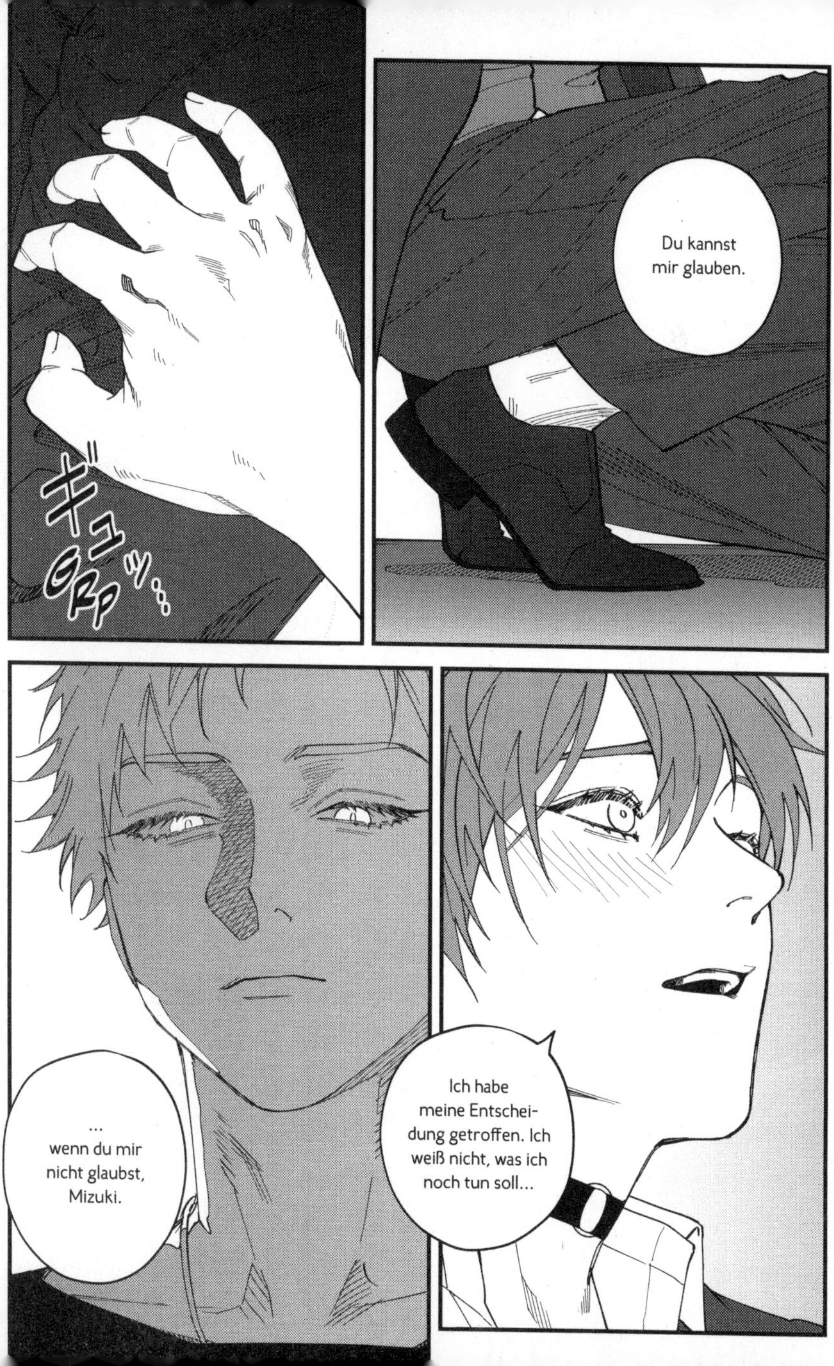
Du kannst mir glauben.
GRP
Ich habe meine Entschei-dung getroffen. Ich weiß nicht, was ich noch tun soll...
... wenn du mir nicht glaubst, Mizuki.

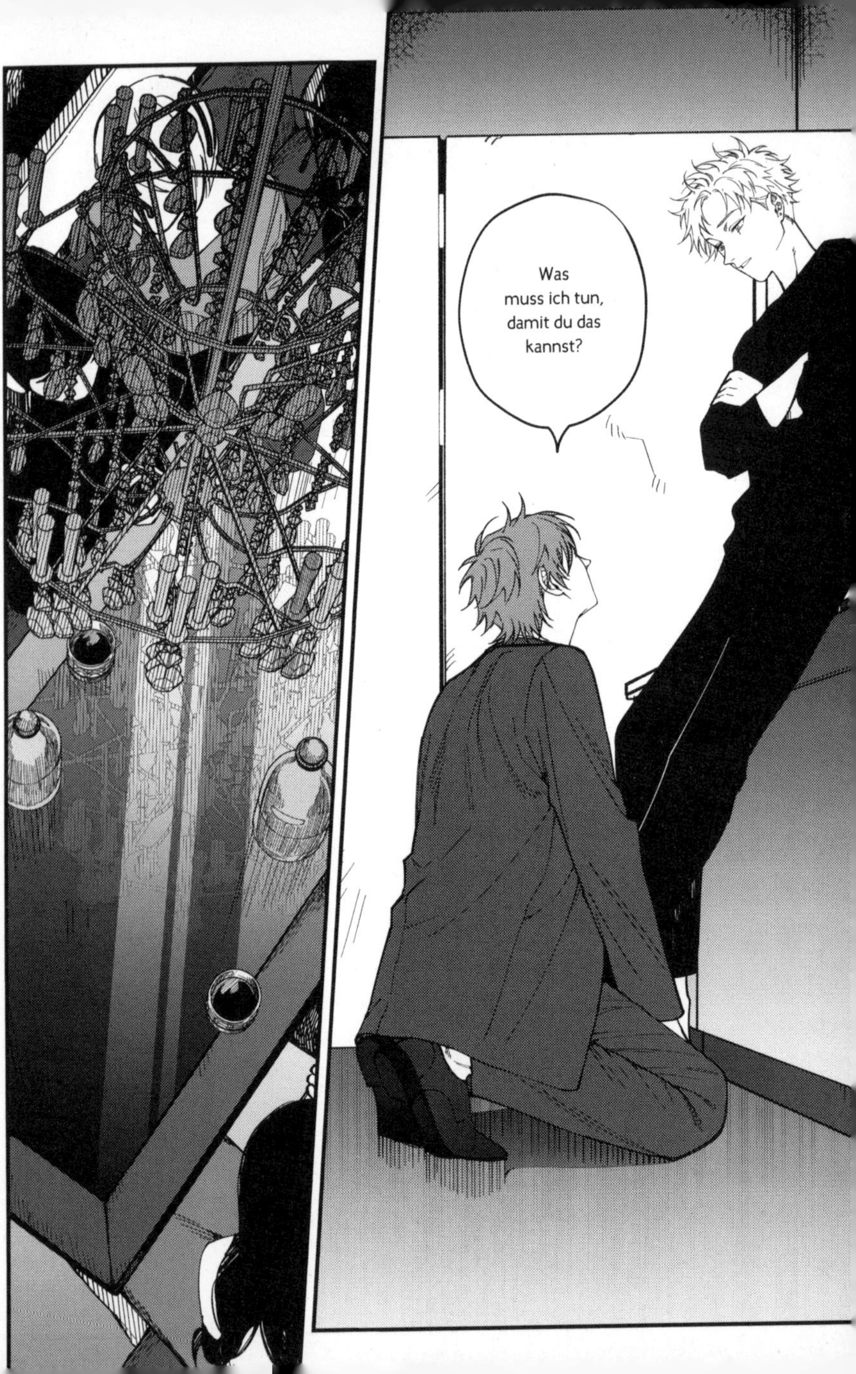
Was muss ich tun, damit du das kannst?

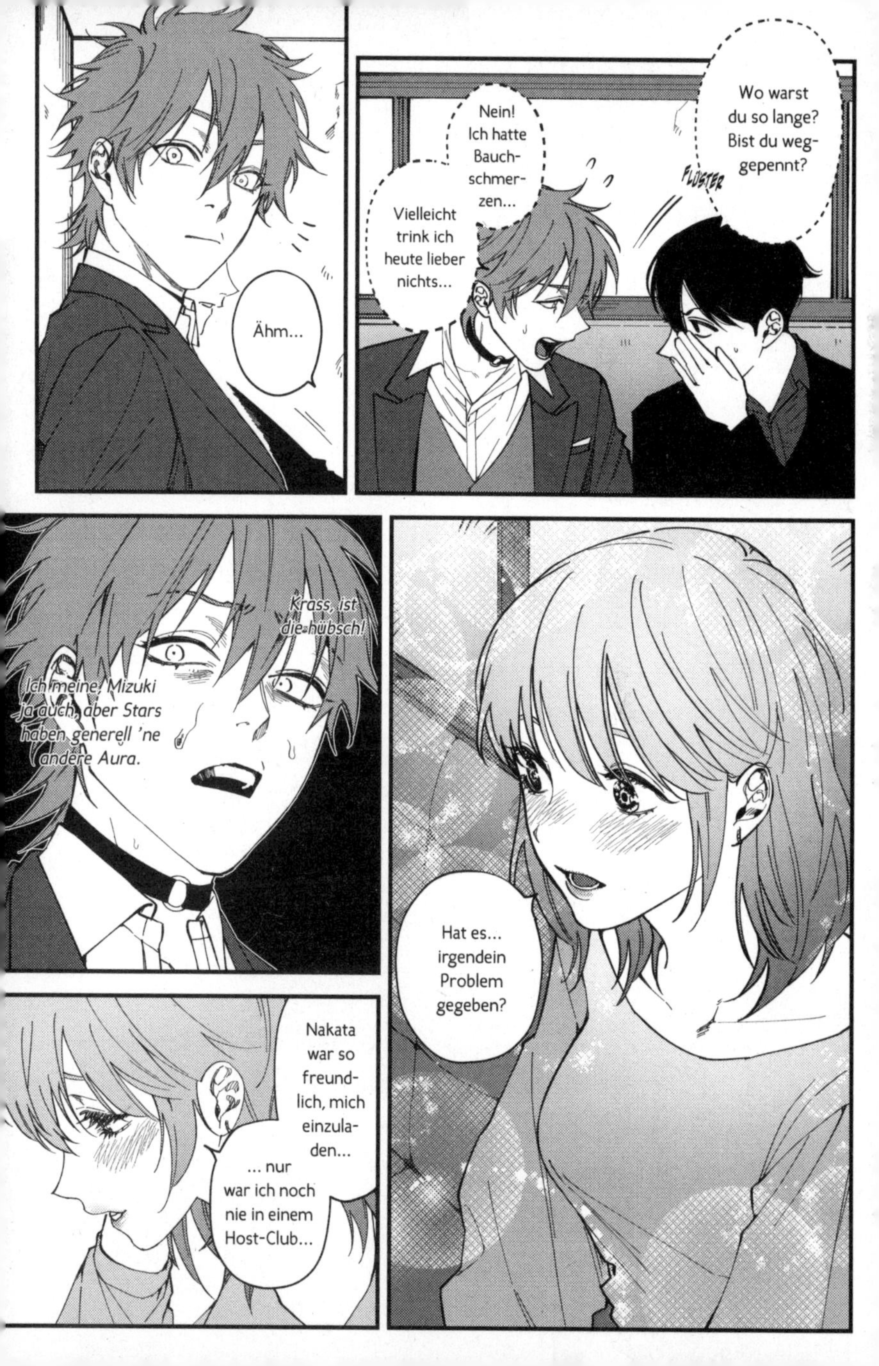
Wo warst du so lange? Bist du weggepennt?
FLÜSTER
Nein! Ich hatte Bauchschmerzen...
Vielleicht trink ich heute lieber nichts...
Ähm...
Hat es... irgendein Problem gegeben?
Krass, ist die hübsch!
Ich meine, Mizuki ja auch, aber Stars haben generell 'ne andere Aura.
Nakata war so freundlich, mich einzuladen...
... nur war ich noch nie in einem Host-Club...

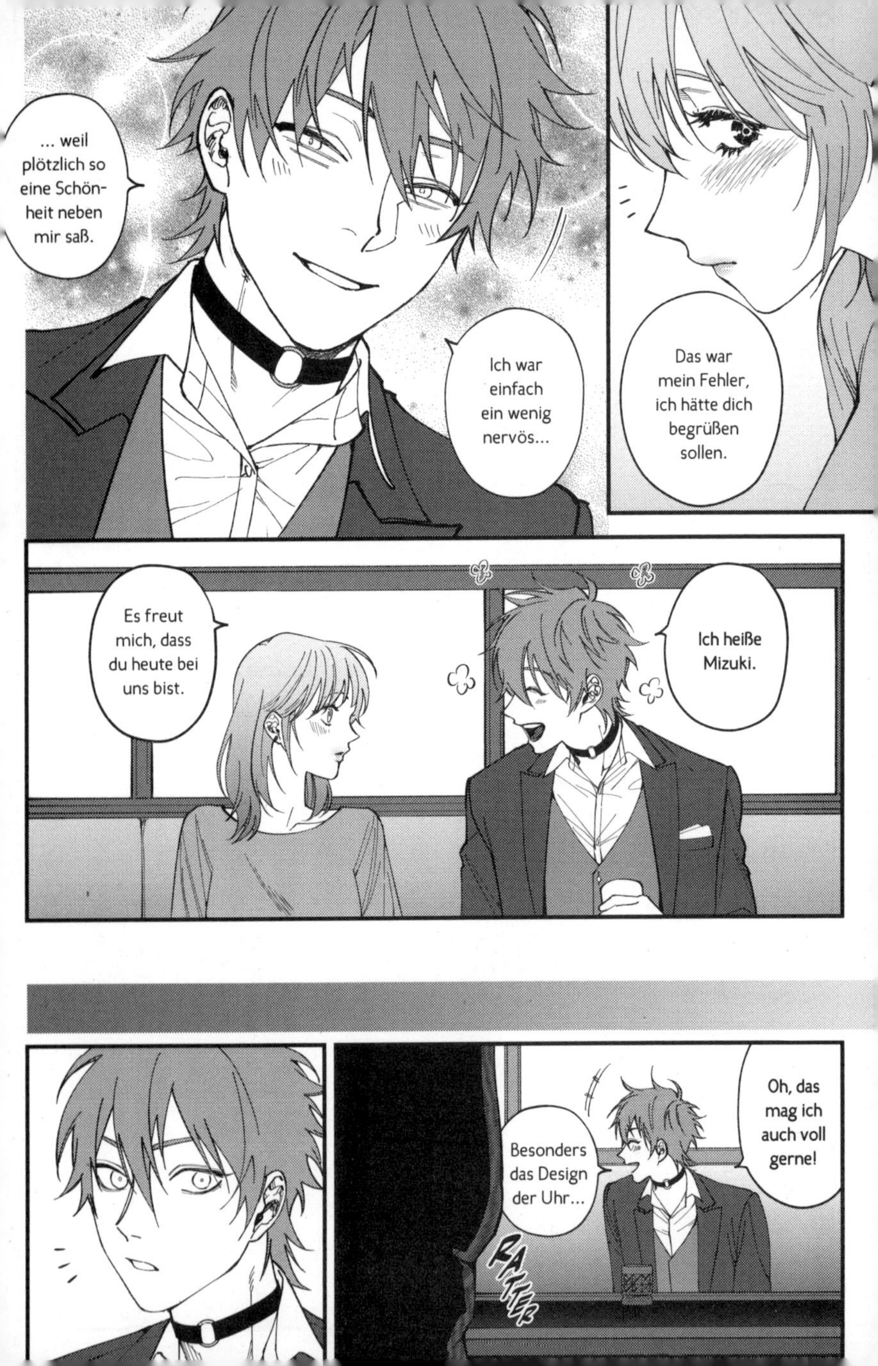
Das war mein Fehler, ich hätte dich begrüßen sollen.
Ich war einfach ein wenig nervös...
... weil plötzlich so eine Schönheit neben mir saß.
Ich heiße Mizuki.
Es freut mich, dass du heute bei uns bist.
Oh, das mag ich auch voll gerne!
Besonders das Design der Uhr...
RATTER

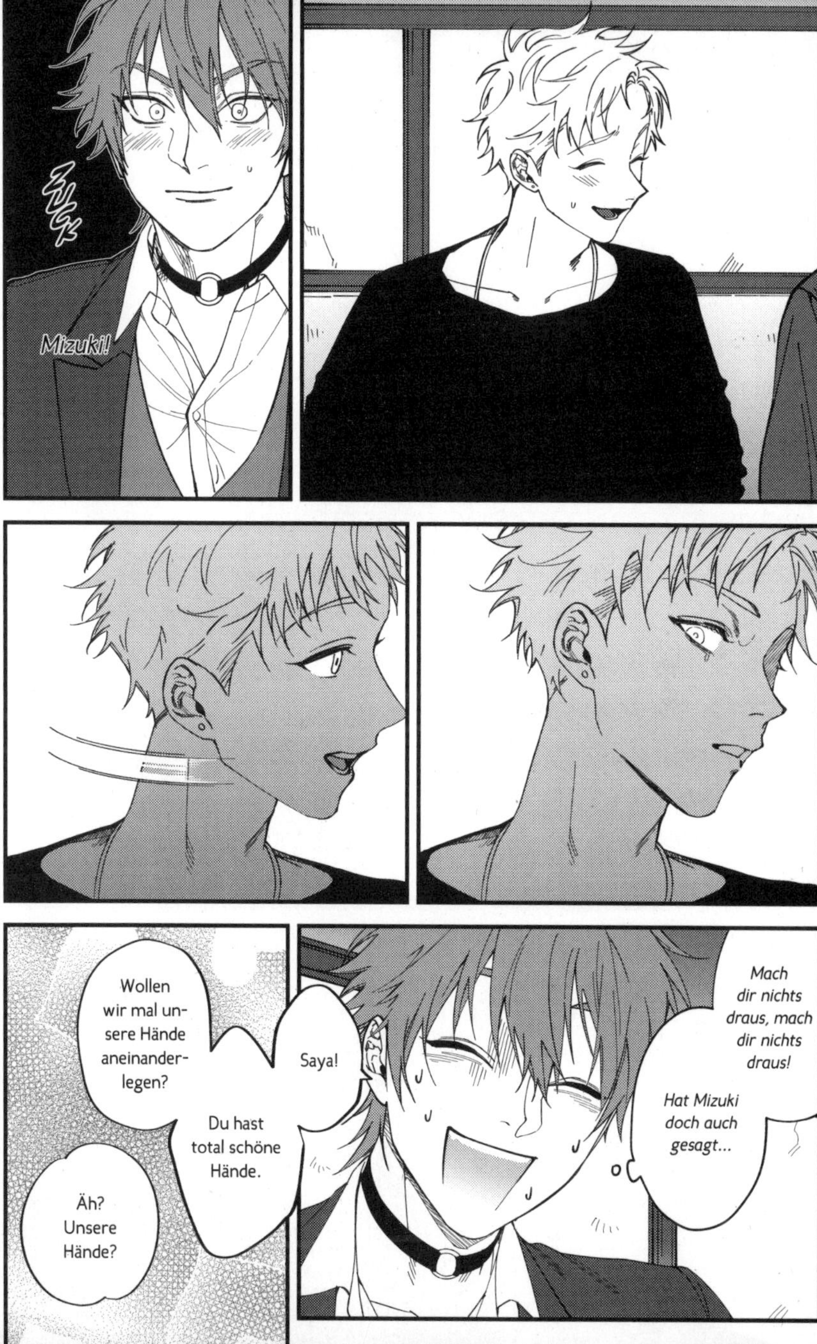
ZUCK
Mizuki!
Mach dir nichts draus, mach dir nichts draus!
Hat Mizuki doch auch gesagt...
Saya!
Du hast total schöne Hände.
Wollen wir mal unsere Hände aneinanderlegen?
Äh? Unsere Hände?

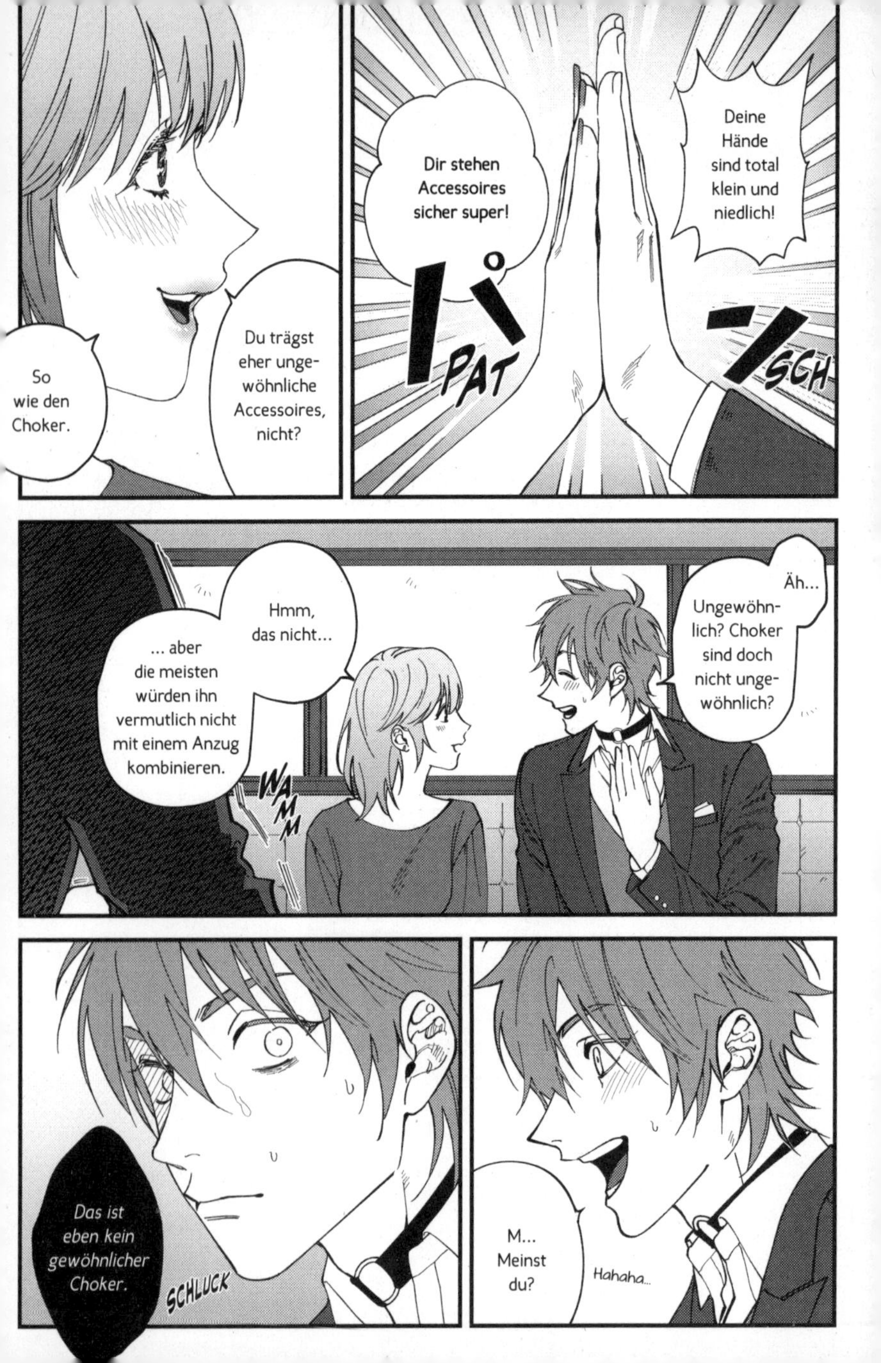

Deine Hände sind total klein und niedlich!
Dir stehen Accessoires sicher super!
SCH
PAT
Du trägst eher unge-wöhnliche Accessoires, nicht?
So wie den Choker.
Äh... Ungewöhnlich? Choker sind doch nicht unge-wöhnlich?
Hmm, das nicht...
... aber die meisten würden ihn vermutlich nicht mit einem Anzug kombinieren.
WAMM
M... Meinst du?
Hahaha...
Das ist eben kein gewöhnlicher Choker.
SCHLUCK

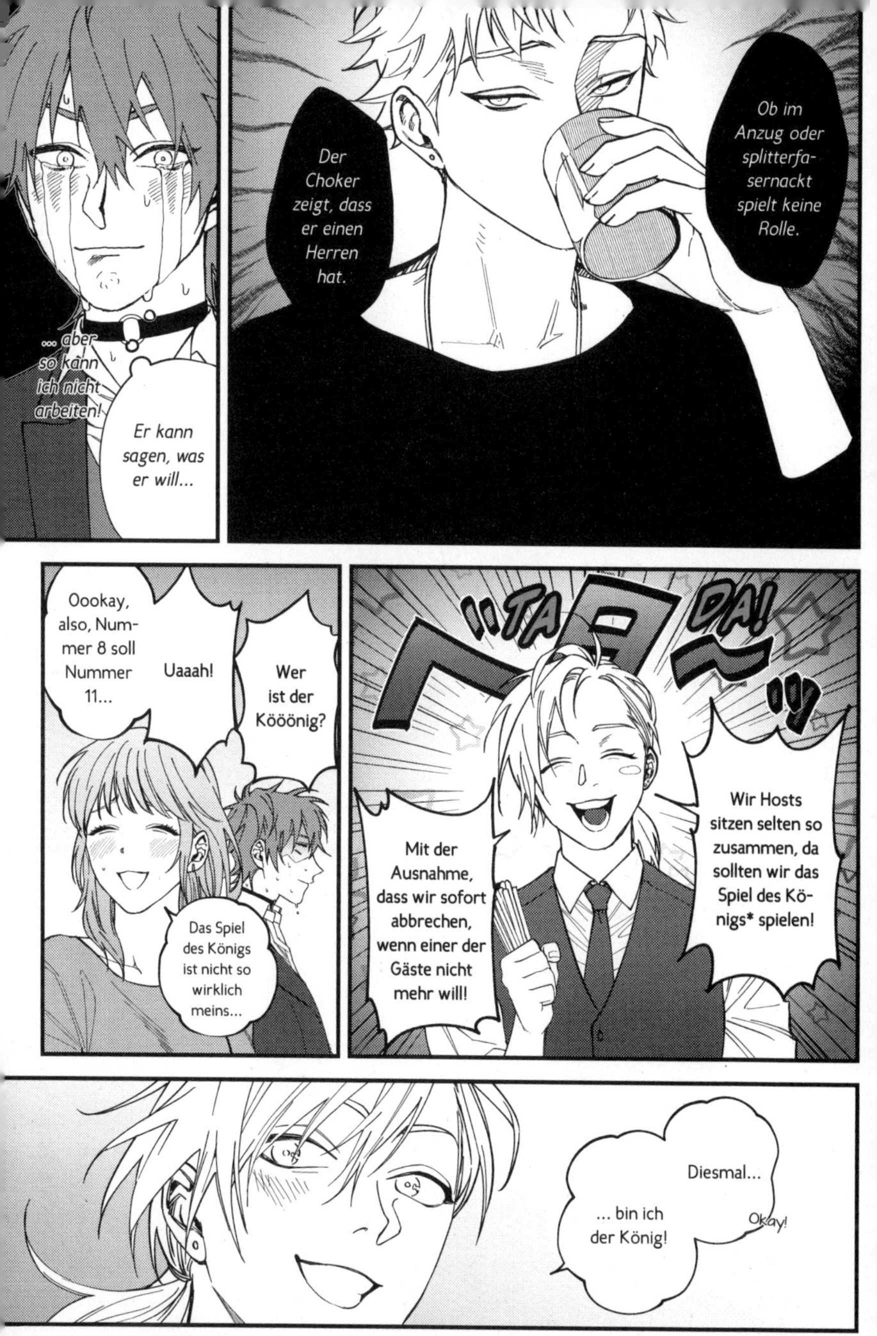

Ob im Anzug oder splitterfasernackt spielt keine Rolle.
Der Choker zeigt, dass er einen Herren hat.
Er kann sagen, was er will...
... aber so kann ich nicht arbeiten!
TA-DA!
Wir Hosts sitzen selten so zusammen, da sollten wir das Spiel des Königs* spielen!
Mit der Ausnahme, dass wir sofort abbrechen, wenn einer der Gäste nicht mehr will!
Wer ist der Kööönig?
Uaaah!
Oookay, also, Nummer 8 soll Nummer 11...
Das Spiel des Königs ist nicht so wirklich meins...
Diesmal...
Okay!
... bin ich der König!

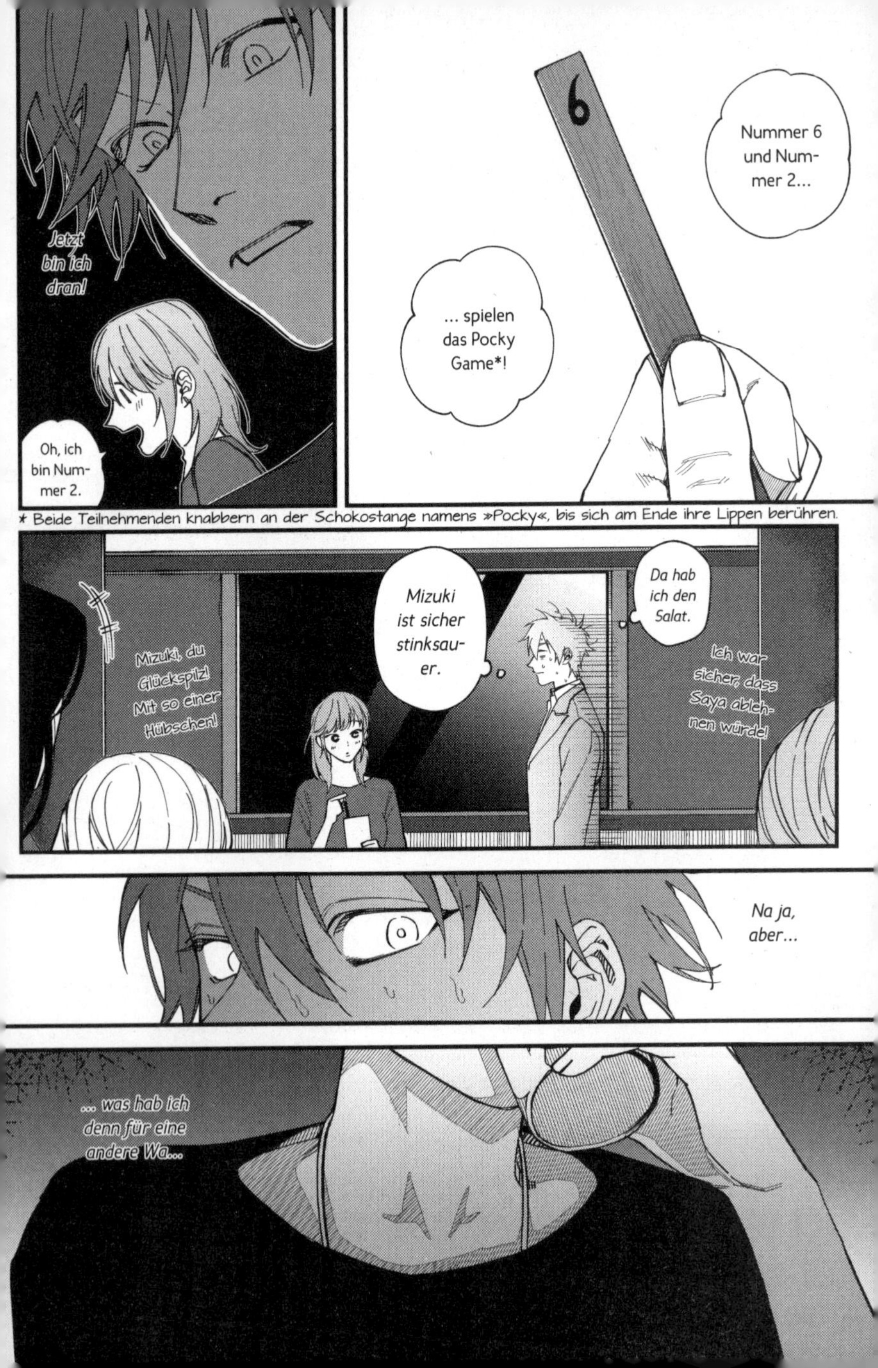


* Beide Teilnehmenden knabbern an der Schokostange namens »Pocky«, bis sich am Ende ihre Lippen berühren.

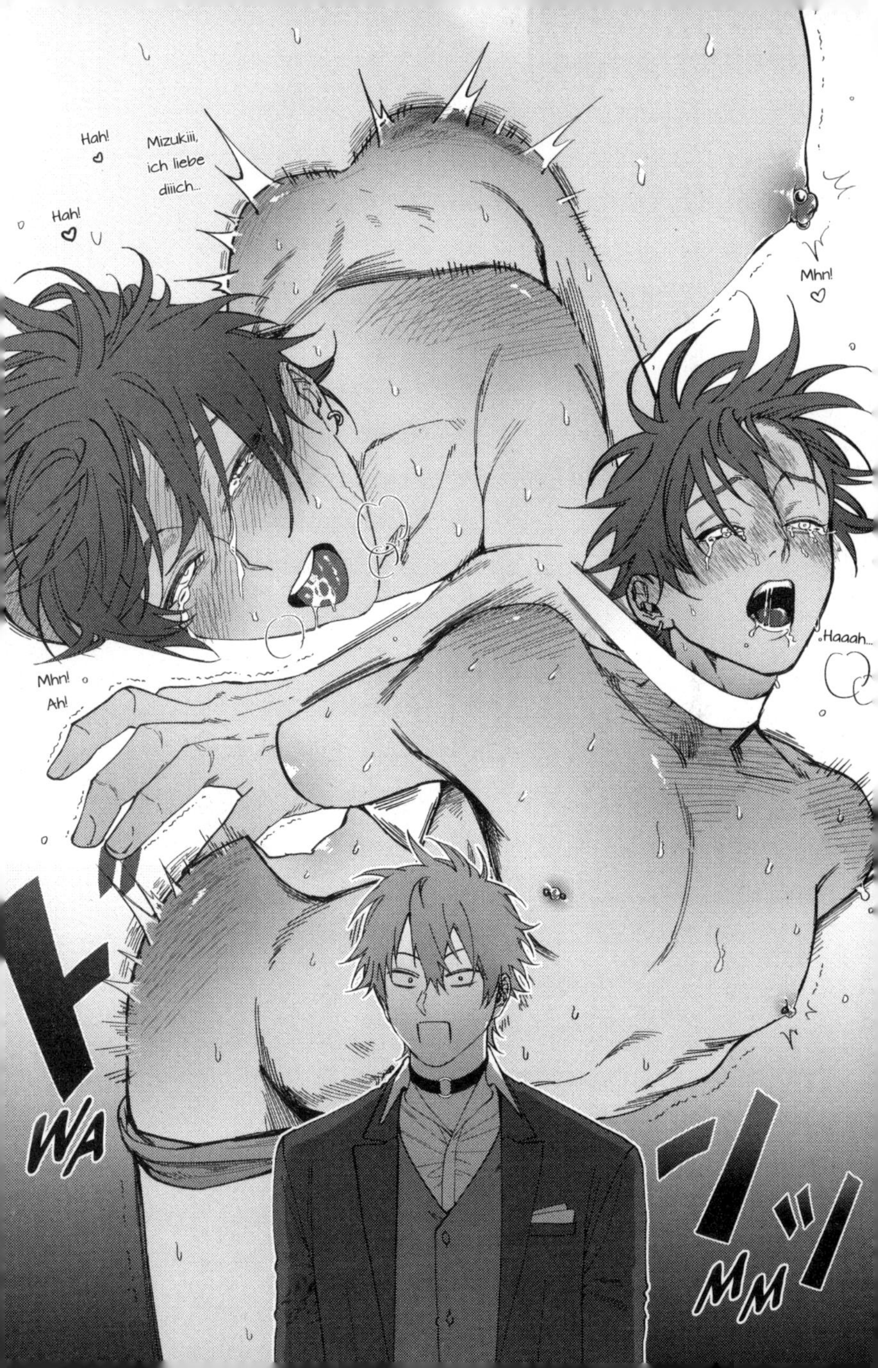
Mhn! ♡
Mizukiii, ich liebe diiich...
Hah! ♡
Hah! ♡
.Haaah...
Mhn! Ah!
WA
MM

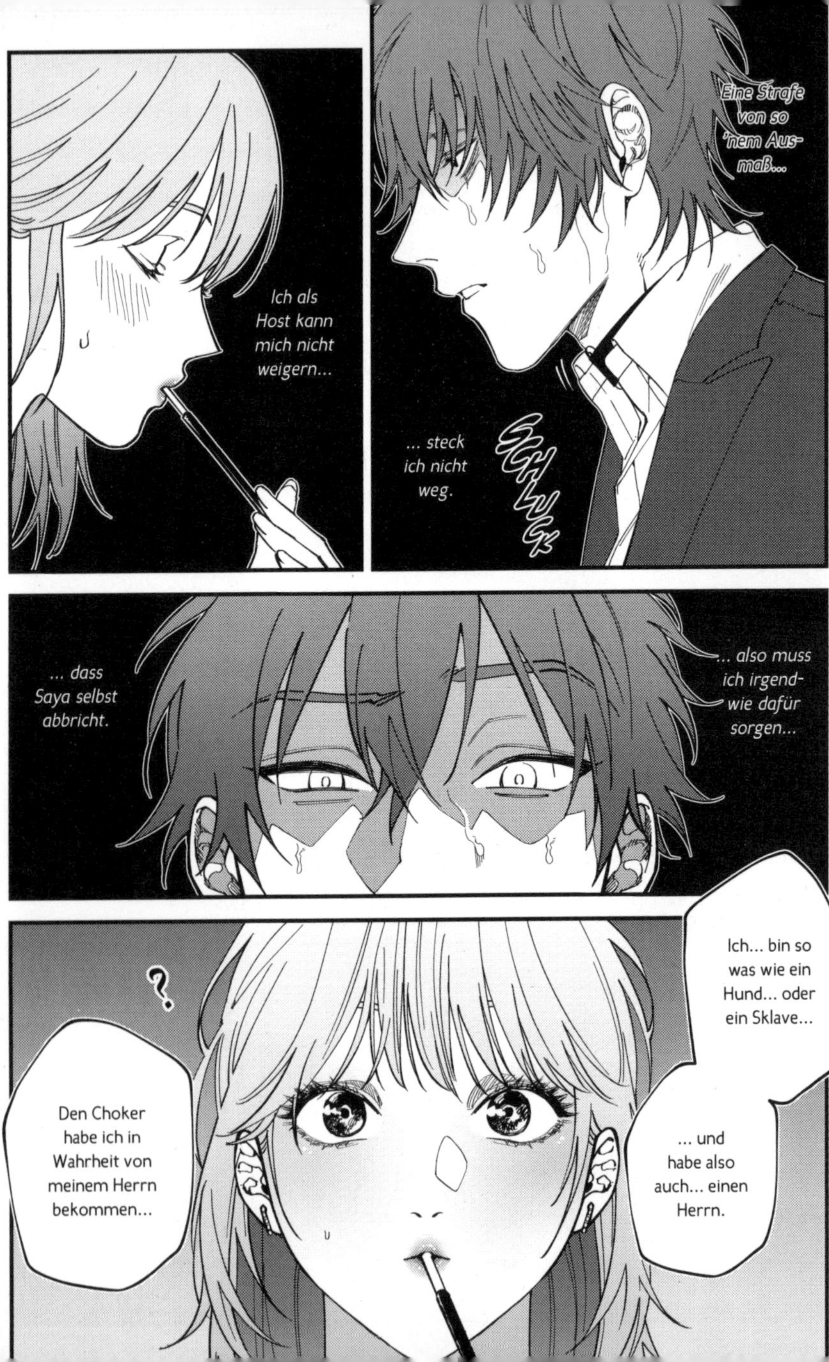

Eine Strafe von so 'nem Ausmaß...
... steck ich nicht weg.
SCHLUCK
Ich als Host kann mich nicht weigern...
... also muss ich irgendwie dafür sorgen...
... dass Saya selbst abbricht.
Ich... bin so was wie ein Hund... oder ein Sklave...
... und habe also auch... einen Herrn.
?
Den Choker habe ich in Wahrheit von meinem Herrn bekommen...

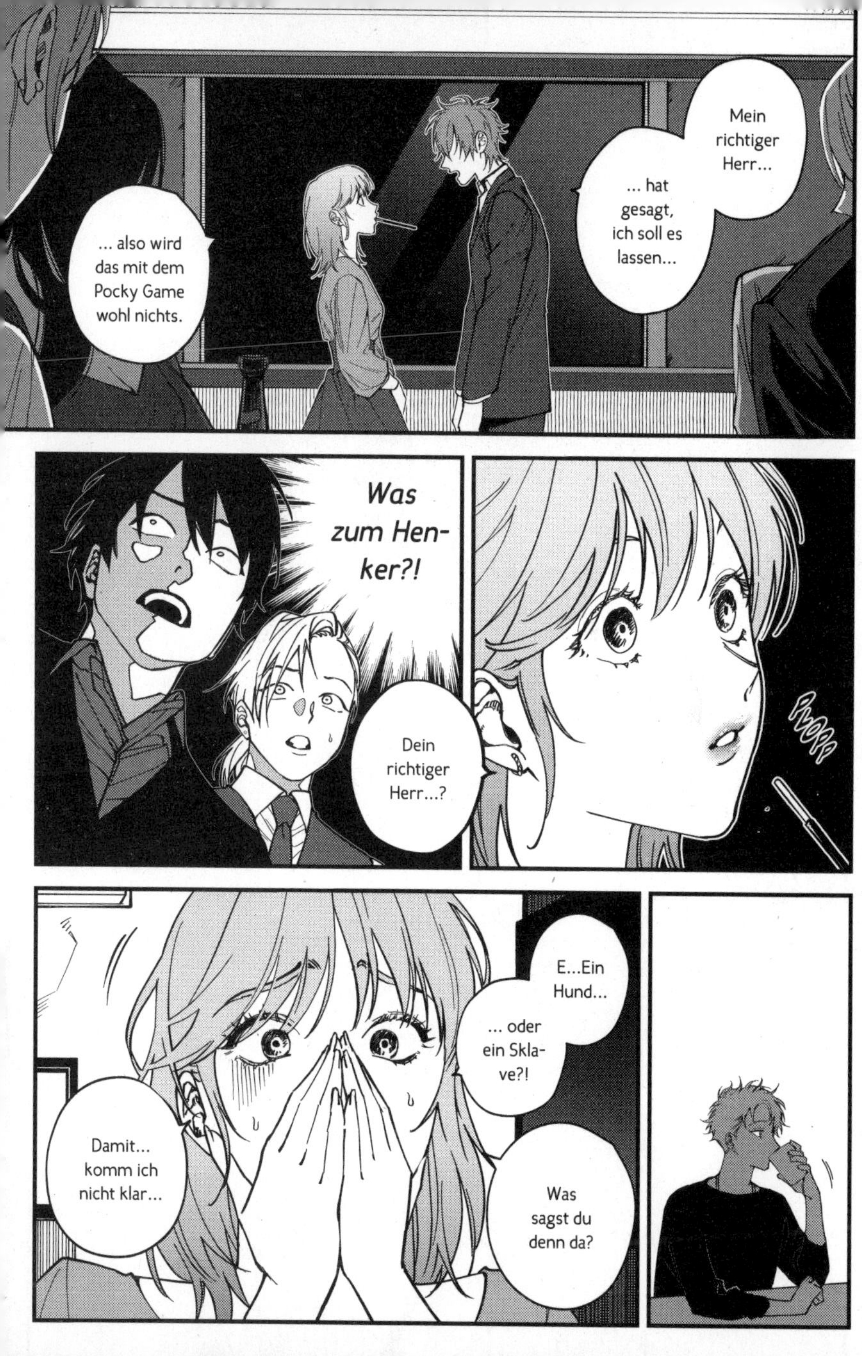
Mein richtiger Herr…
… hat gesagt, ich soll es lassen…
… also wird das mit dem Pocky Game wohl nichts.
Was zum Hen-ker?!
Dein richtiger Herr…?
E…Ein Hund…
… oder ein Skla-ve?!
Was sagst du denn da?
Damit… komm ich nicht klar…

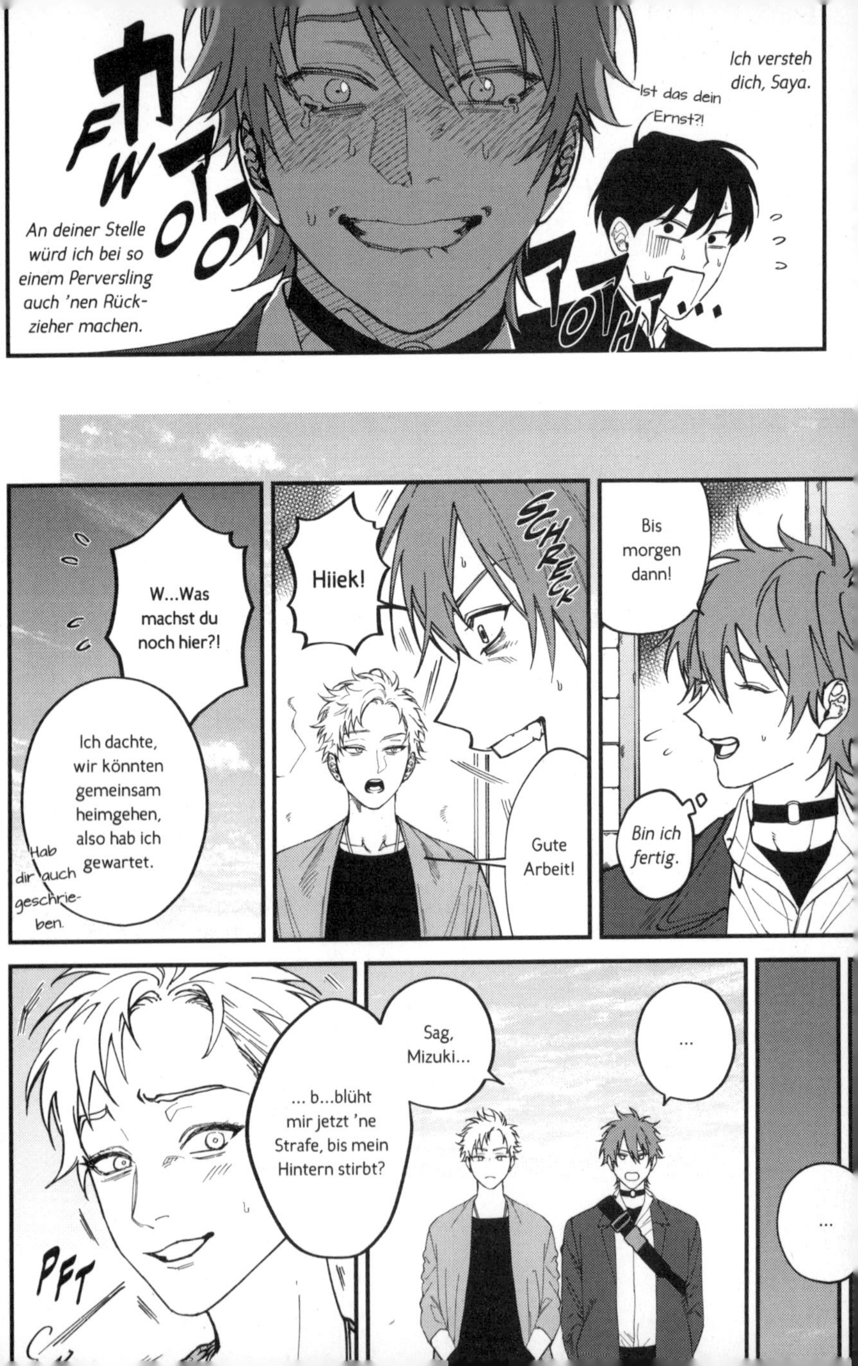
Ich versteh dich, Saya.
Ist das dein Ernst?!
FWOOO
An deiner Stelle würd ich bei so einem Perversling auch 'nen Rückzieher machen.
OOHH...
Bis morgen dann!
Bin ich fertig.
SCHRECK
Hiiek!
Gute Arbeit!
W...Was machst du noch hier?!
Ich dachte, wir könnten gemeinsam heimgehen, also hab ich gewartet.
Hab dir auch geschrieben.
...
...
Sag, Mizuki...
... b...blüht mir jetzt 'ne Strafe, bis mein Hintern stirbt?
PFT

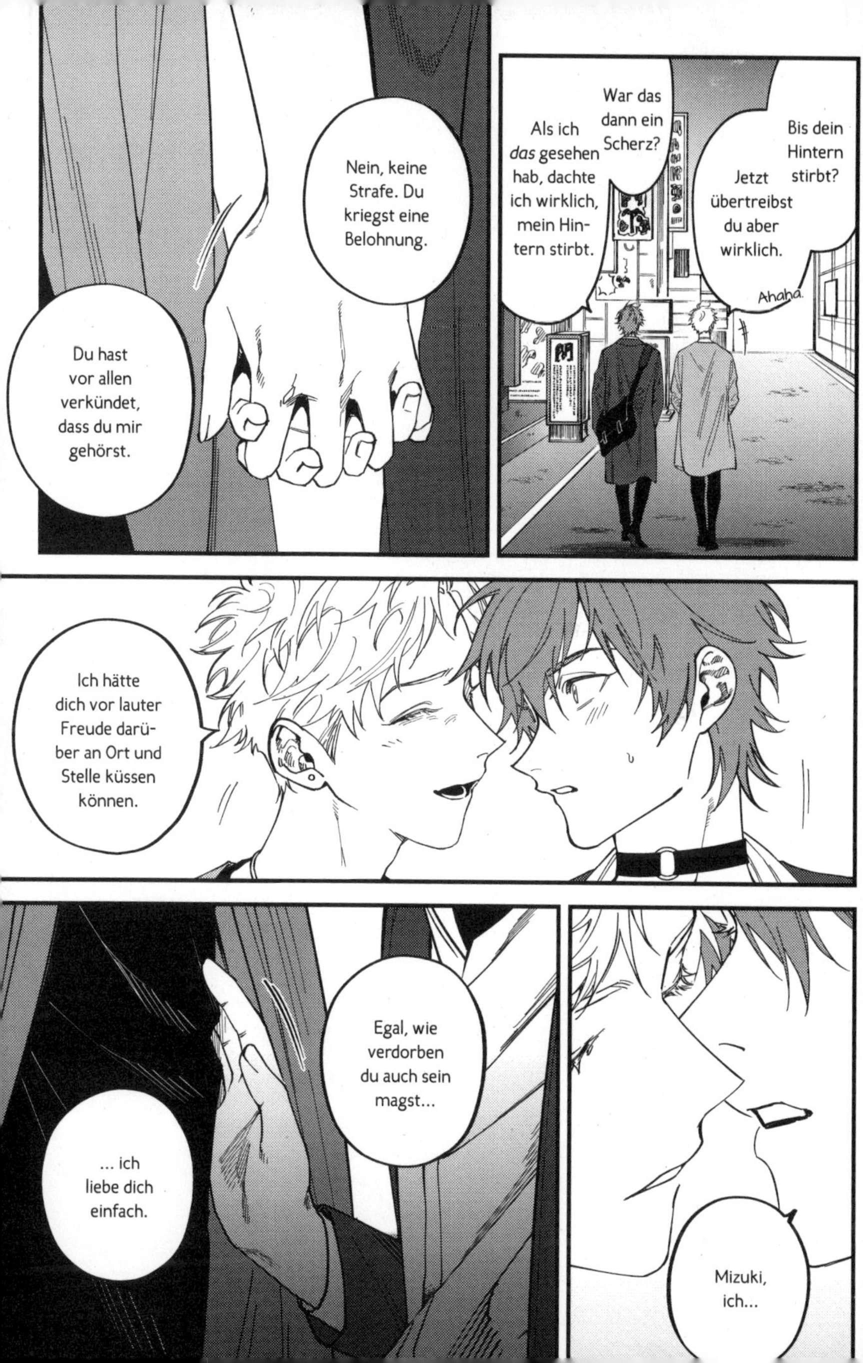
Bis dein Hintern stirbt?
Jetzt übertreibst du aber wirklich.
Ahaha.
War das dann ein Scherz?
Als ich *das* gesehen hab, dachte ich wirklich, mein Hintern stirbt.
Nein, keine Strafe. Du kriegst eine Belohnung.
Du hast vor allen verkündet, dass du mir gehörst.
Ich hätte dich vor lauter Freude darüber an Ort und Stelle küssen können.
Mizuki, ich...
Egal, wie verdorben du auch sein magst...
... ich liebe dich einfach.

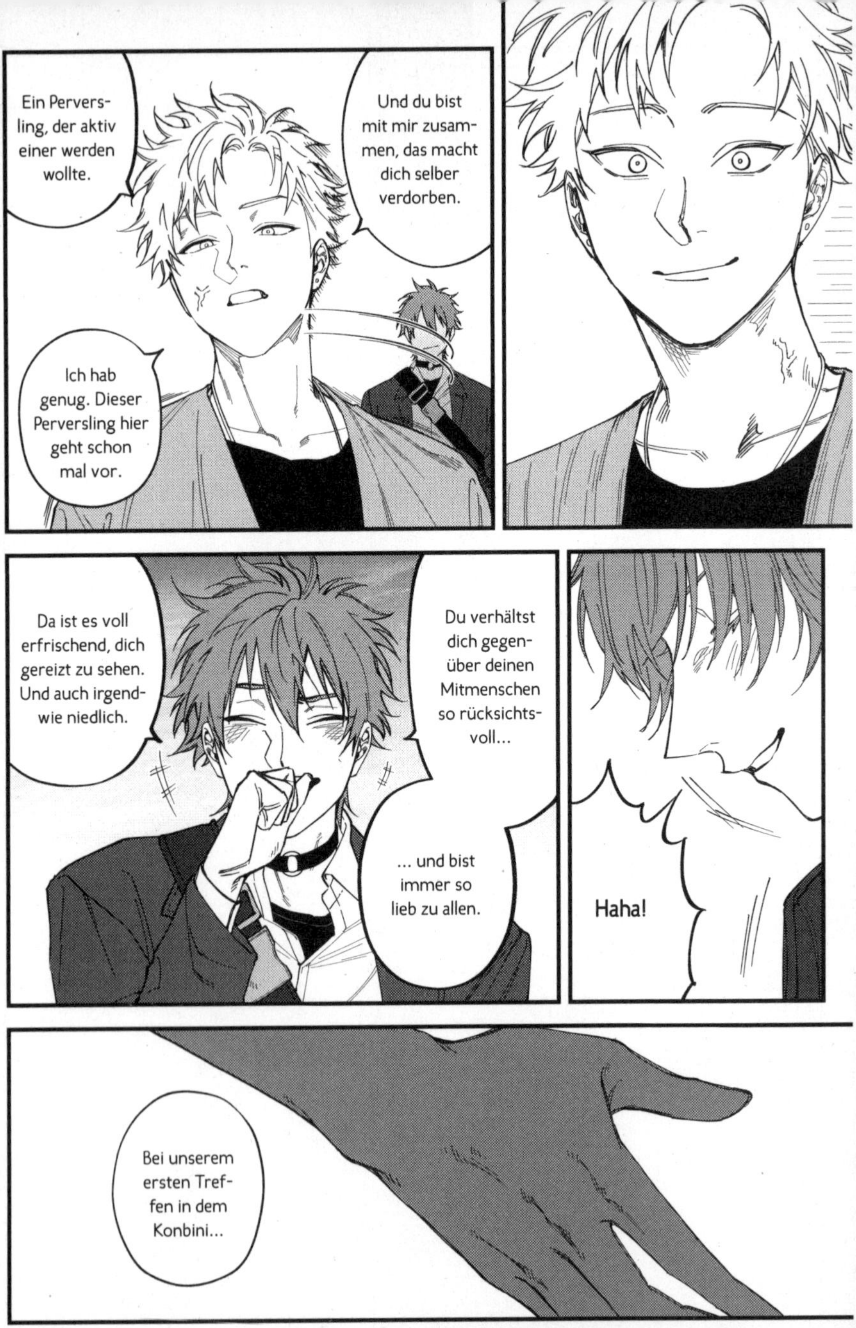
Und du bist mit mir zusammen, das macht dich selber verdorben.
Ein Perversling, der aktiv einer werden wollte.
Ich hab genug. Dieser Perversling hier geht schon mal vor.
Haha!
Du verhältst dich gegenüber deinen Mitmenschen so rücksichtsvoll…
… und bist immer so lieb zu allen.
Da ist es voll erfrischend, dich gereizt zu sehen. Und auch irgendwie niedlich.
Bei unserem ersten Treffen in dem Konbini…

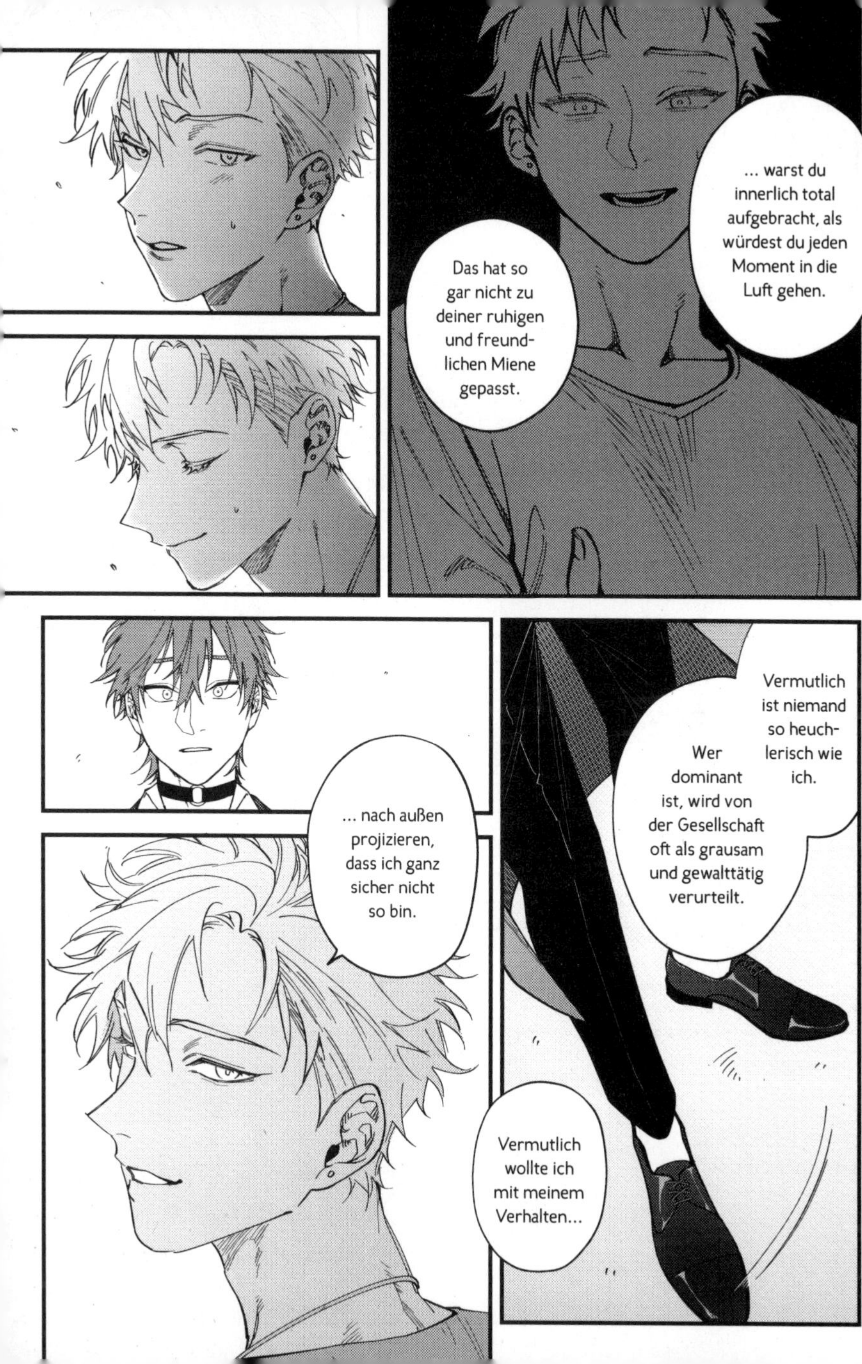

... warst du innerlich total aufgebracht, als würdest du jeden Moment in die Luft gehen.
Das hat so gar nicht zu deiner ruhigen und freundlichen Miene gepasst.
Vermutlich ist niemand so heuchlerisch wie ich.
Wer dominant ist, wird von der Gesellschaft oft als grausam und gewalttätig verurteilt.
Vermutlich wollte ich mit meinem Verhalten...
... nach außen projizieren, dass ich ganz sicher nicht so bin.

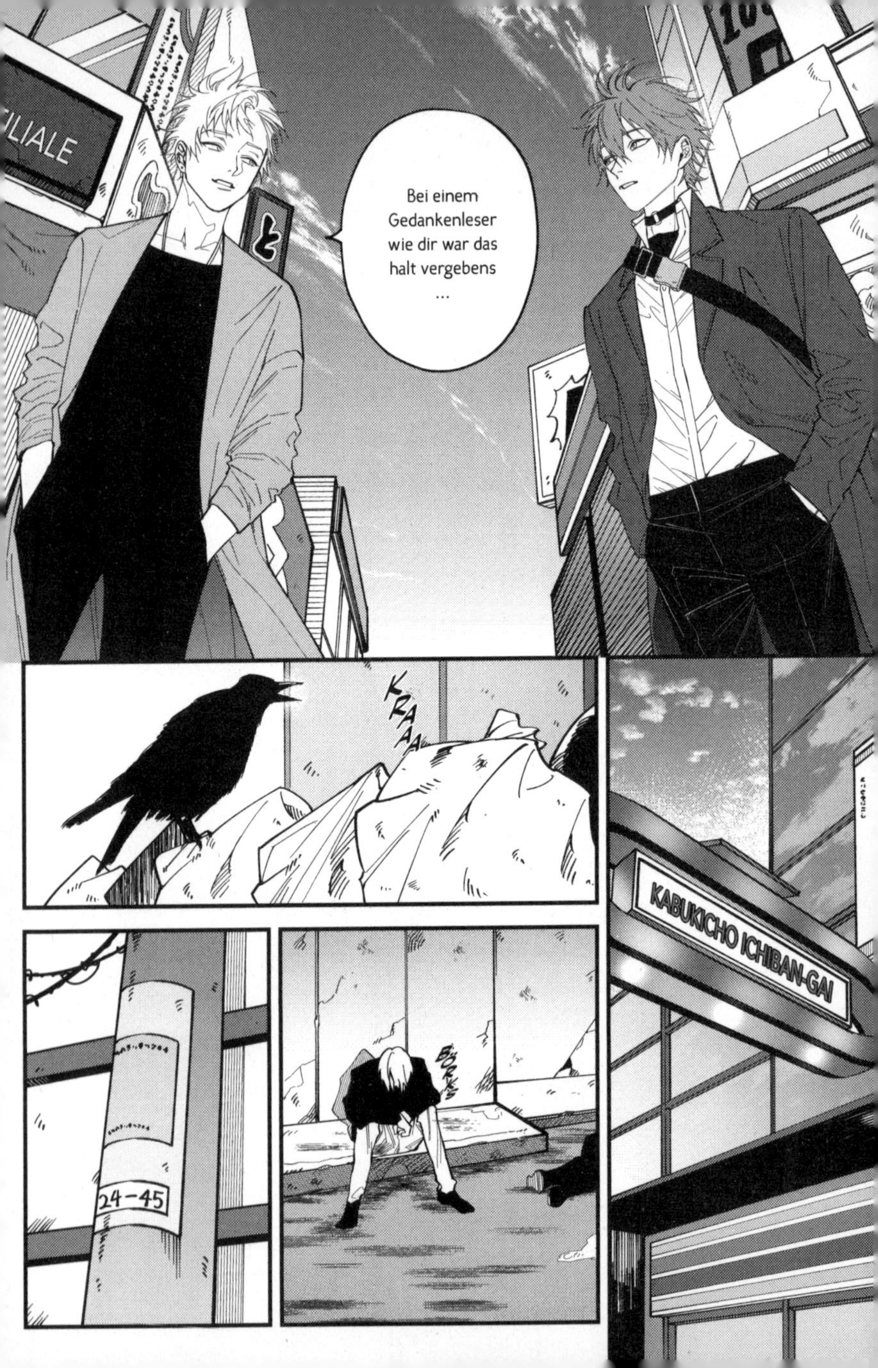
LIALE
Bei einem Gedankenleser wie dir war das halt vergebens …
KABUKICHO ICHIBAN-GAI
KRAAA
BÖRKS
24-45

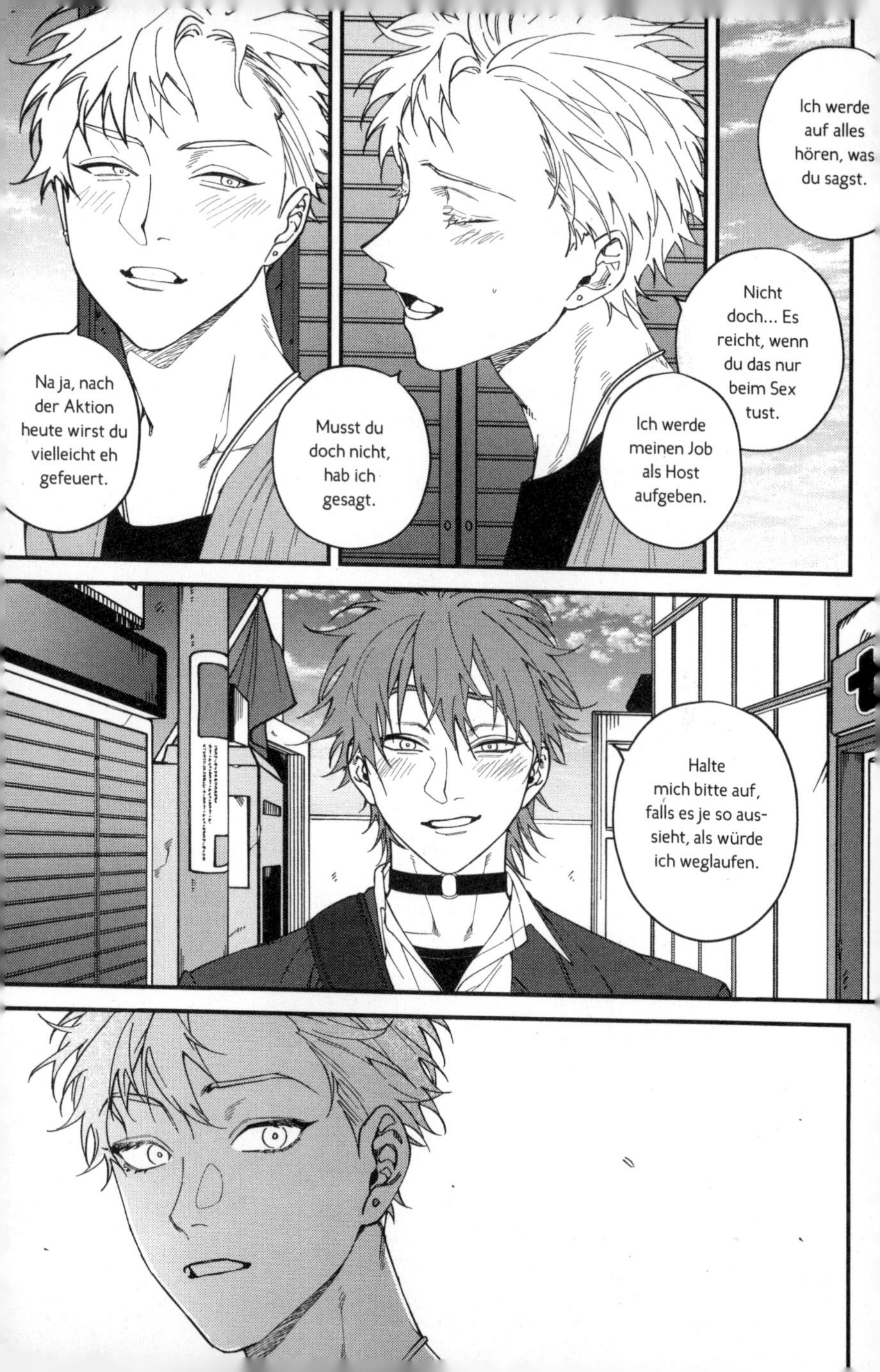

Ich werde auf alles hören, was du sagst.
Nicht doch… Es reicht, wenn du das nur beim Sex tust.
Ich werde meinen Job als Host aufgeben.
Musst du doch nicht, hab ich gesagt.
Na ja, nach der Aktion heute wirst du vielleicht eh gefeuert.
Halte mich bitte auf, falls es je so aus-sieht, als würde ich weglaufen.

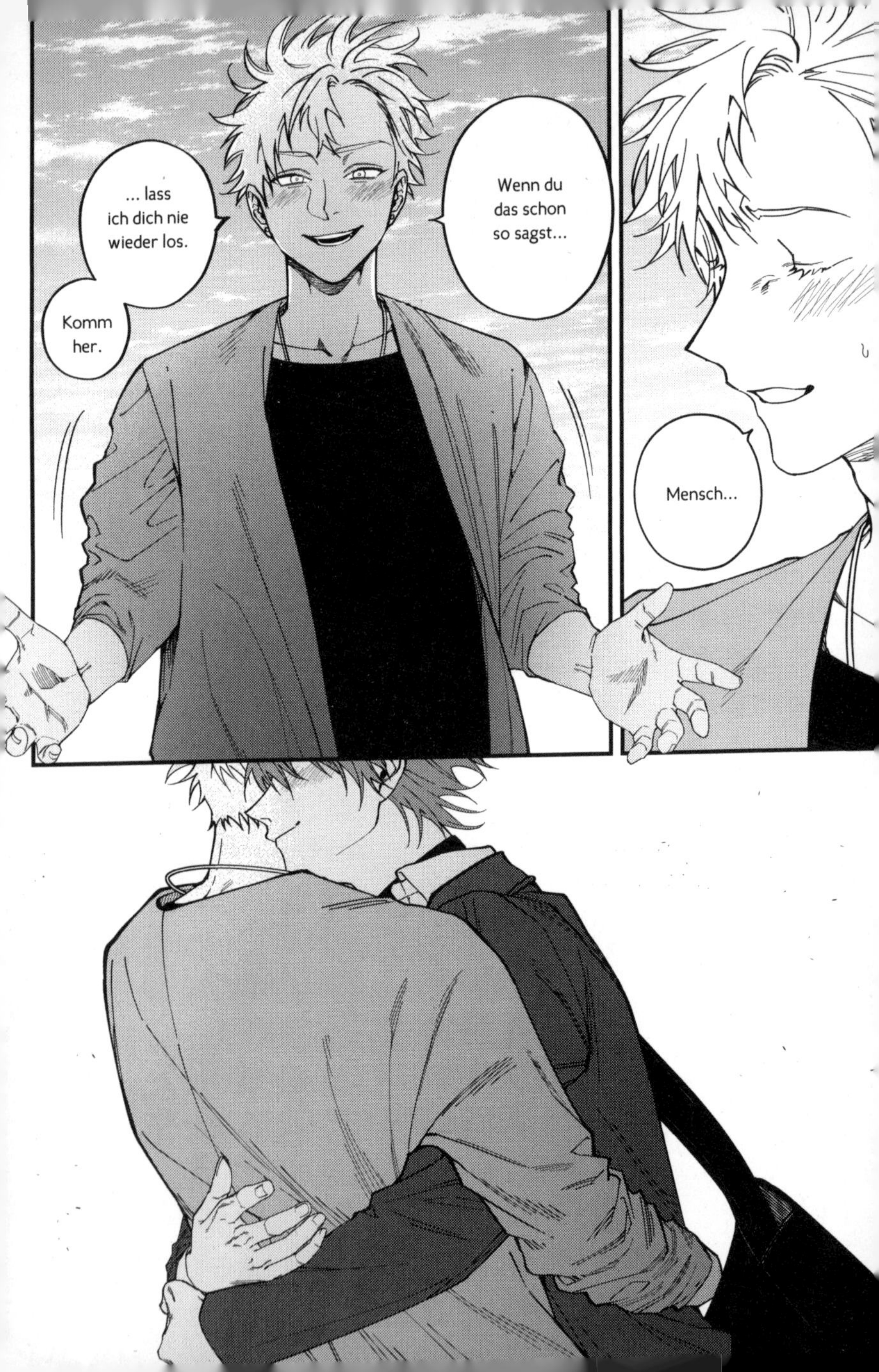
Wenn du
das schon
so sagst...
... lass
ich dich nie
wieder los.
Komm
her.
Mensch...

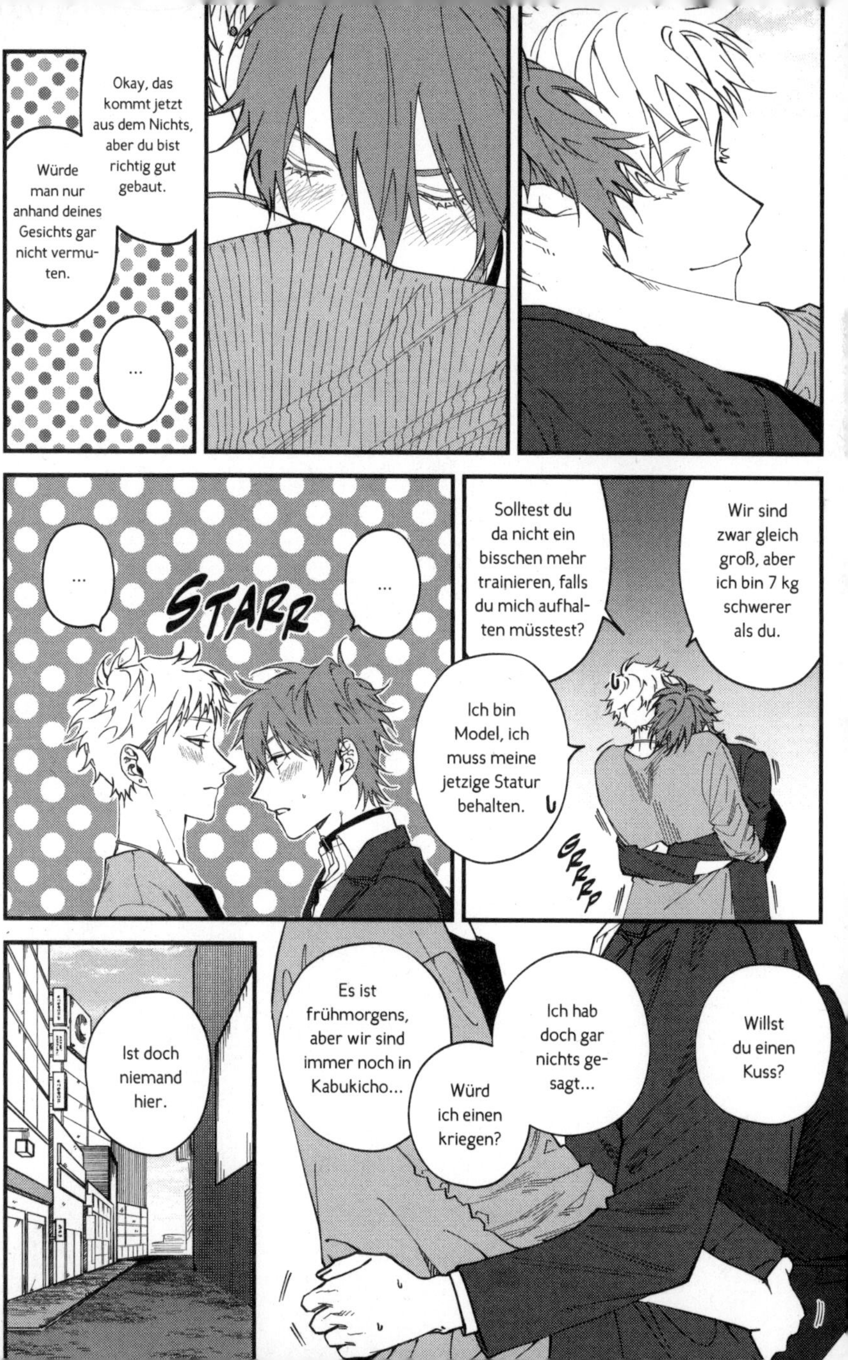
Okay, das kommt jetzt aus dem Nichts, aber du bist richtig gut gebaut.
Würde man nur anhand deines Gesichts gar nicht vermuten.
…
Wir sind zwar gleich groß, aber ich bin 7 kg schwerer als du.
Solltest du da nicht ein bisschen mehr trainieren, falls du mich aufhalten müsstest?
Ich bin Model, ich muss meine jetzige Statur behalten.
…
STARR
…
Willst du einen Kuss?
Ich hab doch gar nichts gesagt…
Würd ich einen kriegen?
Es ist frühmorgens, aber wir sind immer noch in Kabukicho…
Ist doch niemand hier.

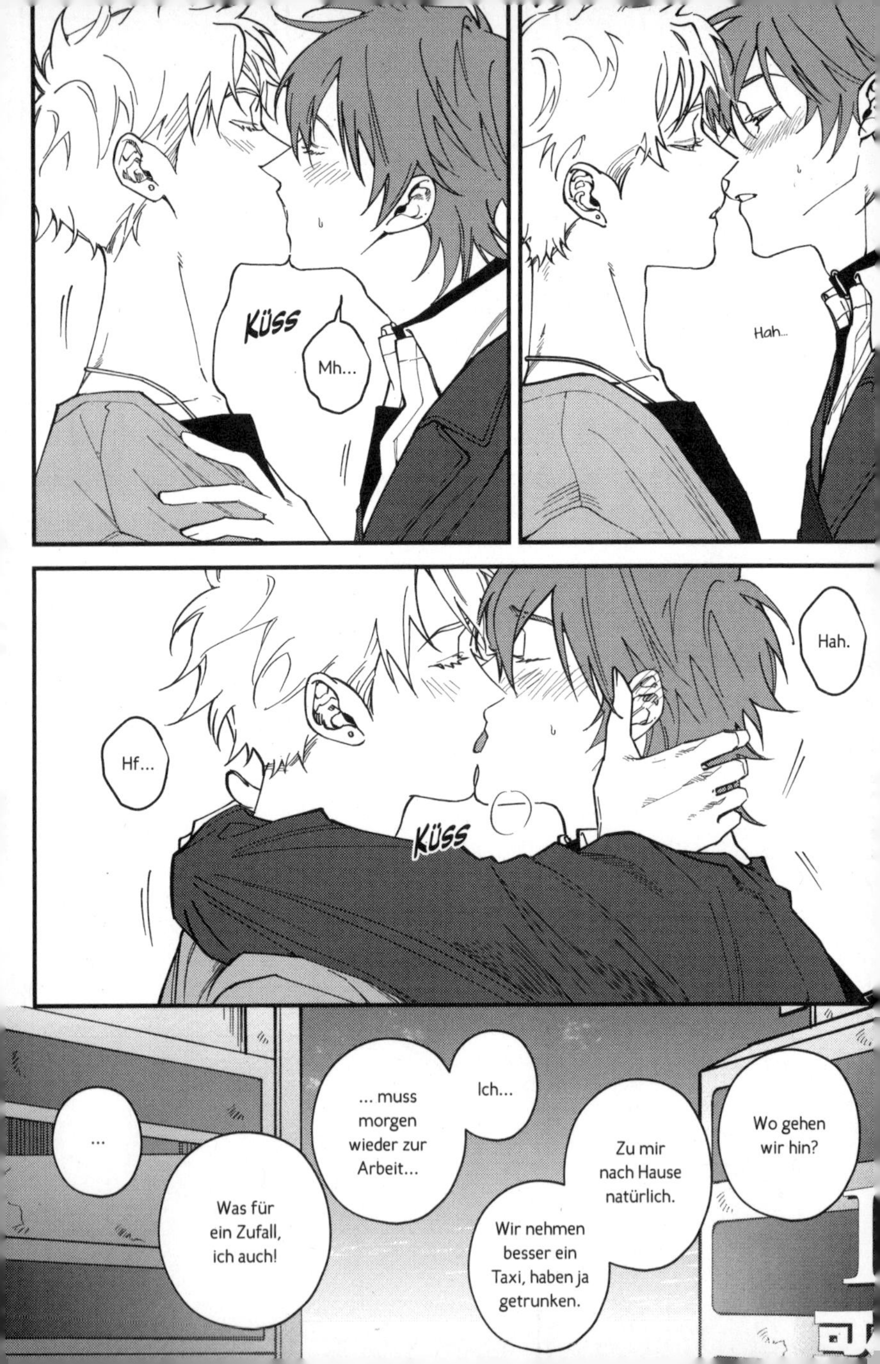
Hah…
Küss
Mh…
Hah.
Küss
Hf…
Wo gehen wir hin?
Zu mir nach Hause natürlich.
Wir nehmen besser ein Taxi, haben ja getrunken.
Ich…
… muss morgen wieder zur Arbeit…
…
Was für ein Zufall, ich auch!

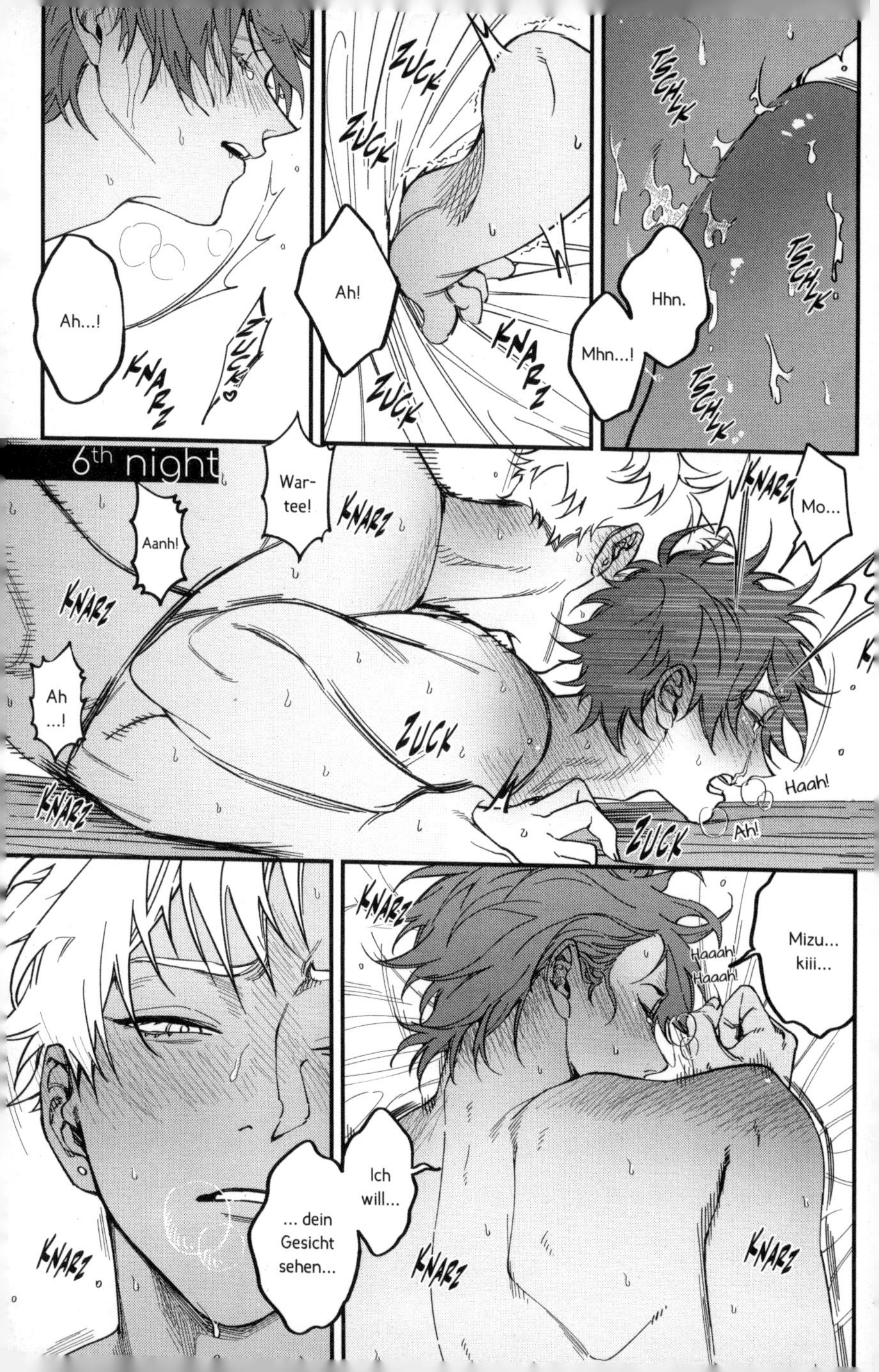

TSCHLK
Hhn.
Mhn...!
TSCHLK
TSCHLK
ZUCK
ZUCK
Ah!
KNARZ
ZUCK
ZUCK
Ah...!
ZUCK
KNARZ
6th night
KNARZ
Mo...
War-tee!
KNARZ
Aanh!
KNARZ
ZUCK
Haah!
Ah!
ZUCK
Ah ...!
KNARZ
Mizu... kiii...
Haaah!
Haaah!
KNARZ
KNARZ
KNARZ
Ich will...
... dein Gesicht sehen...
KNARZ

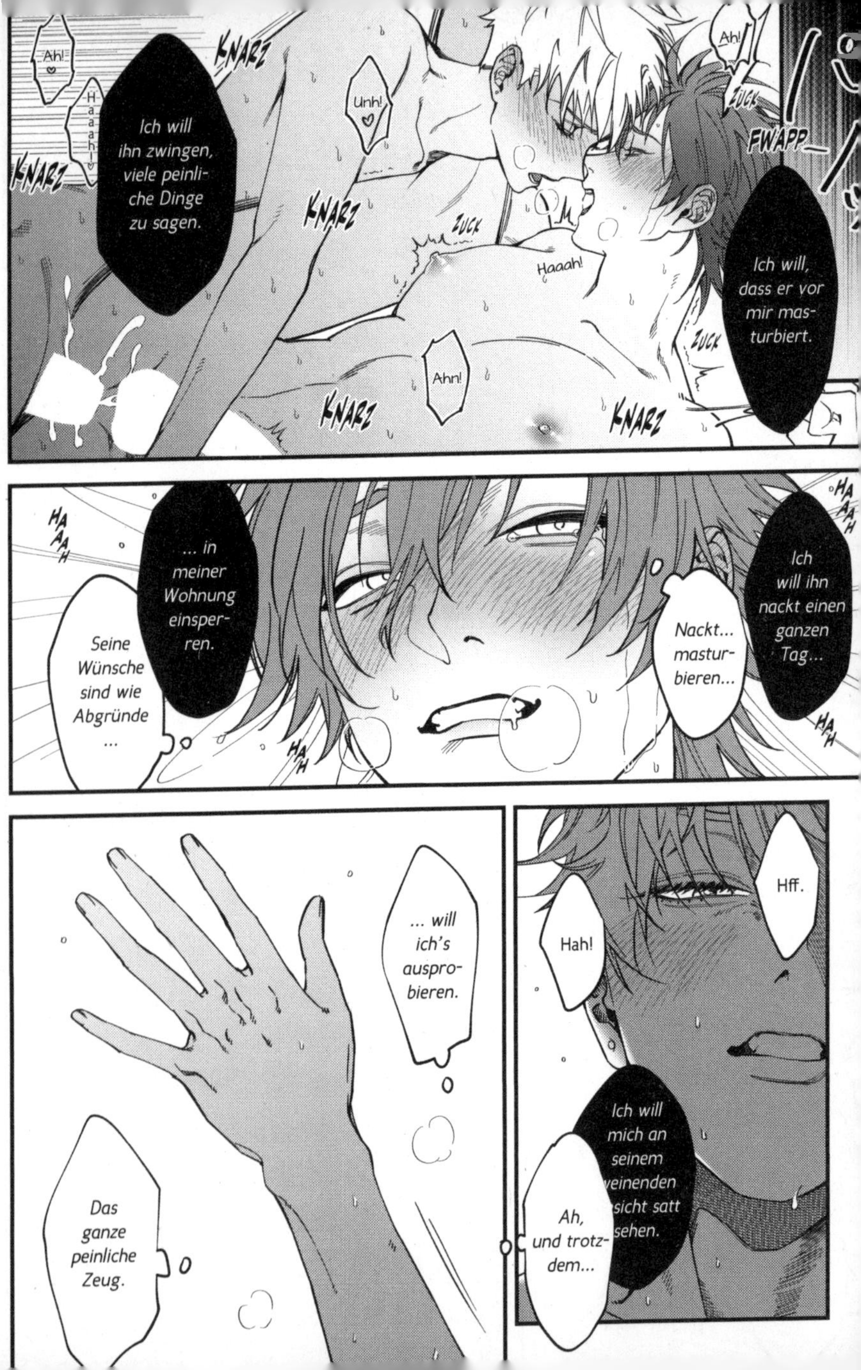
Ah!
ZUCK
FWAPP
Ich will, dass er vor mir masturbiert.
Unh!
Ahn!
Haaah!
ZUCK
KNARZ
KNARZ
KNARZ
Ich will ihn zwingen, viele peinliche Dinge zu sagen.
Haaah!
Ah!
KNARZ
KNARZ
ZUCK
HAAAH
Ich will ihn nackt einen ganzen Tag...
Nackt... masturbieren...
HAH
... in meiner Wohnung einsperren.
Seine Wünsche sind wie Abgründe ...
HAH
HAAAH
Hff.
Hah!
Ich will mich an seinem weinenden sicht satt sehen.
Ah, und trotzdem...
... will ich's ausprobieren.
Das ganze peinliche Zeug.

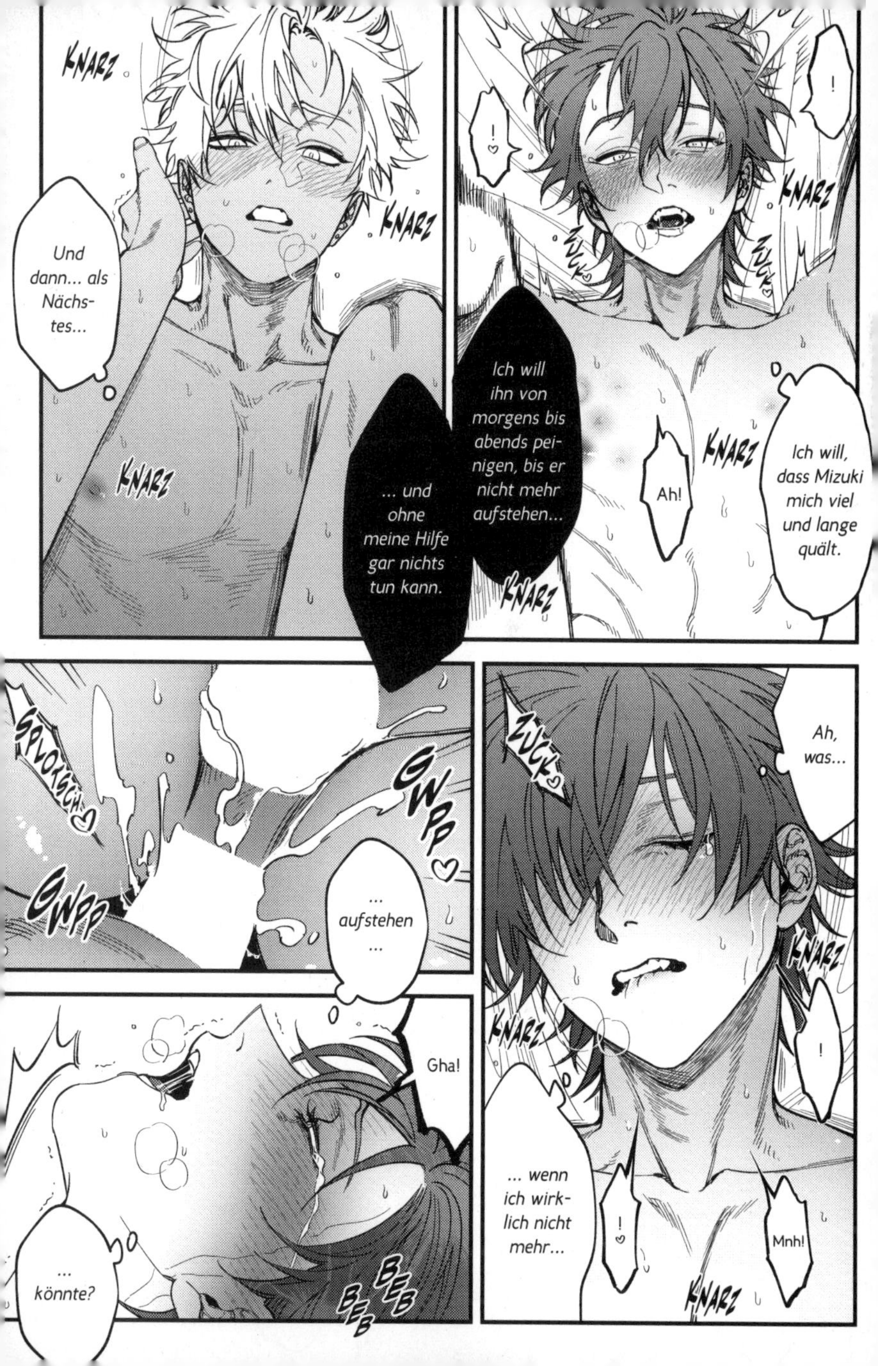
!
!♡
KNARZ
ZUCK
ZUCK
Ich will, dass Mizuki mich viel und lange quält.
Ah!
KNARZ
Ich will ihn von morgens bis abends peinigen, bis er nicht mehr aufstehen …
KNARZ
KNARZ
Und dann … als Nächstes …
KNARZ
KNARZ
… und ohne meine Hilfe gar nichts tun kann.
ZUCK♡
Ah, was …
KNARZ
!
KNARZ
… wenn ich wirklich nicht mehr …
!♡
Mnh!
KNARZ
GWPP♡
SPLOTSCH♡
GWPP
… aufstehen …
Gha!
… könnte?
BEB BEB

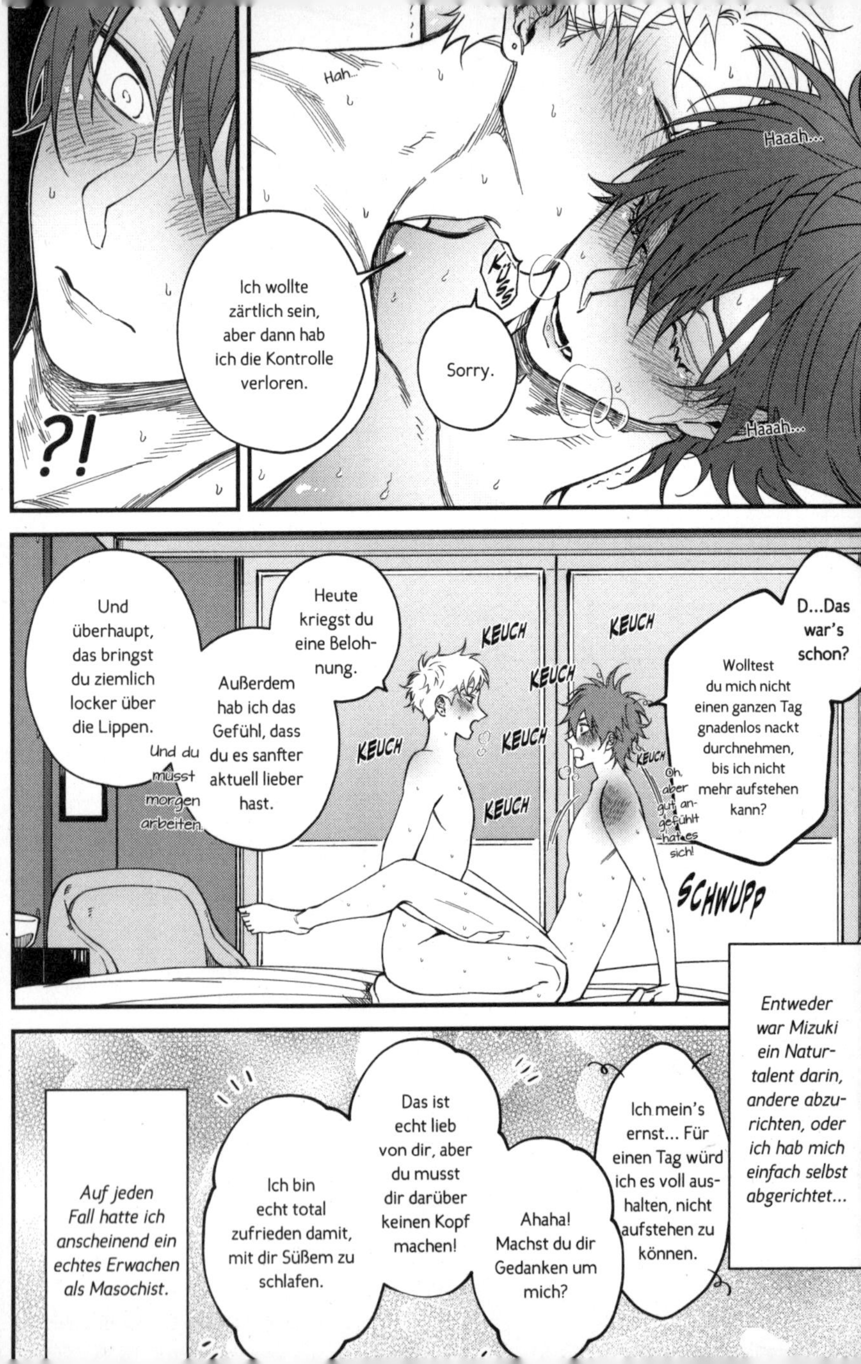
Haaah...
Hah...
Haaah...
Küss
Sorry.
Ich wollte zärtlich sein, aber dann hab ich die Kontrolle verloren.
?!
D...Das war's schon?
Wolltest du mich nicht einen ganzen Tag gnadenlos nackt durchnehmen, bis ich nicht mehr aufstehen kann?
Oh, aber gut angefühlt hat es sich!
SCHWUPP
KEUCH
KEUCH
KEUCH
KEUCH
KEUCH
KEUCH
KEUCH
Heute kriegst du eine Belohnung.
Außerdem hab ich das Gefühl, dass du es sanfter aktuell lieber hast.
Und überhaupt, das bringst du ziemlich locker über die Lippen.
Und du musst morgen arbeiten.
Entweder war Mizuki ein Naturtalent darin, andere abzurichten, oder ich hab mich einfach selbst abgerichtet...
Ich mein's ernst... Für einen Tag würd ich es voll aushalten, nicht aufstehen zu können.
Ahaha! Machst du dir Gedanken um mich?
Das ist echt lieb von dir, aber du musst dir darüber keinen Kopf machen!
Ich bin echt total zufrieden damit, mit dir Süßem zu schlafen.
Auf jeden Fall hatte ich anscheinend ein echtes Erwachen als Masochist.

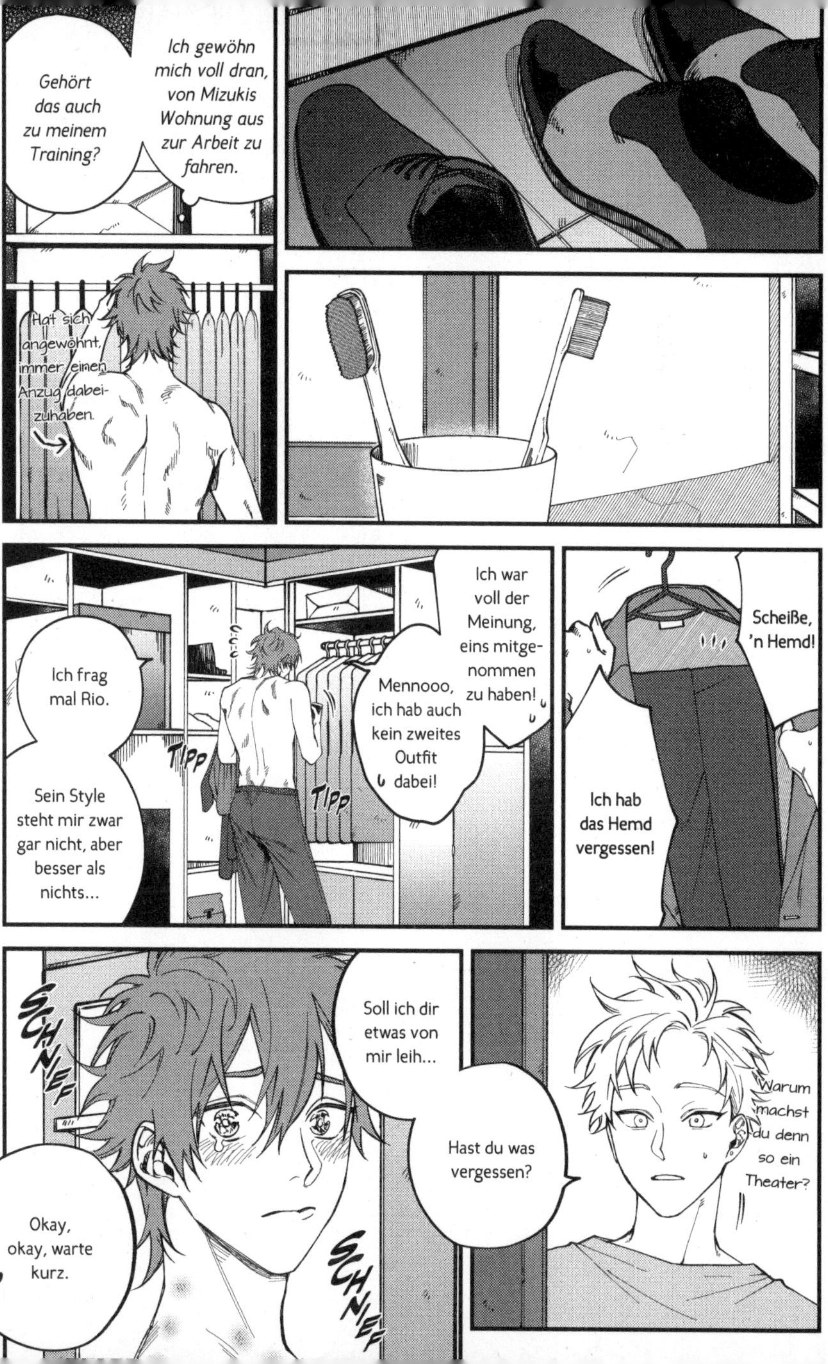
Ich gewöhn mich voll dran, von Mizukis Wohnung aus zur Arbeit zu fahren.
Gehört das auch zu meinem Training?
Hat sich angewöhnt, immer einen Anzug dabeizuhaben.
Scheiße, 'n Hemd!
Ich hab das Hemd vergessen!
Ich war voll der Meinung, eins mitgenommen zu haben!
Mennooo, ich hab auch kein zweites Outfit dabei!
TIPP
TIPP
Ich frag mal Rio.
Sein Style steht mir zwar gar nicht, aber besser als nichts…
Warum machst du denn so ein Theater?
Hast du was vergessen?
Soll ich dir etwas von mir leih…
SCHNIEF
Okay, okay, warte kurz.
SCHNIEF

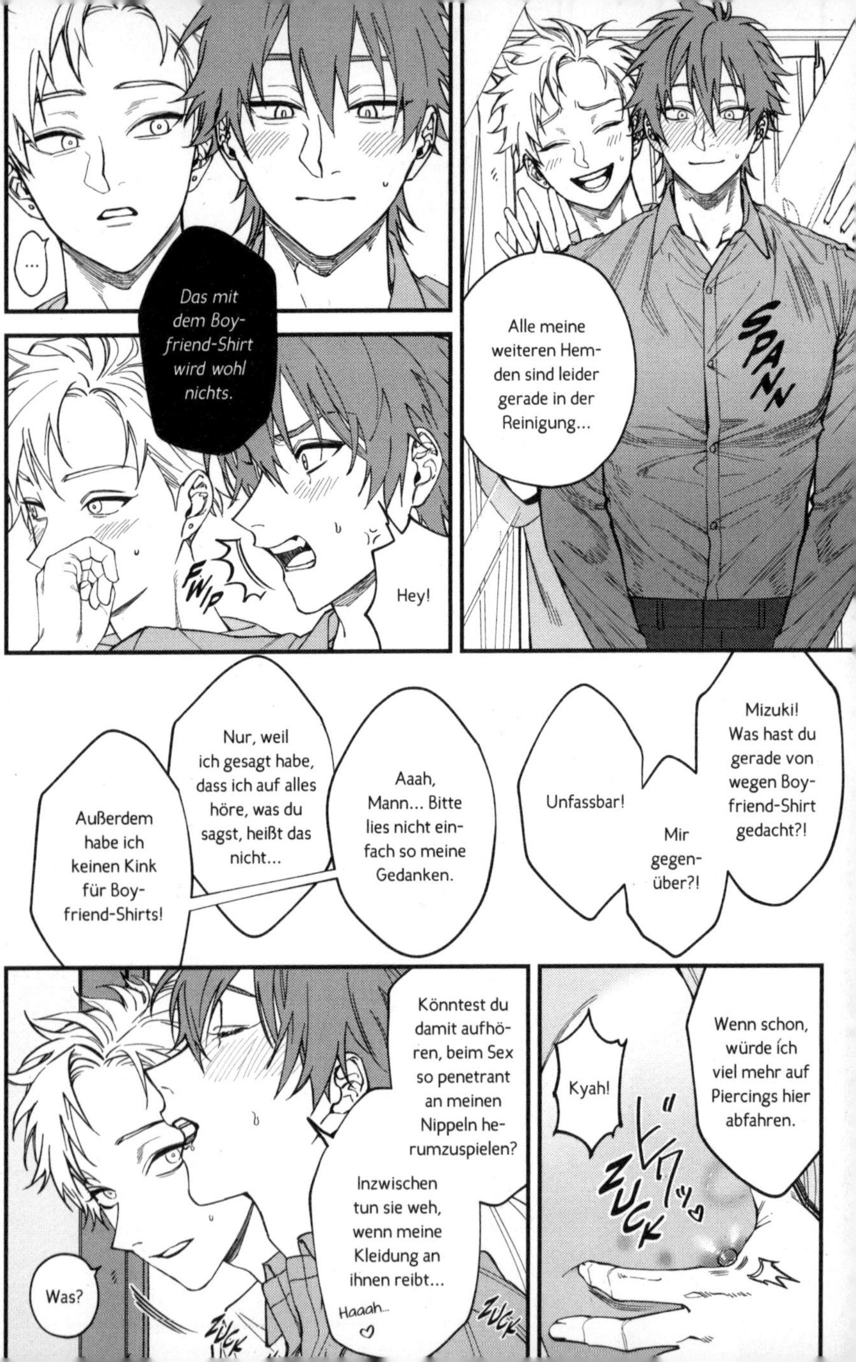
Alle meine weiteren Hemden sind leider gerade in der Reinigung…
SPANN
…
Das mit dem Boyfriend-Shirt wird wohl nichts.
FWIP
Hey!
Mizuki! Was hast du gerade von wegen Boyfriend-Shirt gedacht?!
Unfassbar!
Mir gegenüber?!
Aaah, Mann… Bitte lies nicht einfach so meine Gedanken.
Nur, weil ich gesagt habe, dass ich auf alles höre, was du sagst, heißt das nicht…
Außerdem habe ich keinen Kink für Boyfriend-Shirts!
Wenn schon, würde ich viel mehr auf Piercings hier abfahren.
Kyah!
ZUCK
Könntest du damit aufhören, beim Sex so penetrant an meinen Nippeln herumzuspielen?
Inzwischen tun sie weh, wenn meine Kleidung an ihnen reibt…
Haaah… ♡
Was?
ZUCK
ZUCK

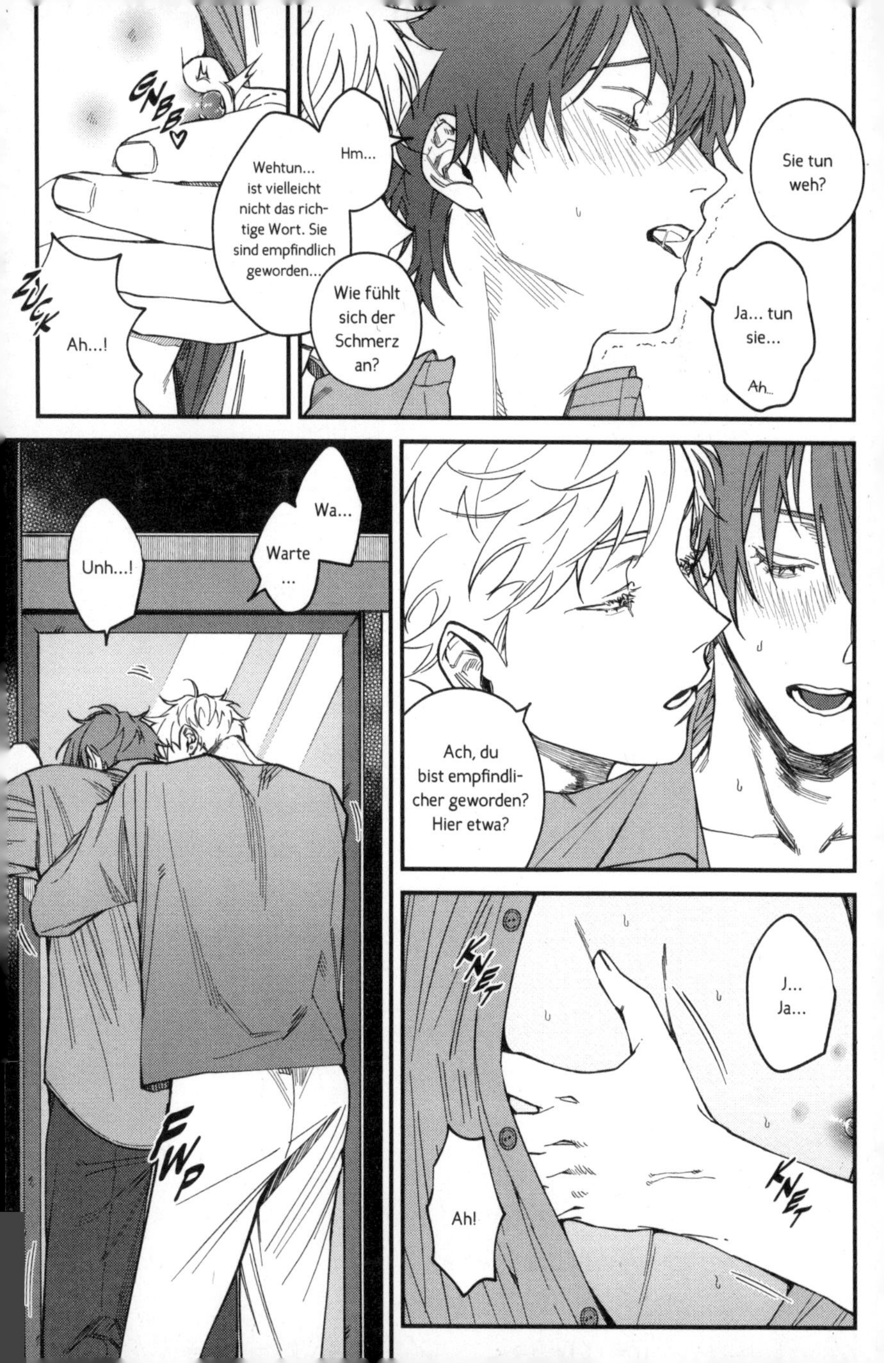

Sie tun weh?
Ja… tun sie…
Ah…
Wie fühlt sich der Schmerz an?
Hm…
Wehtun… ist vielleicht nicht das richtige Wort. Sie sind empfindlich geworden…
GNBB♡
ZUCK
Ah…!
Ach, du bist empfindlicher geworden? Hier etwa?
KNET
J… Ja…
Ah!
KNET
Wa…
Warte …
Unh…!
FWP

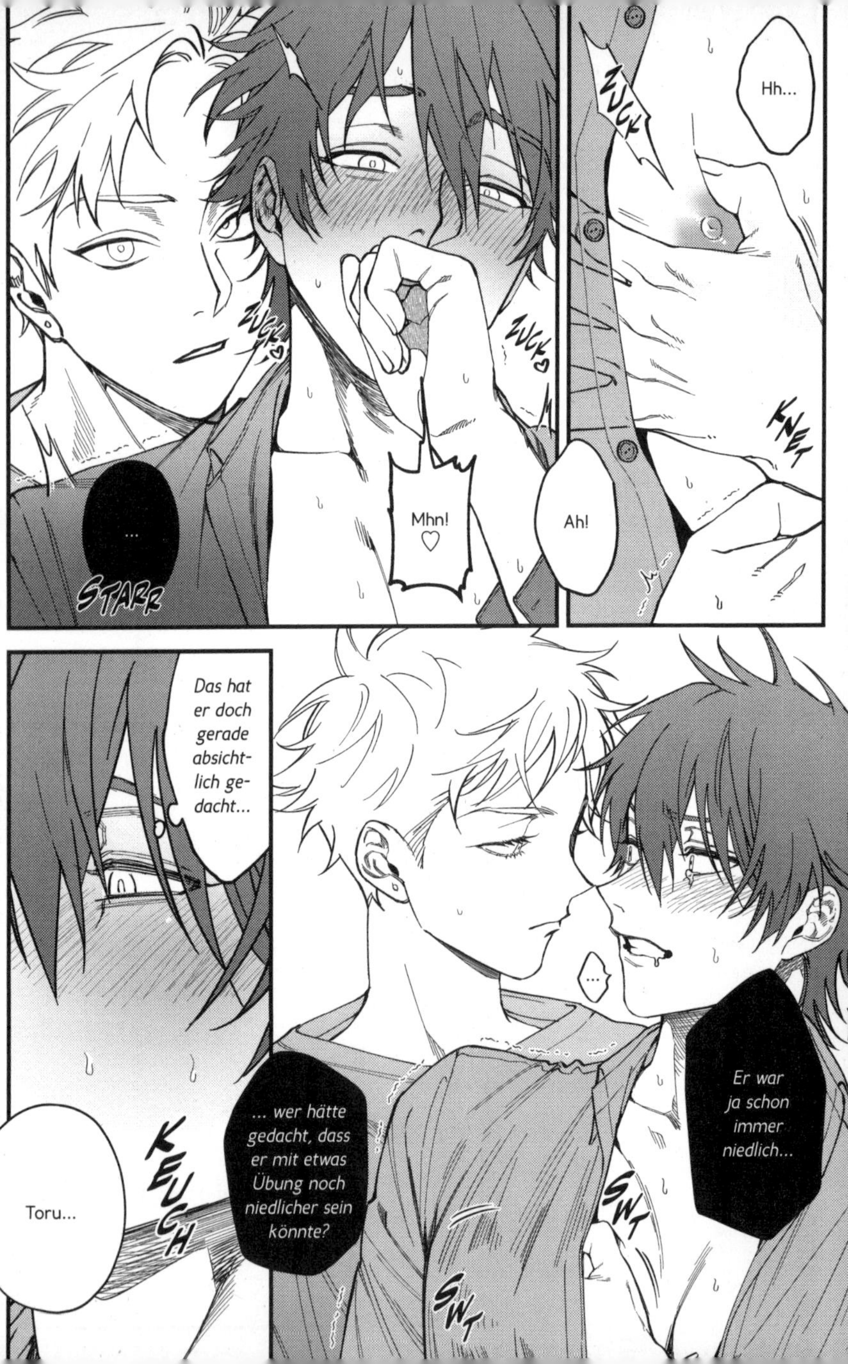
Hh...
ZUCK
KNEK
Ah!
ZUCK
Mhn! ♡
ZUCK
ZUCK
...
STARR
Er war ja schon immer niedlich...
SWT
...
... wer hätte gedacht, dass er mit etwas Übung noch niedlicher sein könnte?
SWT
Das hat er doch gerade absichtlich gedacht...
KEUCH
Toru...

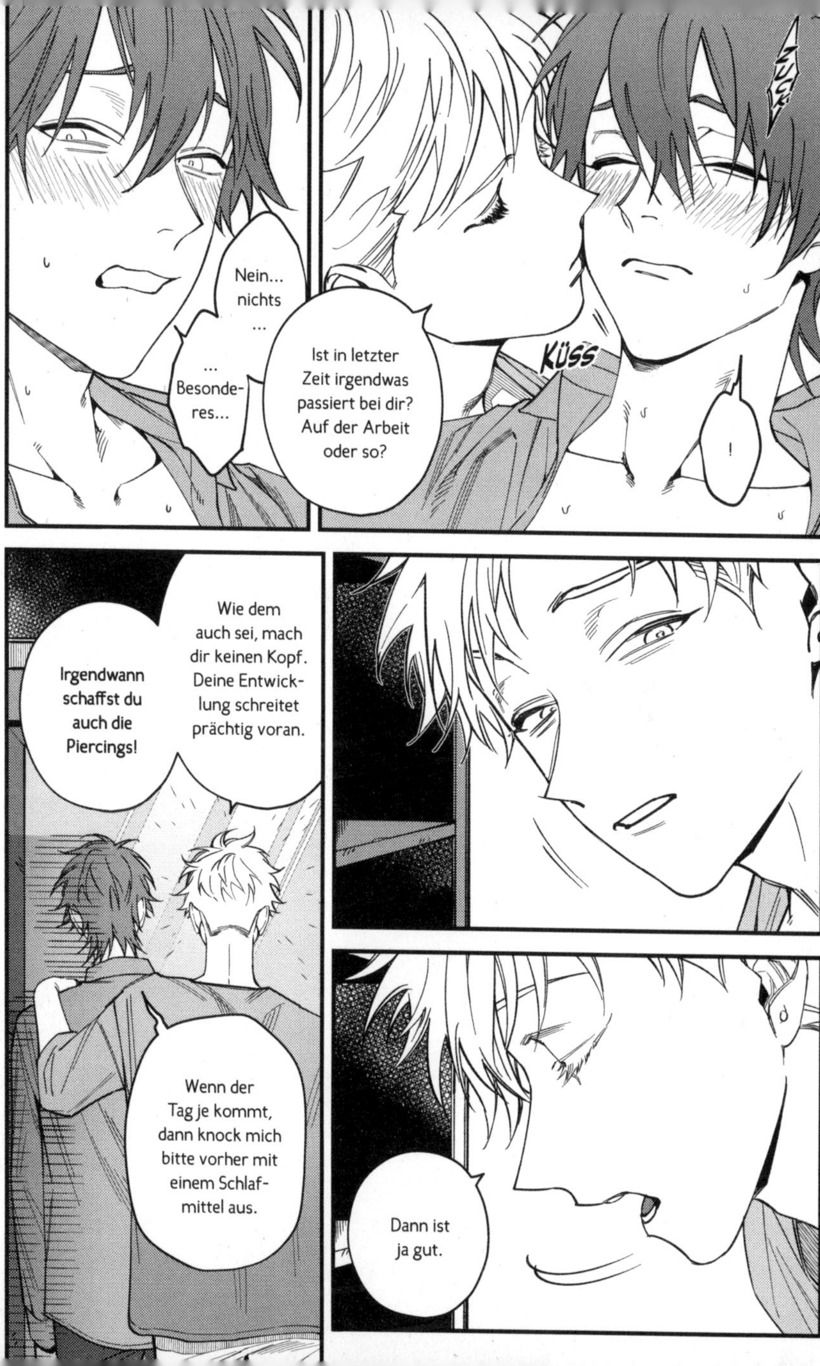

ZUCK
Ist in letzter Zeit irgendwas passiert bei dir? Auf der Arbeit oder so?
KÜSS
!
Nein… nichts …
… Besonde-res…
Dann ist ja gut.
Wie dem auch sei, mach dir keinen Kopf. Deine Entwick-lung schreitet prächtig voran.
Irgendwann schaffst du auch die Piercings!
Wenn der Tag je kommt, dann knock mich bitte vorher mit einem Schlaf-mittel aus.

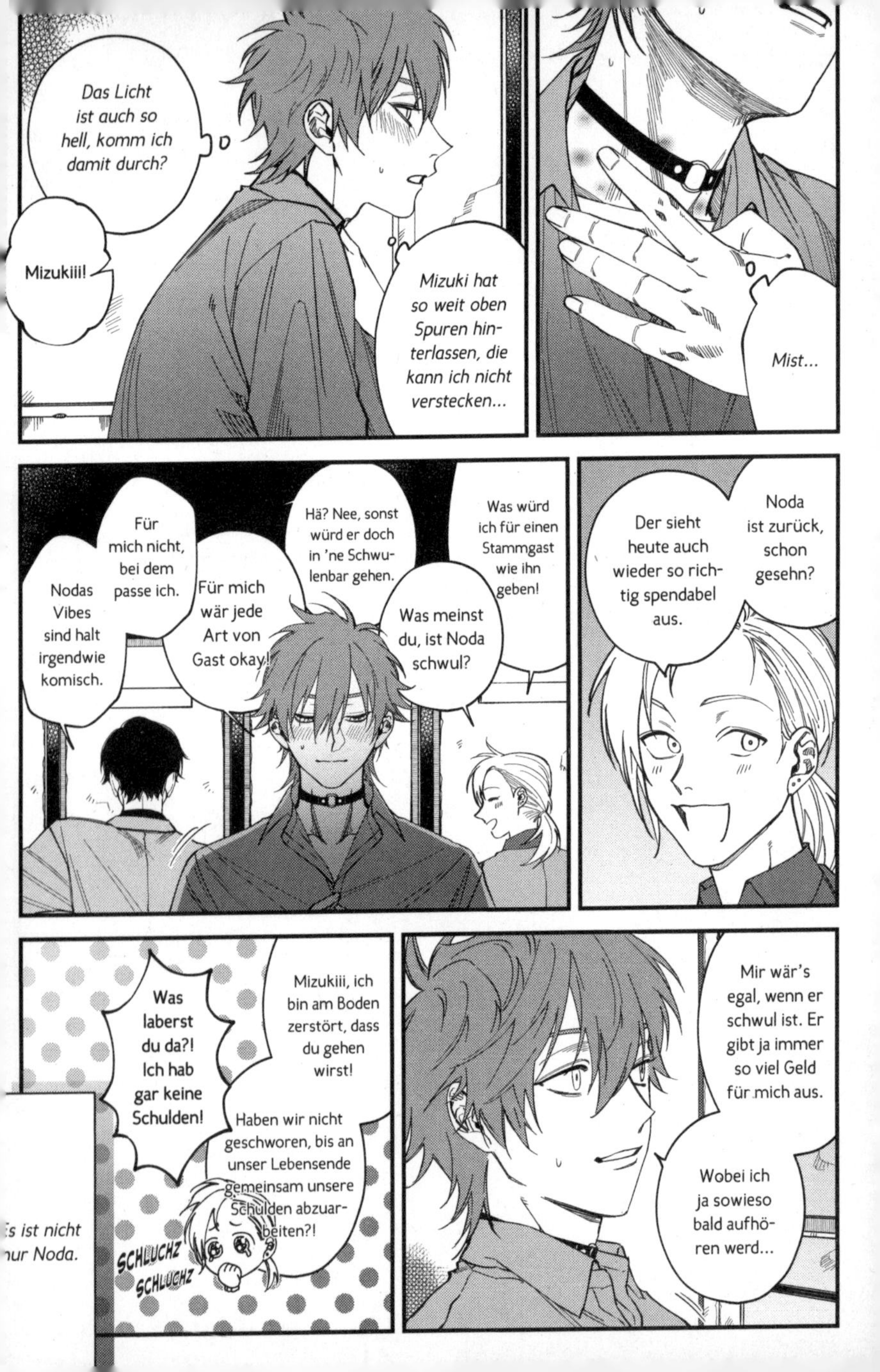
Mist...
Mizuki hat so weit oben Spuren hinterlassen, die kann ich nicht verstecken...
Das Licht ist auch so hell, komm ich damit durch?
Mizukiii!
Noda ist zurück, schon gesehn?
Der sieht heute auch wieder so richtig spendabel aus.
Was würd ich für einen Stammgast wie ihn geben!
Hä? Nee, sonst würd er doch in ’ne Schwulenbar gehen.
Was meinst du, ist Noda schwul?
Für mich wär jede Art von Gast okay!
Für mich nicht, bei dem passe ich.
Nodas Vibes sind halt irgendwie komisch.
Mir wär’s egal, wenn er schwul ist. Er gibt ja immer so viel Geld für mich aus.
Wobei ich ja sowieso bald aufhören werd...
Mizukiii, ich bin am Boden zerstört, dass du gehen wirst!
Haben wir nicht geschworen, bis an unser Lebensende gemeinsam unsere Schulden abzuarbeiten?!
Was laberst du da?! Ich hab gar keine Schulden!
SCHLUCHZ
SCHLUCHZ
s ist nicht
nur Noda.

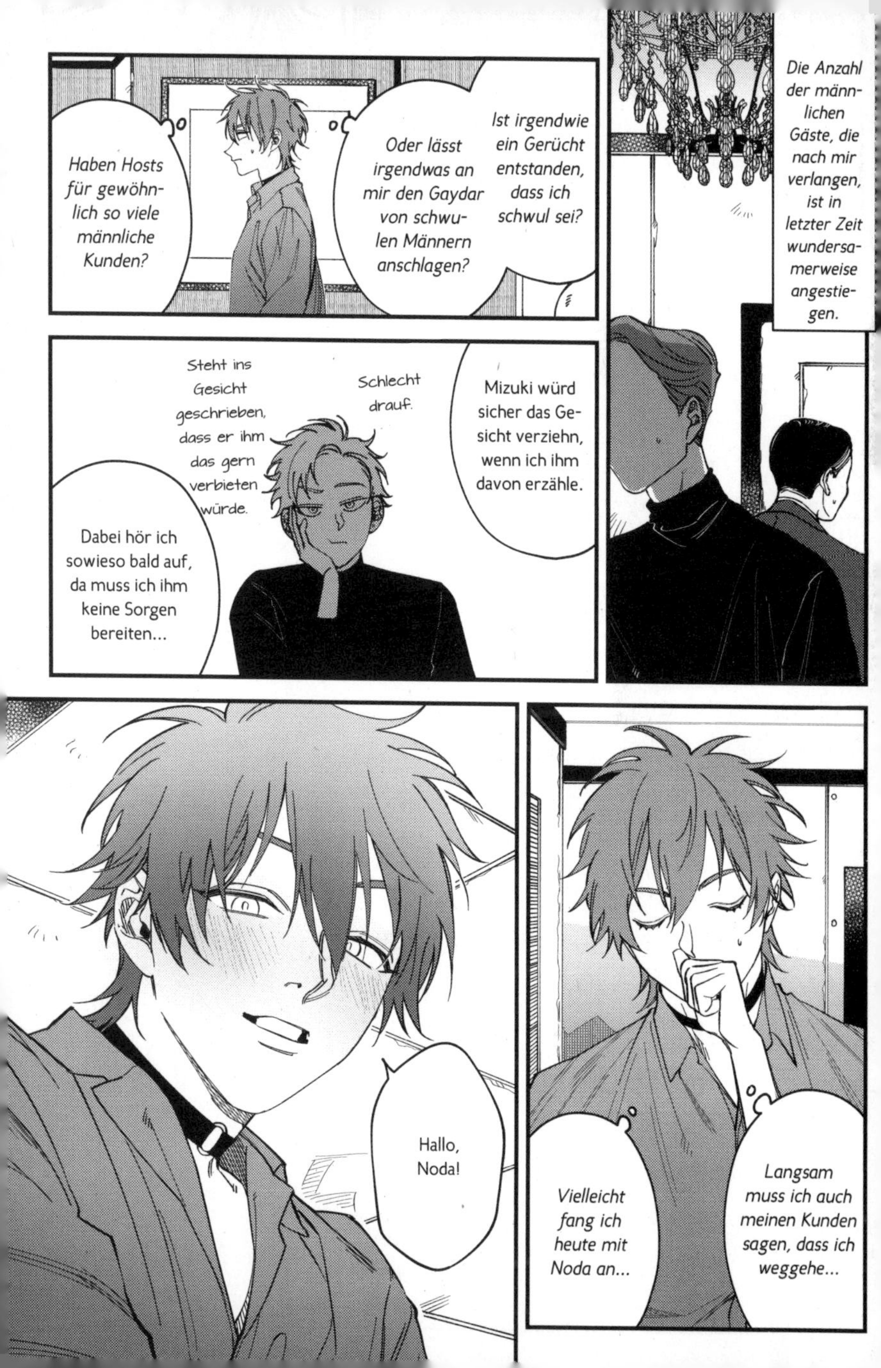

Die Anzahl der männlichen Gäste, die nach mir verlangen, ist in letzter Zeit wundersamerweise angestiegen.
Ist irgendwie ein Gerücht entstanden, dass ich schwul sei?
Oder lässt irgendwas an mir den Gaydar von schwulen Männern anschlagen?
Haben Hosts für gewöhnlich so viele männliche Kunden?
Mizuki würd sicher das Gesicht verziehn, wenn ich ihm davon erzähle.
Schlecht drauf.
Steht ins Gesicht geschrieben, dass er ihm das gern verbieten würde.
Dabei hör ich sowieso bald auf, da muss ich ihm keine Sorgen bereiten...
Langsam muss ich auch meinen Kunden sagen, dass ich weggehe...
Vielleicht fang ich heute mit Noda an...
Hallo, Noda!

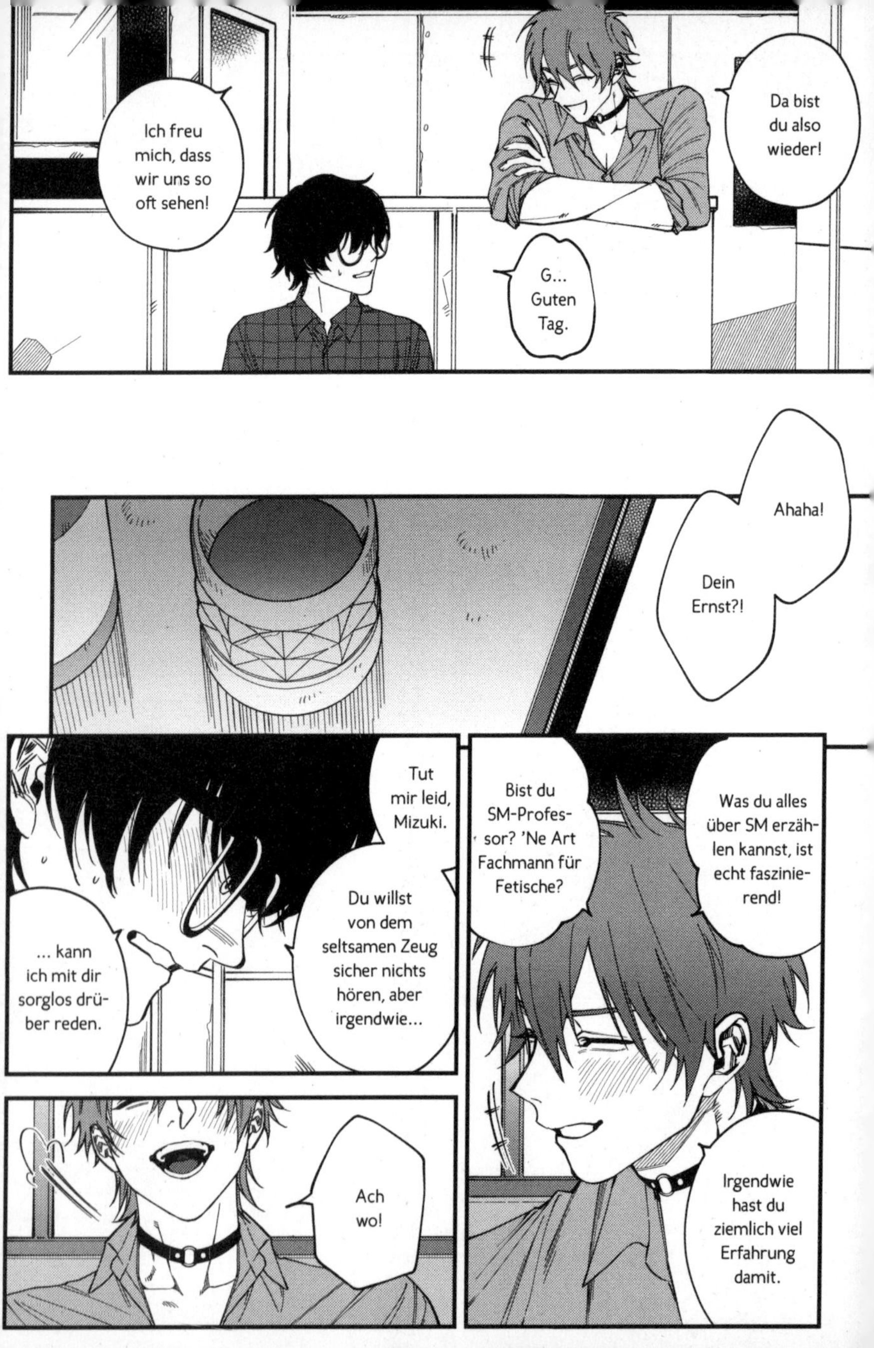
Da bist du also wieder!
Ich freu mich, dass wir uns so oft sehen!
G… Guten Tag.
Ahaha!
Dein Ernst?!
Was du alles über SM erzählen kannst, ist echt faszinierend!
Bist du SM-Professor? ’Ne Art Fachmann für Fetische?
Irgendwie hast du ziemlich viel Erfahrung damit.
Tut mir leid, Mizuki.
Du willst von dem seltsamen Zeug sicher nichts hören, aber irgendwie…
… kann ich mit dir sorglos drüber reden.
Ach wo!

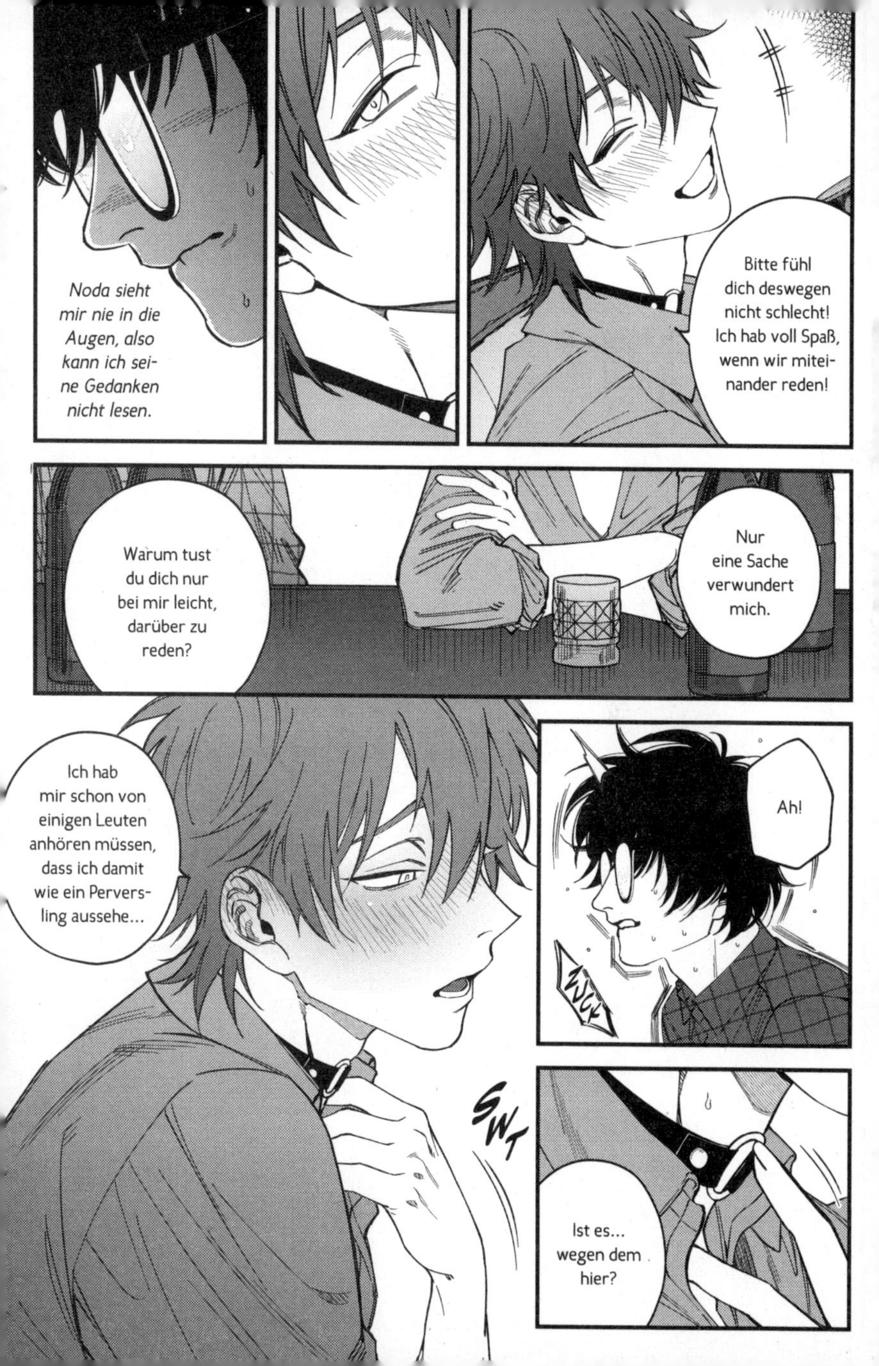
Bitte fühl dich deswegen nicht schlecht! Ich hab voll Spaß, wenn wir miteinander reden!
*Noda sieht mir nie in die Augen, also kann ich seine Gedanken nicht lesen.*
Nur eine Sache verwundert mich.
Warum tust du dich nur bei mir leicht, darüber zu reden?
Ich hab mir schon von einigen Leuten anhören müssen, dass ich damit wie ein Perversling aussehe...
Ah!
ZUCK
SWT
Ist es... wegen dem hier?

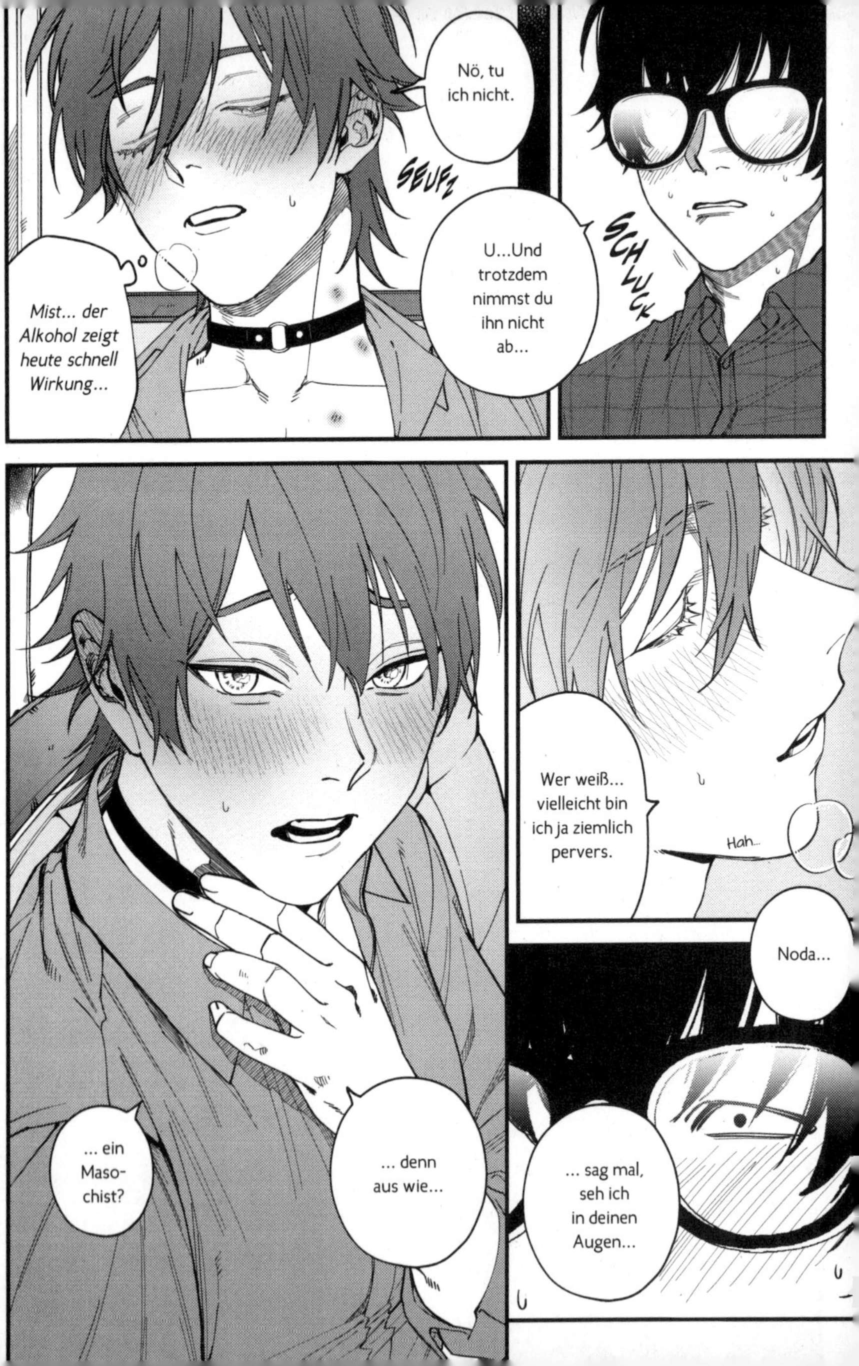
SCHLUCK
U...Und trotzdem nimmst du ihn nicht ab...
Nö, tu ich nicht.
SEUFZ
Mist... der Alkohol zeigt heute schnell Wirkung...
Wer weiß... vielleicht bin ich ja ziemlich pervers.
Hah...
Noda...
... sag mal, seh ich in deinen Augen...
... denn aus wie...
... ein Maso-chist?

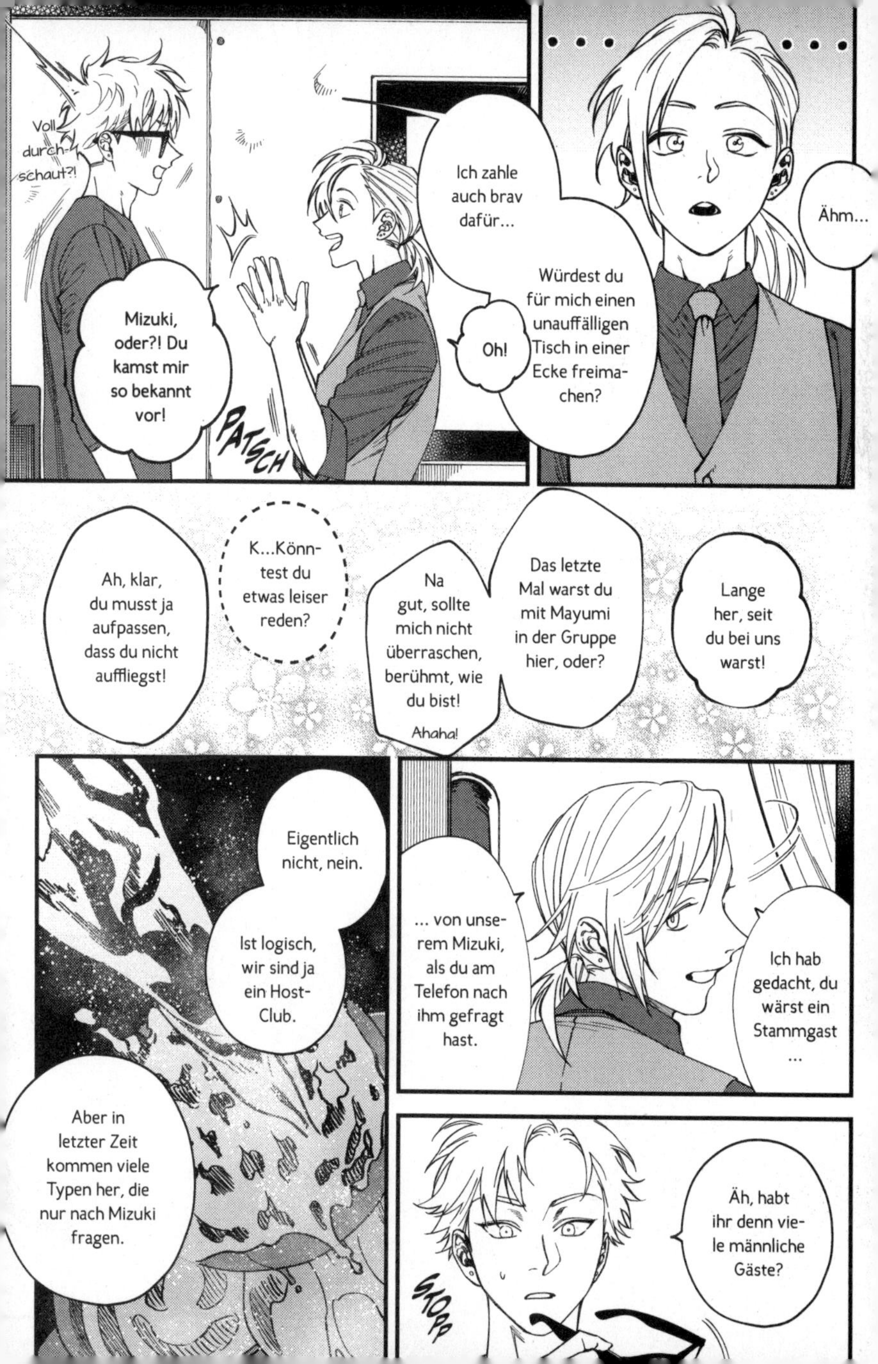
Ähm…
Würdest du für mich einen unauffälligen Tisch in einer Ecke freimachen?
Ich zahle auch brav dafür…
Oh!
Mizuki, oder?! Du kamst mir so bekannt vor!
PATSCH
Voll durchschaut?!
Lange her, seit du bei uns warst!
Das letzte Mal warst du mit Mayumi in der Gruppe hier, oder?
Na gut, sollte mich nicht überraschen, berühmt, wie du bist!
Ahaha!
K…Könntest du etwas leiser reden?
Ah, klar, du musst ja aufpassen, dass du nicht auffliegst!
Ich hab gedacht, du wärst ein Stammgast …
… von unserem Mizuki, als du am Telefon nach ihm gefragt hast.
Eigentlich nicht, nein.
Ist logisch, wir sind ja ein Host-Club.
Aber in letzter Zeit kommen viele Typen her, die nur nach Mizuki fragen.
Äh, habt ihr denn viele männliche Gäste?

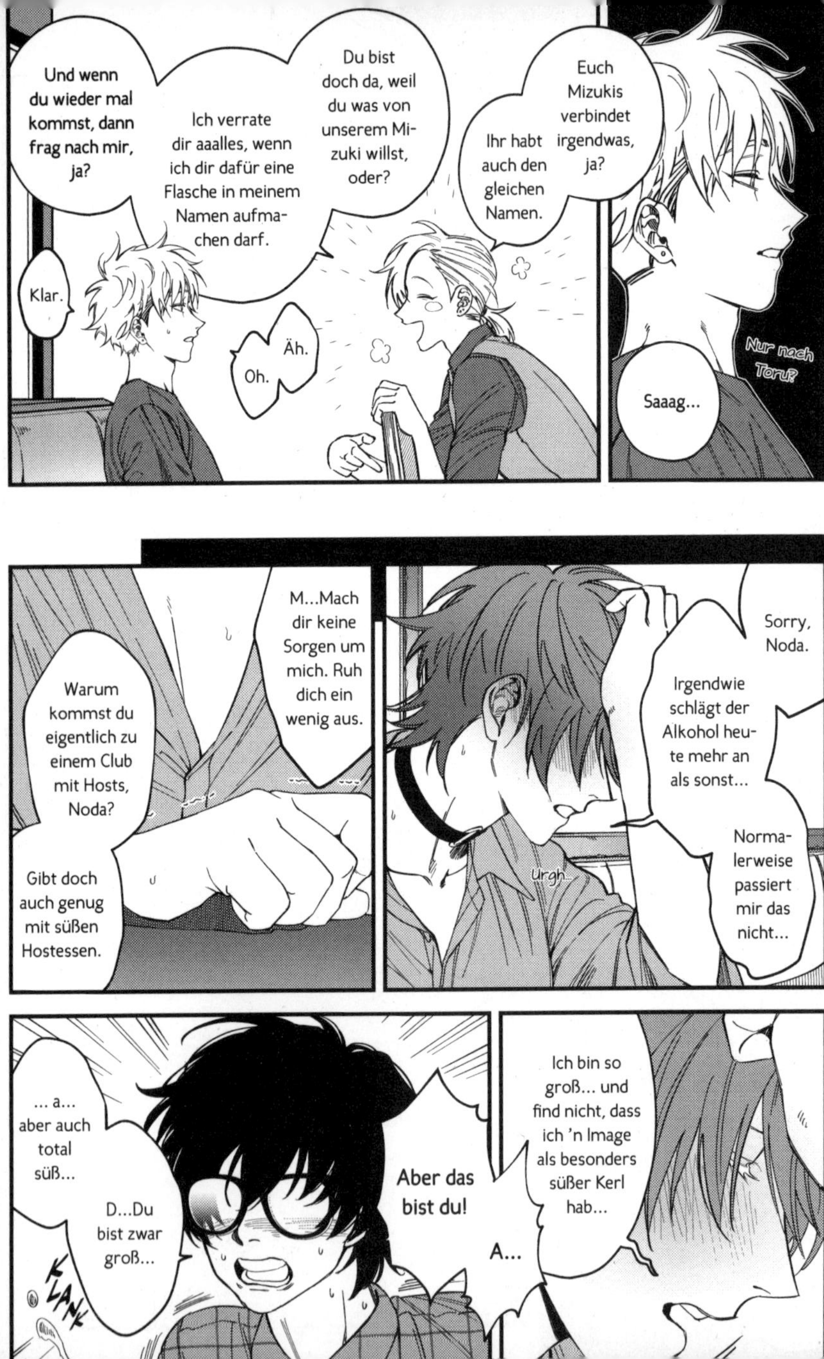
Nur nach Toru?
Saaag...
Euch Mizukis verbindet irgendwas, ja?
Ihr habt auch den gleichen Namen.
Du bist doch da, weil du was von unserem Mizuki willst, oder?
Ich verrate dir aaalles, wenn ich dir dafür eine Flasche in meinem Namen aufmachen darf.
Und wenn du wieder mal kommst, dann frag nach mir, ja?
Klar.
Äh.
Oh.
Sorry, Noda.
Irgendwie schlägt der Alkohol heute mehr an als sonst...
Normalerweise passiert mir das nicht...
Urgh...
M...Mach dir keine Sorgen um mich. Ruh dich ein wenig aus.
Warum kommst du eigentlich zu einem Club mit Hosts, Noda?
Gibt doch auch genug mit süßen Hostessen.
Ich bin so groß... und find nicht, dass ich 'n Image als besonders süßer Kerl hab...
A...
Aber das bist du!
D...Du bist zwar groß...
... a... aber auch total süß...
KLANK

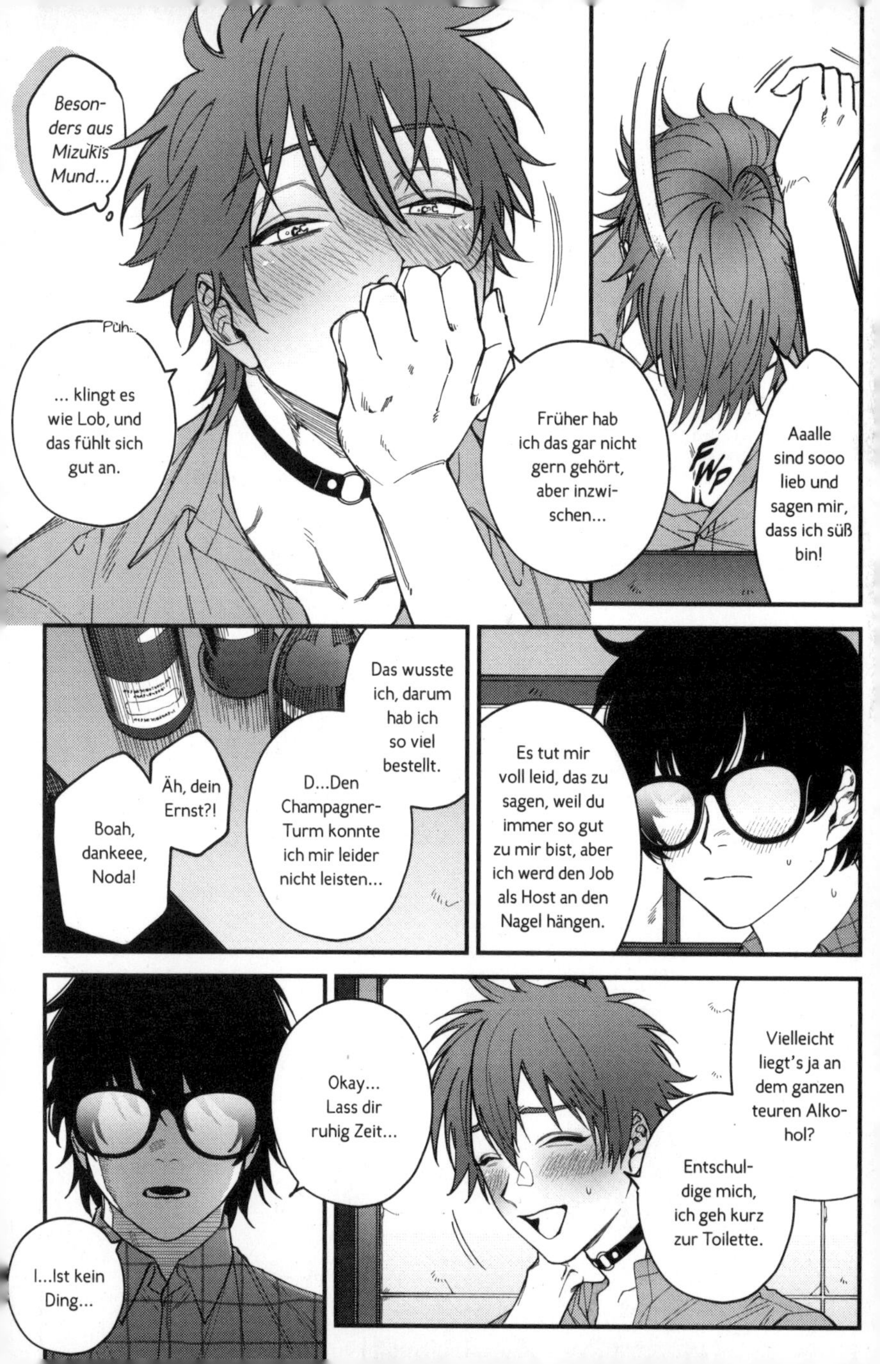

Aalle sind sooo lieb und sagen mir, dass ich süß bin!
FWP
Früher hab ich das gar nicht gern gehört, aber inzwischen…
Besonders aus Mizukis Mund…
Pühs…
… klingt es wie Lob, und das fühlt sich gut an.
Boah, dankeee, Noda!
D…Den Champagner-Turm konnte ich mir leider nicht leisten…
Äh, dein Ernst?!
Das wusste ich, darum hab ich so viel bestellt.
Es tut mir voll leid, das zu sagen, weil du immer so gut zu mir bist, aber ich werd den Job als Host an den Nagel hängen.
Vielleicht liegt's ja an dem ganzen teuren Alkohol?
Entschuldige mich, ich geh kurz zur Toilette.
Okay… Lass dir ruhig Zeit…
I…Ist kein Ding…

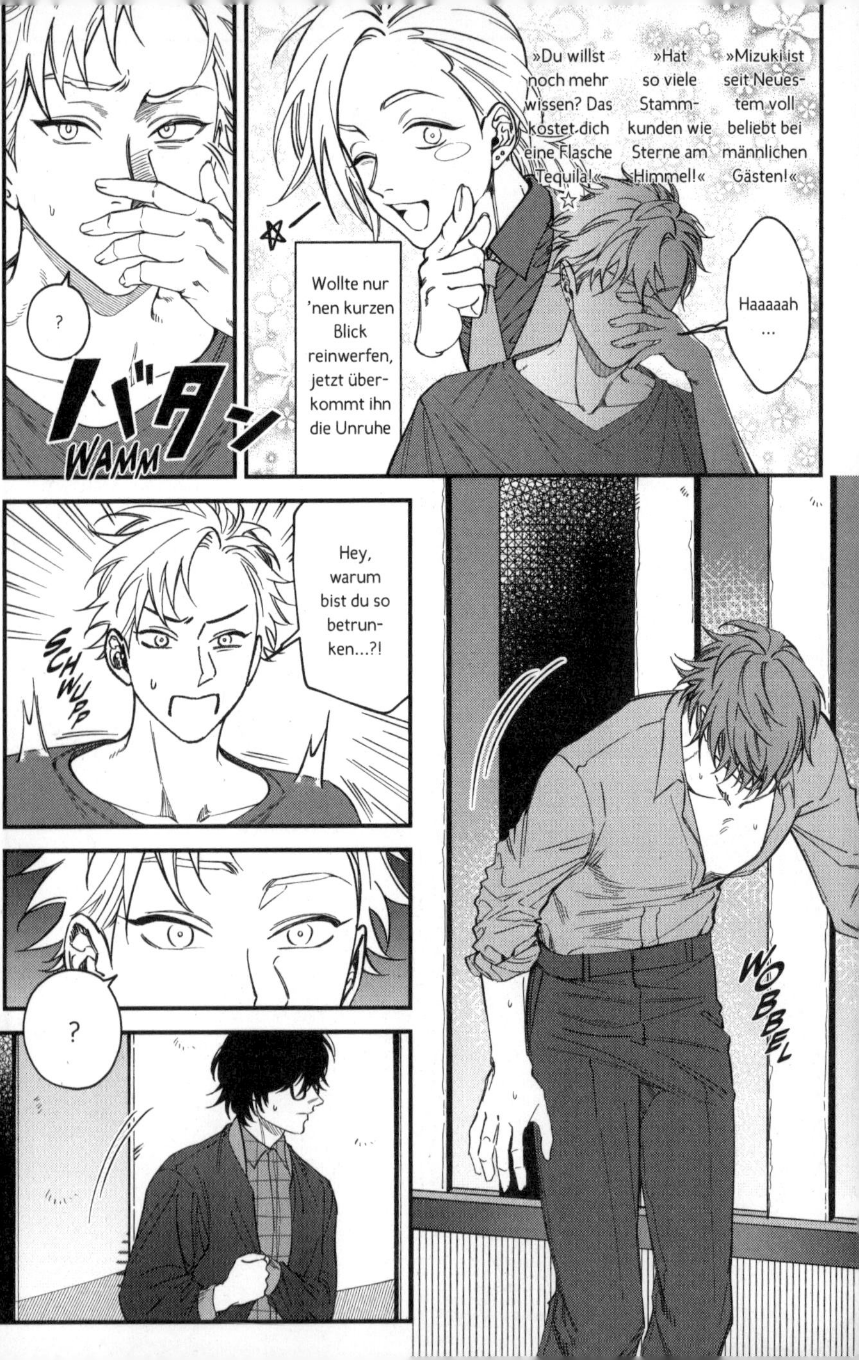
»Mizuki ist seit Neuestem voll beliebt bei männlichen Gästen!«
»Hat so viele Stammkunden wie Sterne am Himmel!«
»Du willst noch mehr wissen? Das kostet dich eine Flasche Tequila!«
Haaaaah ...
Wollte nur 'nen kurzen Blick reinwerfen, jetzt überkommt ihn die Unruhe
?
バタン
WAMM
WOBBEL
Hey, warum bist du so betrunken...?!
SCHWUPP
?

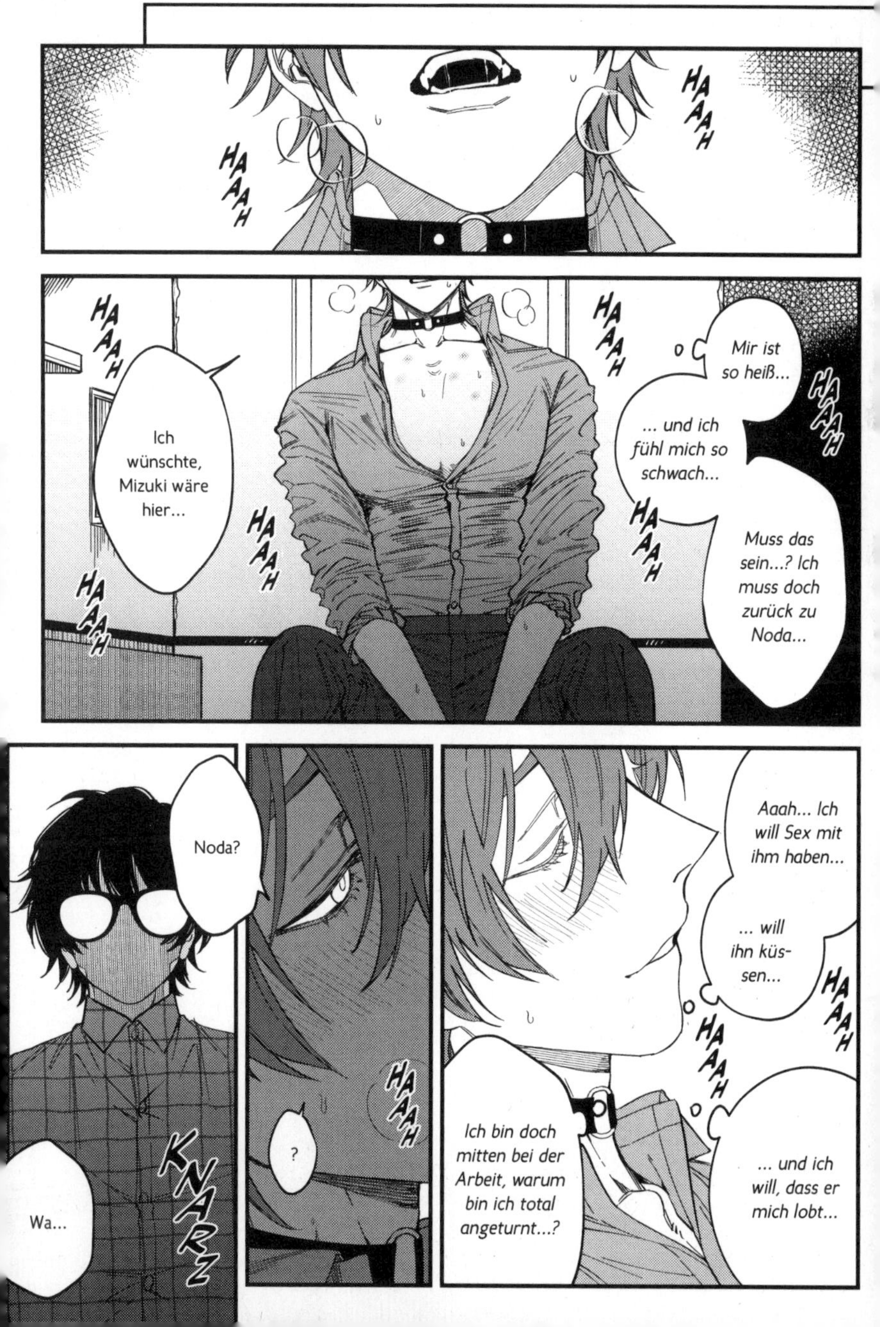
HAAAH
HAAAH
Mir ist so heiß...
... und ich fühl mich so schwach...
Muss das sein...? Ich muss doch zurück zu Noda...
HAAAH
HAAAH
HAAAH
Ich wünschte, Mizuki wäre hier...
HAAAH
HAAAH
HAAAH
Aaah... Ich will Sex mit ihm haben...
... will ihn küs-sen...
... und ich will, dass er mich lobt...
HAAAH
HAAAH
Ich bin doch mitten bei der Arbeit, warum bin ich total angeturnt...?
HAAAH
?
Noda?
KNARZ
Wa...

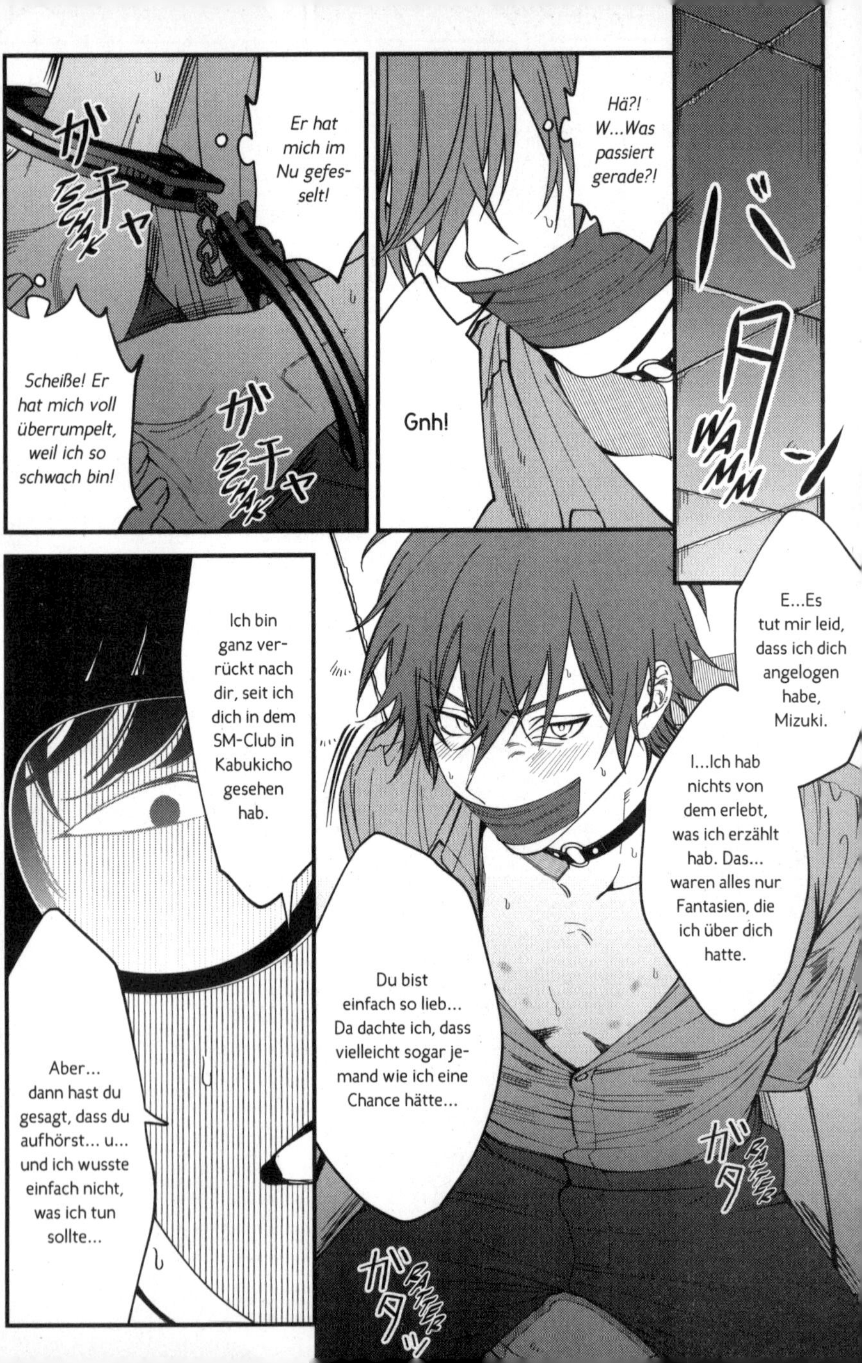
WAMM
Hä?! W...Was passiert gerade?!
Gnh!
Er hat mich im Nu gefes-selt!
TSCHAK
Scheiße! Er hat mich voll überrumpelt, weil ich so schwach bin!
TSCHAK
E...Es tut mir leid, dass ich dich angelogen habe, Mizuki.
I...Ich hab nichts von dem erlebt, was ich erzählt hab. Das... waren alles nur Fantasien, die ich über dich hatte.
Du bist einfach so lieb... Da dachte ich, dass vielleicht sogar je-mand wie ich eine Chance hätte...
Ich bin ganz ver-rückt nach dir, seit ich dich in dem SM-Club in Kabukicho gesehen hab.
Aber... dann hast du gesagt, dass du aufhörst... u... und ich wusste einfach nicht, was ich tun sollte...

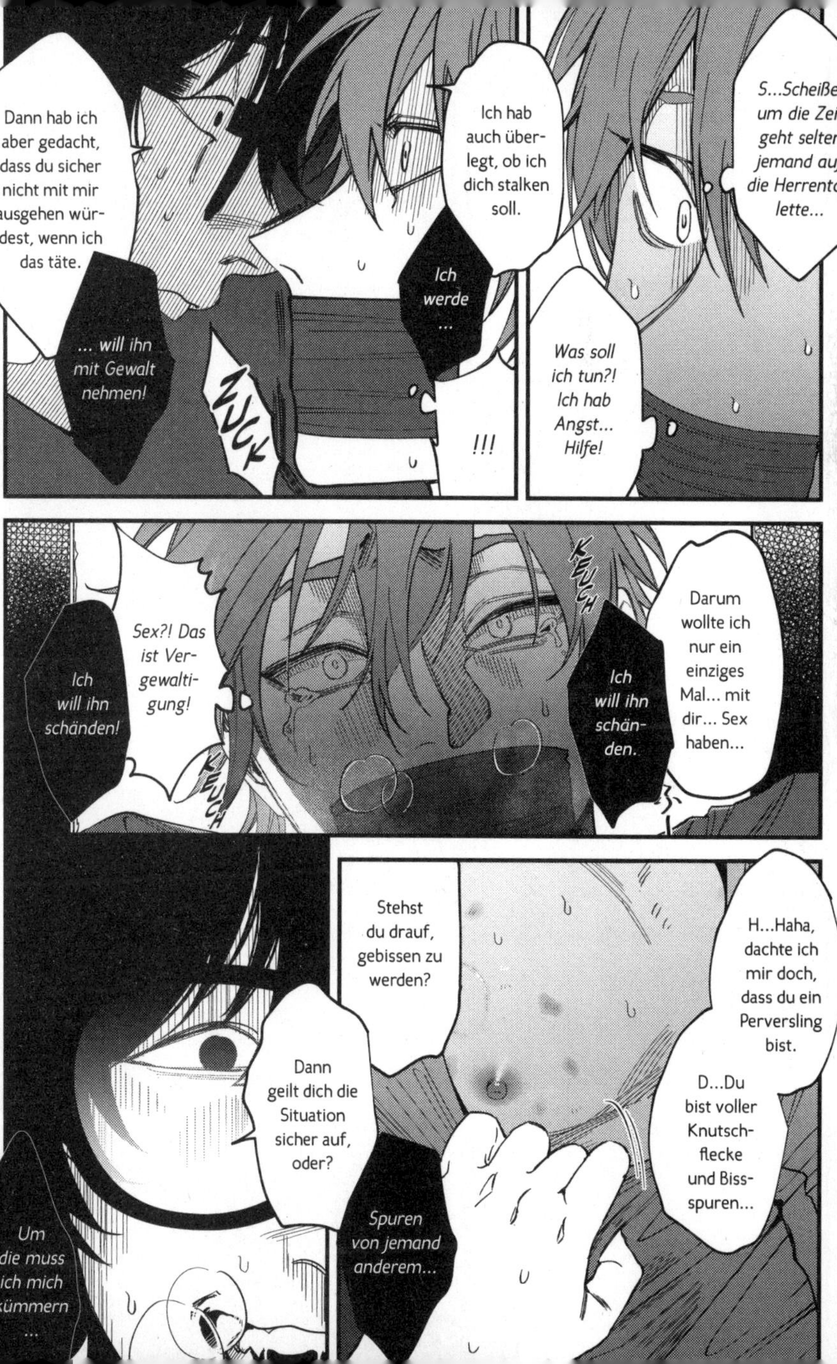
S...Scheiße, um die Zeit geht selten jemand auf die Herrento lette...
Was soll ich tun?! Ich hab Angst... Hilfe!
Ich hab auch überlegt, ob ich dich stalken soll.
Ich werde ...
!!!
Dann hab ich aber gedacht, dass du sicher nicht mit mir ausgehen würdest, wenn ich das täte.
... will ihn mit Gewalt nehmen!
ZUCK
KEUCH
Darum wollte ich nur ein einziges Mal... mit dir... Sex haben...
Ich will ihn schänden.
Sex?! Das ist Vergewaltigung!
Ich will ihn schänden!
KEUCH
H...Haha, dachte ich mir doch, dass du ein Perversling bist.
D...Du bist voller Knutschflecke und Bissspuren...
Stehst du drauf, gebissen zu werden?
Spuren von jemand anderem...
Dann geilt dich die Situation sicher auf, oder?
Um die muss ich mich kümmern ...

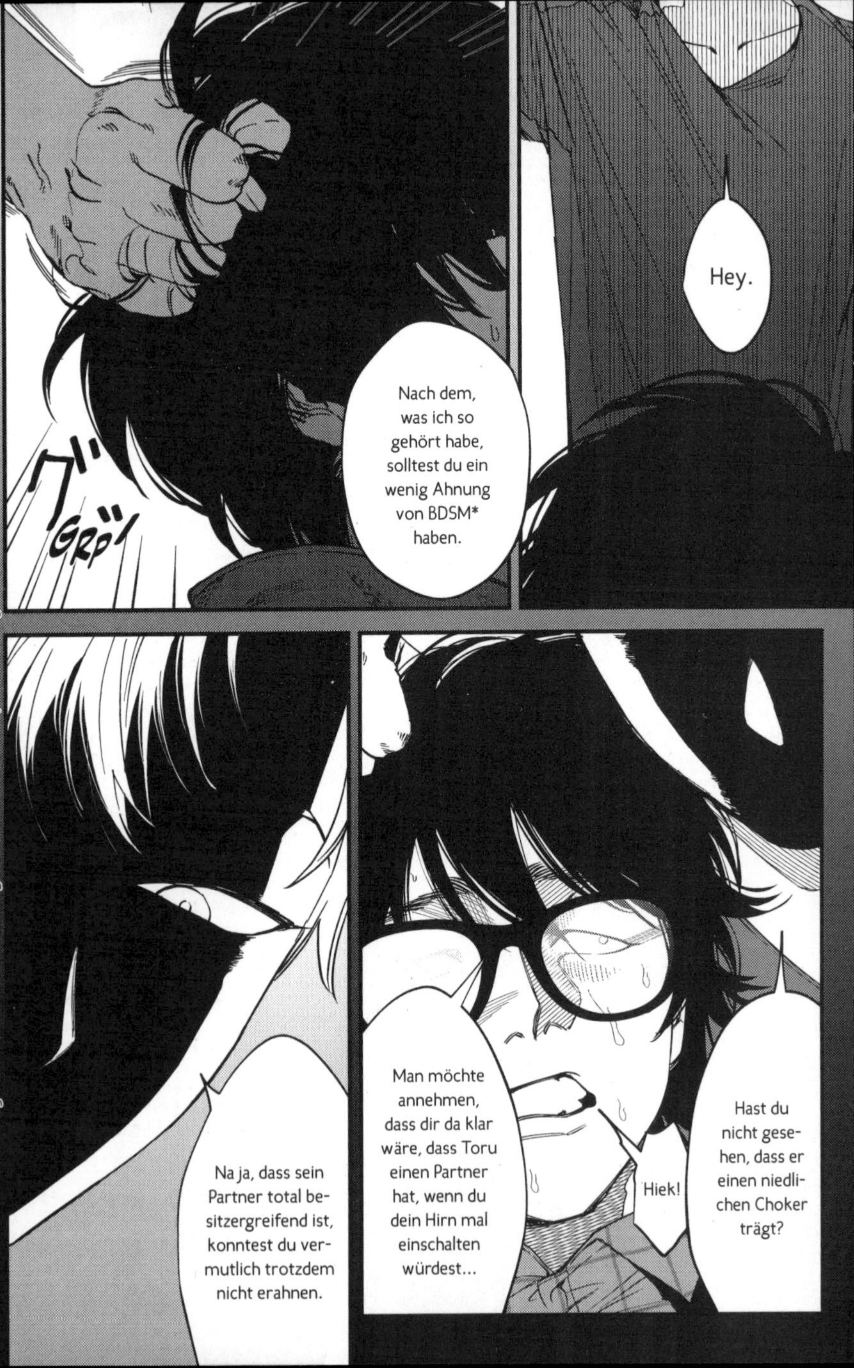


* Abkürzung für die Sammelbezeichnung von (sexuellen) Rollenspielen mit ungleichen Machtverhältnissen, die auf beidseitiger Einvernehmlichkeit basieren

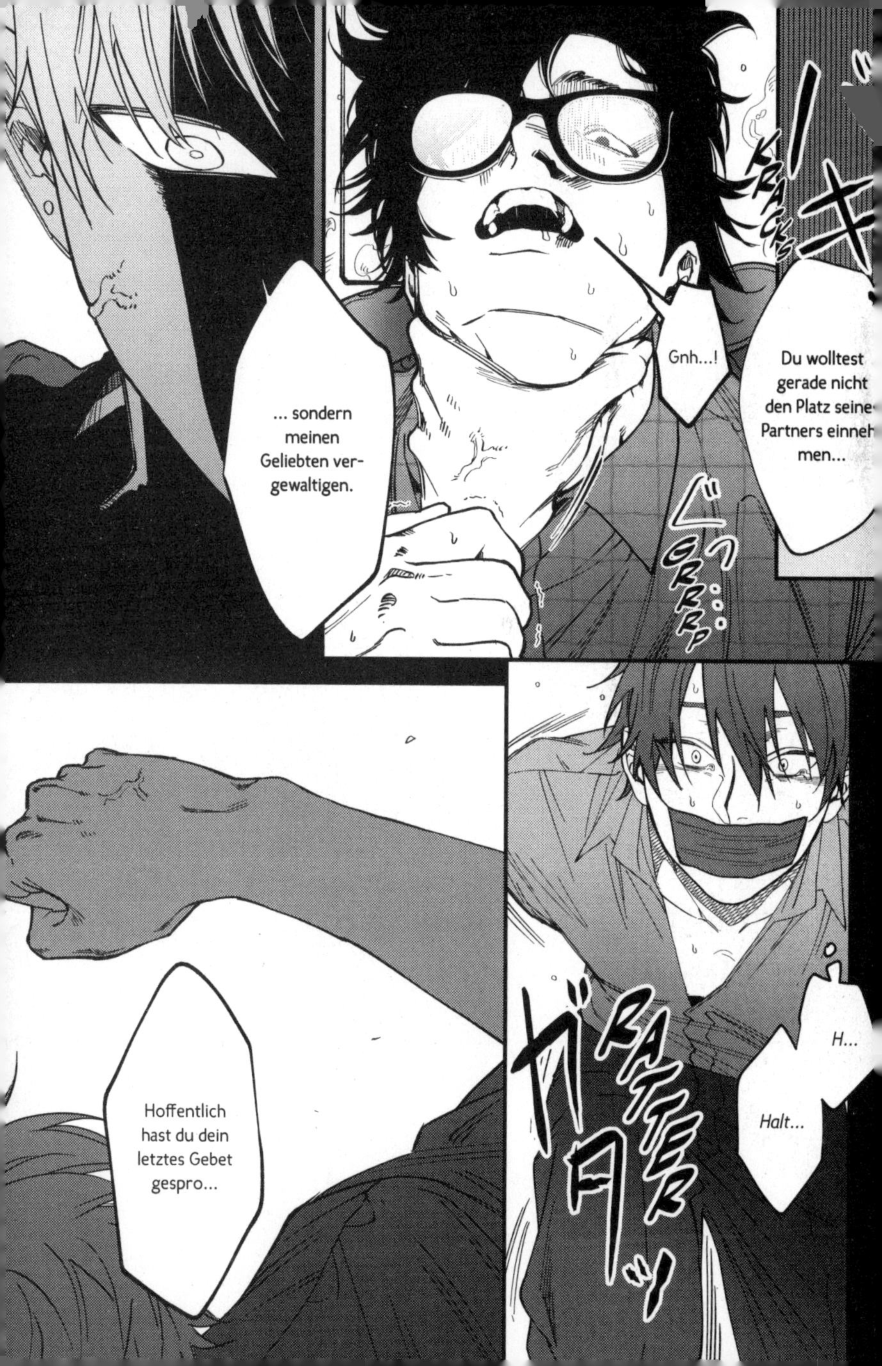
KRACKS
Du wolltest gerade nicht den Platz seine Partners einneh men...
Gnh...!
... sondern meinen Geliebten ver-gewaltigen.
GRRRP
H...
Halt...
RATTER
Hoffentlich hast du dein letztes Gebet gespro...

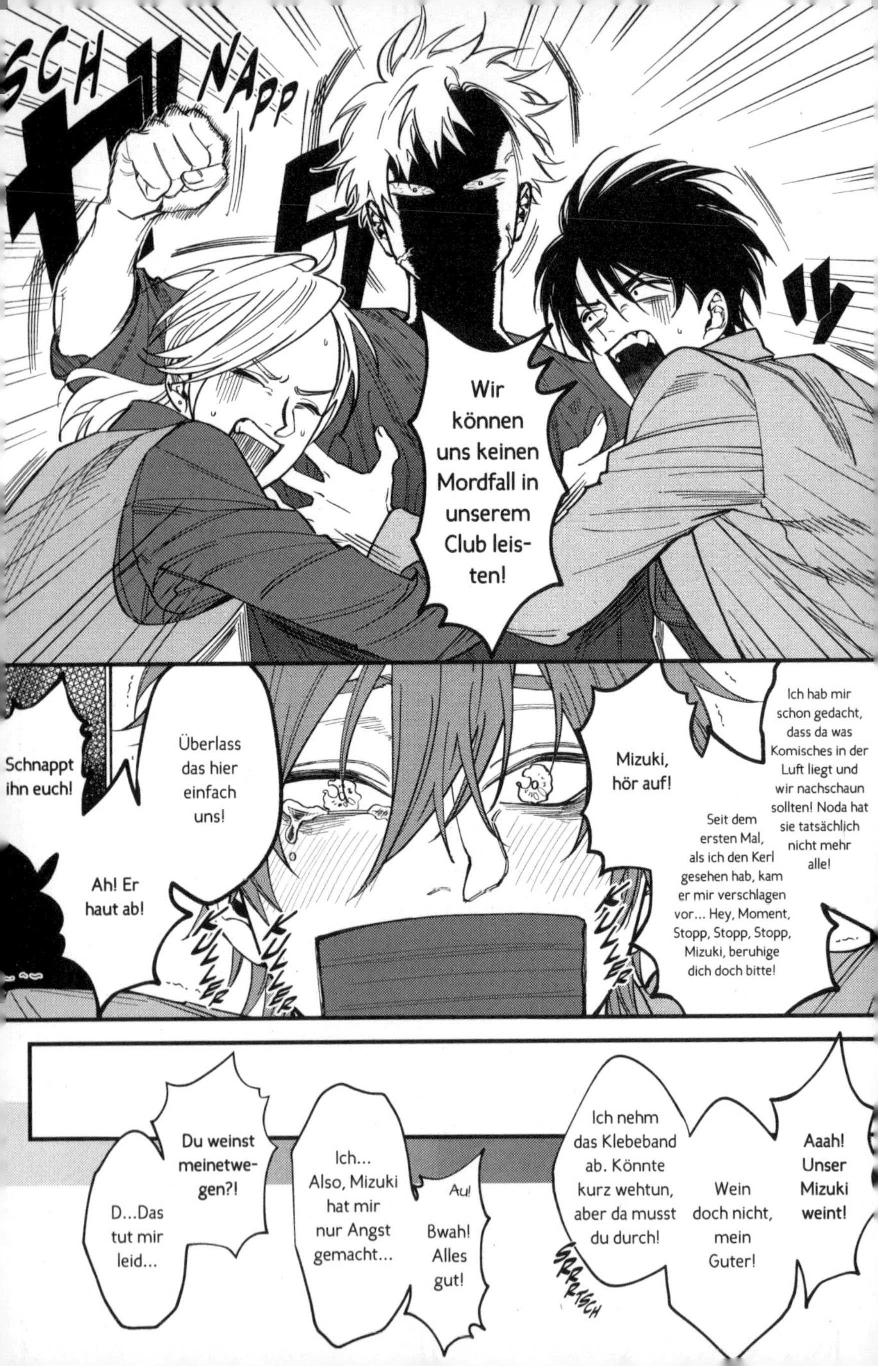
SCHNAPP
Wir können uns keinen Mordfall in unserem Club leisten!
Ich hab mir schon gedacht, dass da was Komisches in der Luft liegt und wir nachschaun sollten! Noda hat sie tatsächlich nicht mehr alle!
Seit dem ersten Mal, als ich den Kerl gesehen hab, kam er mir verschlagen vor… Hey, Moment, Stopp, Stopp, Stopp, Mizuki, beruhige dich doch bitte!
Mizuki, hör auf!
KULLER
Überlass das hier einfach uns!
Schnappt ihn euch!
Ah! Er haut ab!
KULLER
KULLER
Aaah! Unser Mizuki weint!
Wein doch nicht, mein Guter!
Ich nehm das Klebeband ab. Könnte kurz wehtun, aber da musst du durch!
SRRRISCH
Au!
Bwah! Alles gut!
Ich… Also, Mizuki hat mir nur Angst gemacht…
Du weinst meinetwegen?!
D…Das tut mir leid…

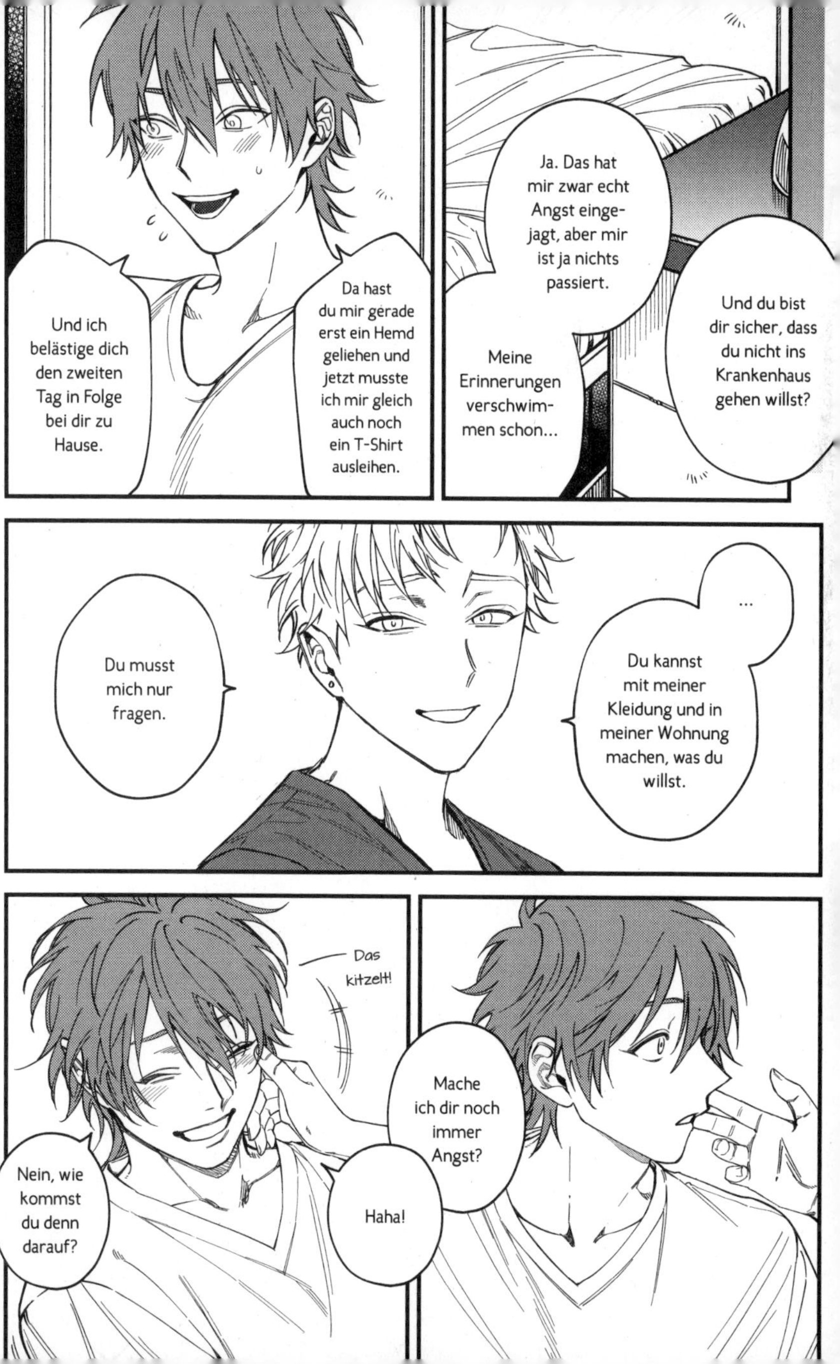
Und du bist dir sicher, dass du nicht ins Krankenhaus gehen willst?
Ja. Das hat mir zwar echt Angst eingejagt, aber mir ist ja nichts passiert.
Meine Erinnerungen verschwimmen schon...
Da hast du mir gerade erst ein Hemd geliehen und jetzt musste ich mir gleich auch noch ein T-Shirt ausleihen.
Und ich belästige dich den zweiten Tag in Folge bei dir zu Hause.
...
Du kannst mit meiner Kleidung und in meiner Wohnung machen, was du willst.
Du musst mich nur fragen.
Mache ich dir noch immer Angst?
Das kitzelt!
Haha!
Nein, wie kommst du denn darauf?

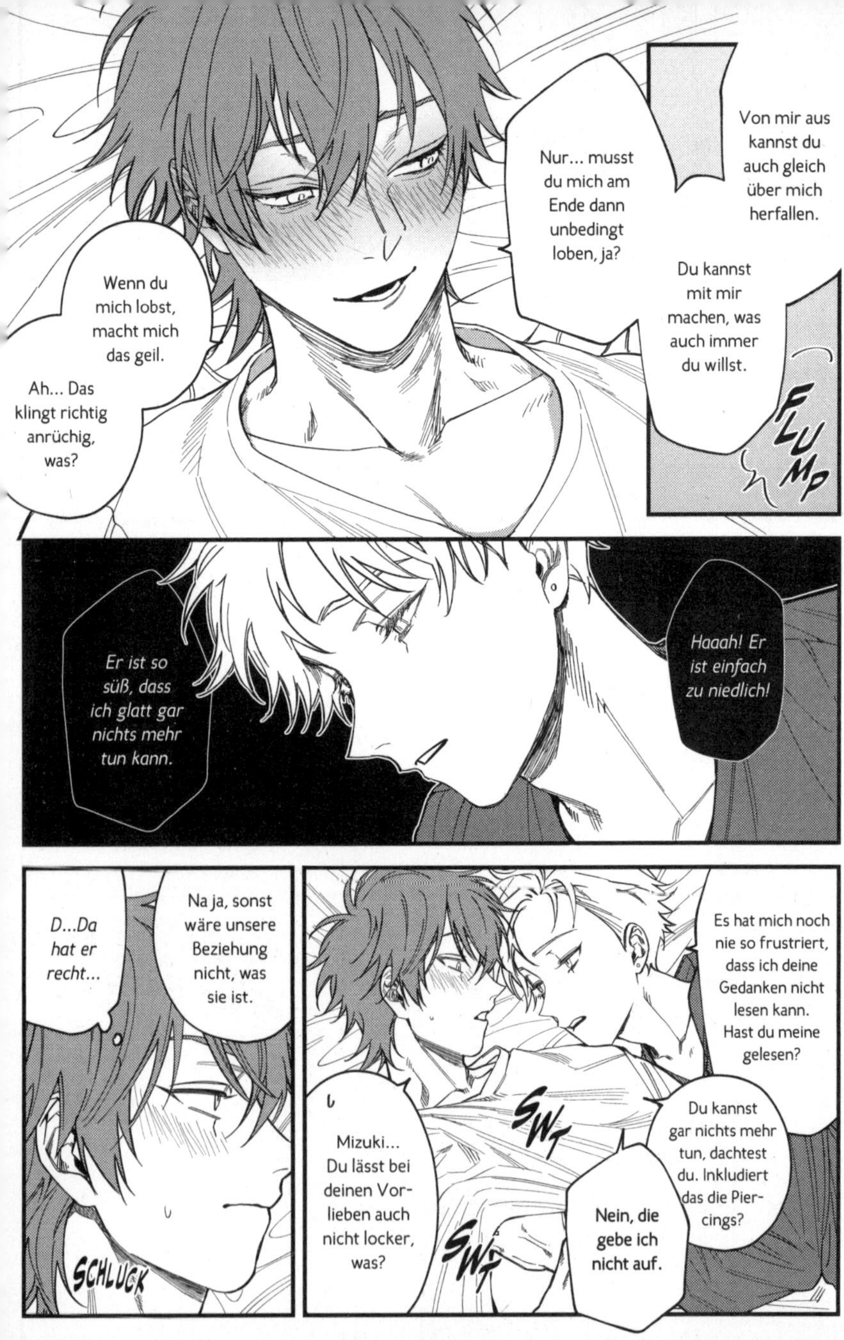
Von mir aus kannst du auch gleich über mich herfallen.
Nur... musst du mich am Ende dann unbedingt loben, ja?
Du kannst mit mir machen, was auch immer du willst.
Wenn du mich lobst, macht mich das geil.
Ah... Das klingt richtig anrüchig, was?
FLUMP
Haaah! Er ist einfach zu niedlich!
Er ist so süß, dass ich glatt gar nichts mehr tun kann.
Es hat mich noch nie so frustriert, dass ich deine Gedanken nicht lesen kann. Hast du meine gelesen?
Du kannst gar nichts mehr tun, dachtest du. Inkludiert das die Piercings?
Nein, die gebe ich nicht auf.
SWT
SWT
Mizuki... Du lässt bei deinen Vorlieben auch nicht locker, was?
Na ja, sonst wäre unsere Beziehung nicht, was sie ist.
D...Da hat er recht...
SCHLUCK

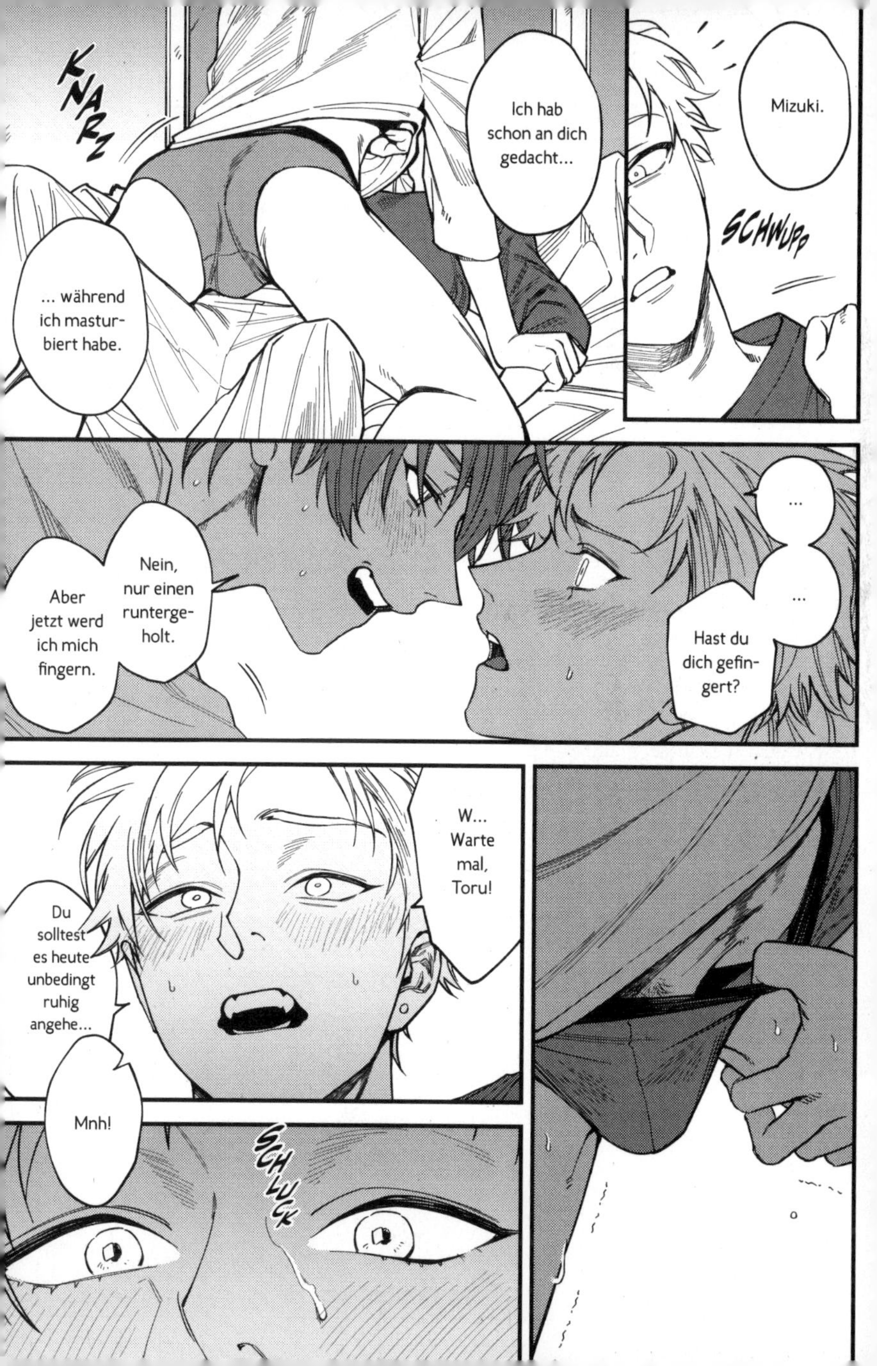
Mizuki.
SCHWUPP
KNARZ
Ich hab schon an dich gedacht…
… während ich masturbiert habe.
…
…
Hast du dich gefingert?
Nein, nur einen runtergeholt.
Aber jetzt werd ich mich fingern.
W… Warte mal, Toru!
Du solltest es heute unbedingt ruhig angehe…
Mnh!
SCHLUCK

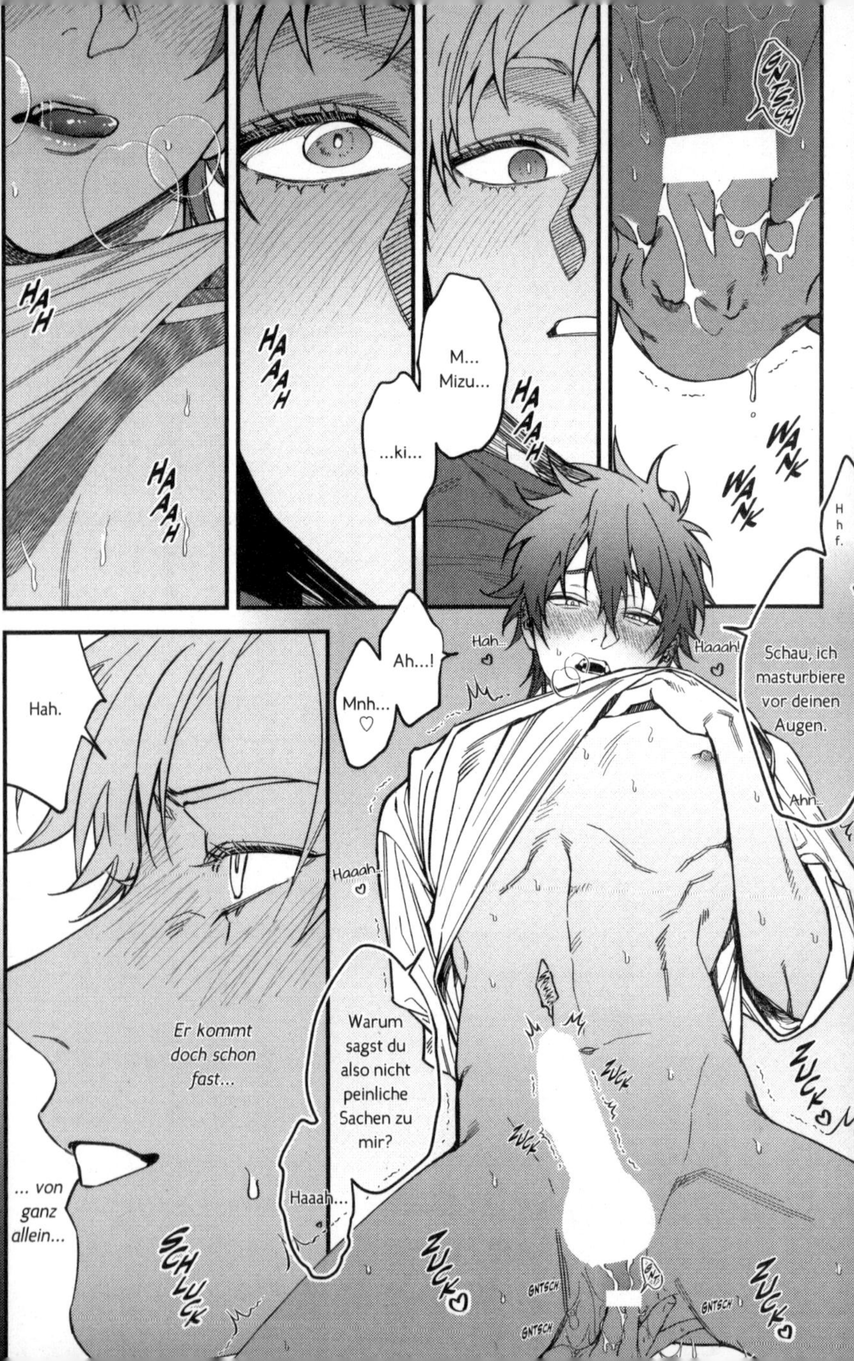
GNTSCH
WANK
WANK
Hhf.
HAAAH
M... Mizu...
...ki...
HAAAH
HAH
HAAAH
Schau, ich masturbiere vor deinen Augen.
Haaah!
Hah...
Ah...!
Mnh...
Ahn...
Haaah...
ZUCK
ZUCK
ZUCK
Warum sagst du also nicht peinliche Sachen zu mir?
Haaah...
GNTSCH
GNTSCH
GNTSCH
ZUCK
ZUCK
Hah.
Er kommt doch schon fast...
... von ganz allein...
SCHLUCK

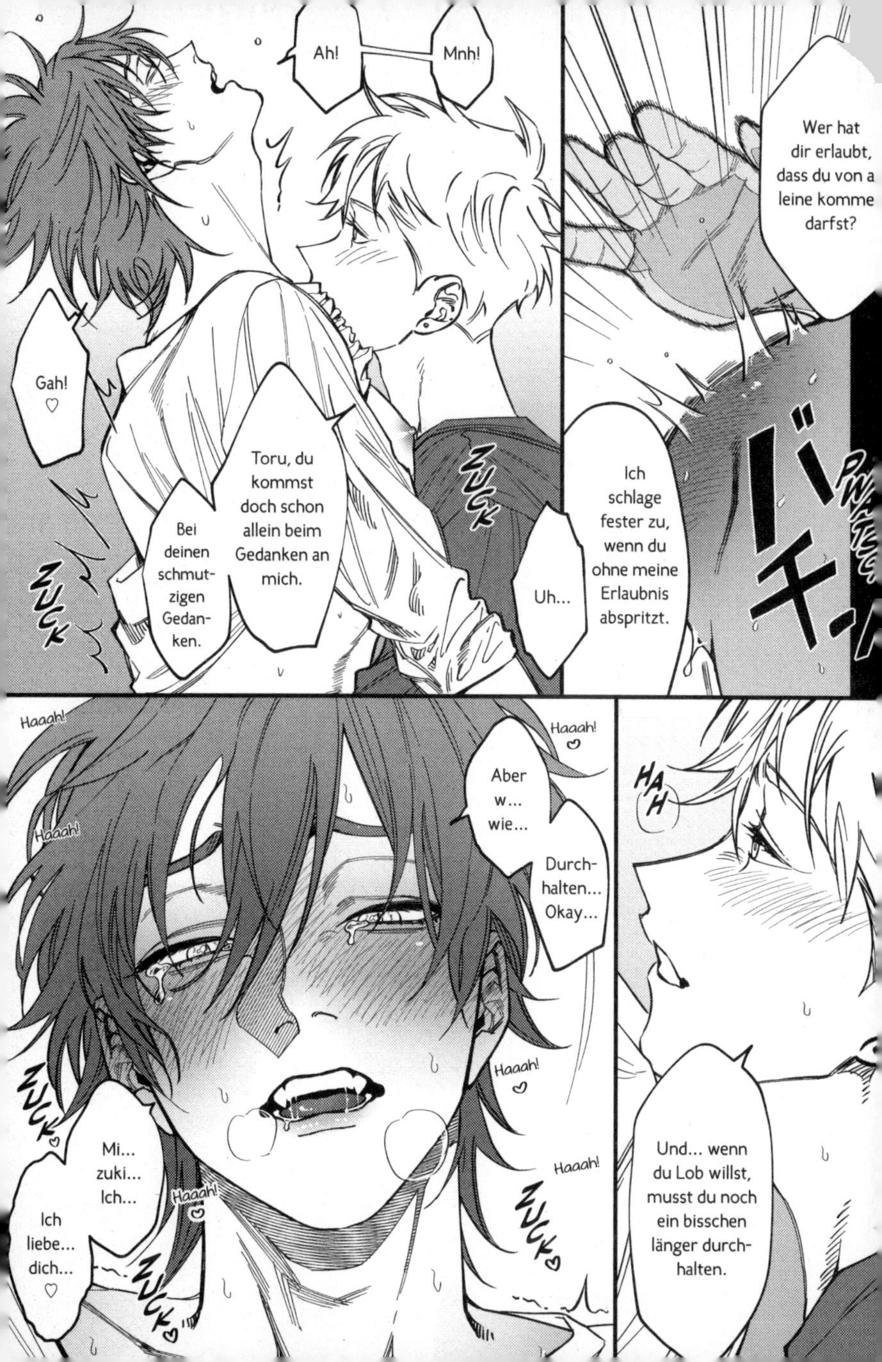
Wer hat dir erlaubt, dass du von a leine komme darfst?
Ich schlage fester zu, wenn du ohne meine Erlaubnis abspritzt.
Mnh!
Ah!
Uh...
ZUCK
Toru, du kommst doch schon allein beim Gedanken an mich.
Bei deinen schmutzigen Gedanken.
Gah! ♡
ZUCK
HAH
Und... wenn du Lob willst, musst du noch ein bisschen länger durchhalten.
Haaah! ♡
Aber w... wie...
Durchhalten... Okay...
Haaah!
Haaah!
Haaah! ♡
Haaah!
ZUCK ♡
Haaah! ♡
Mi... zuki... Ich...
Ich liebe... dich... ♡
ZUCK ♡
ZUCK ♡

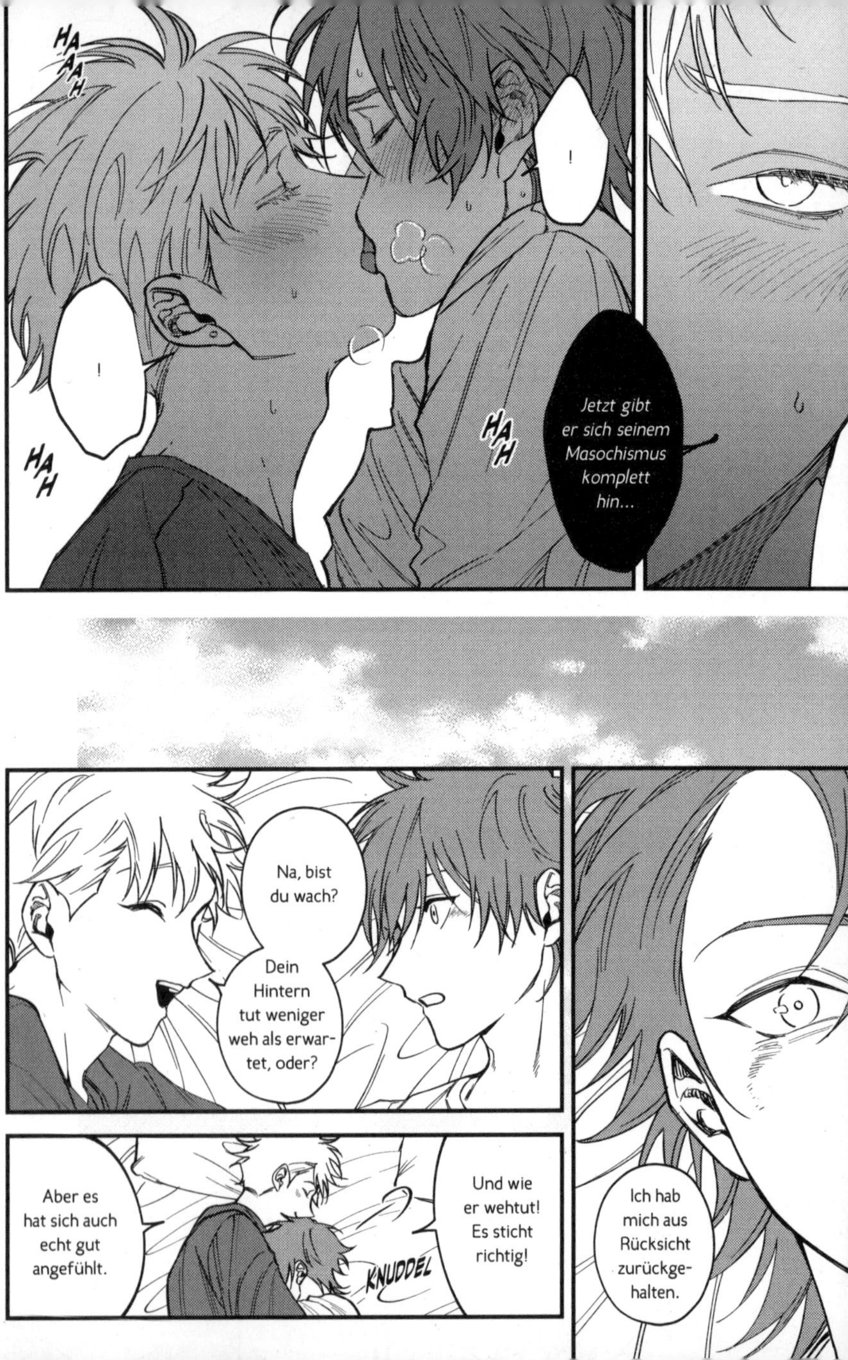

!
!
HAAAH
HAH
HAH
Jetzt gibt er sich seinem Masochismus komplett hin…
Na, bist du wach?
Dein Hintern tut weniger weh als erwartet, oder?
Ich hab mich aus Rücksicht zurückge-halten.
Und wie er wehtut! Es sticht richtig!
KNUDDEL
Aber es hat sich auch echt gut angefühlt.

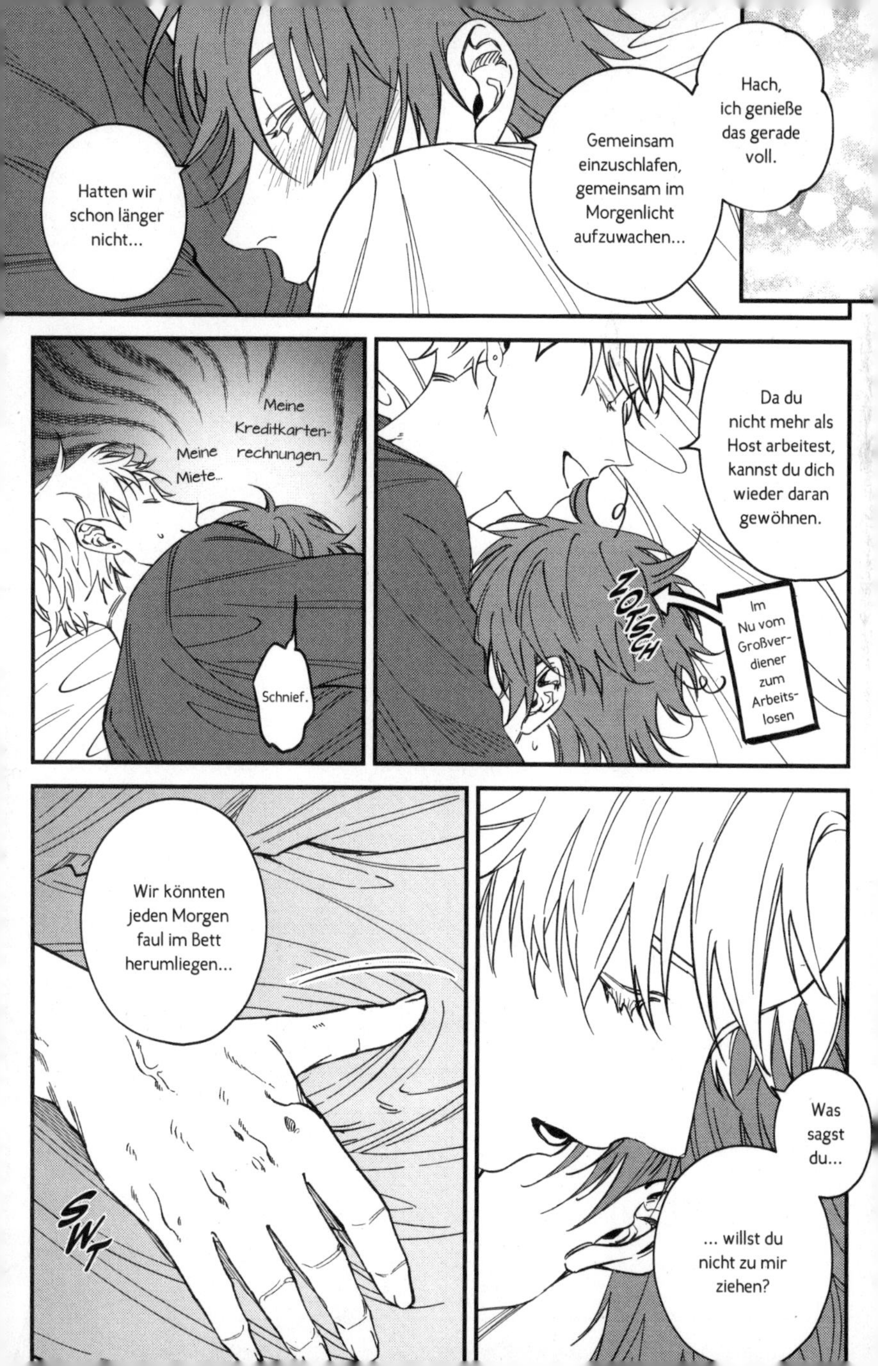
Hach, ich genieße das gerade voll.
Gemeinsam einzuschlafen, gemeinsam im Morgenlicht aufzuwachen...
Hatten wir schon länger nicht...
Da du nicht mehr als Host arbeitest, kannst du dich wieder daran gewöhnen.
WOKSCH
Im Nu vom Großverdiener zum Arbeitslosen
Meine Kreditkartenrechnungen...
Meine Miete...
Schnief.
Was sagst du...
... willst du nicht zu mir ziehen?
Wir könnten jeden Morgen faul im Bett herumliegen...
SWT

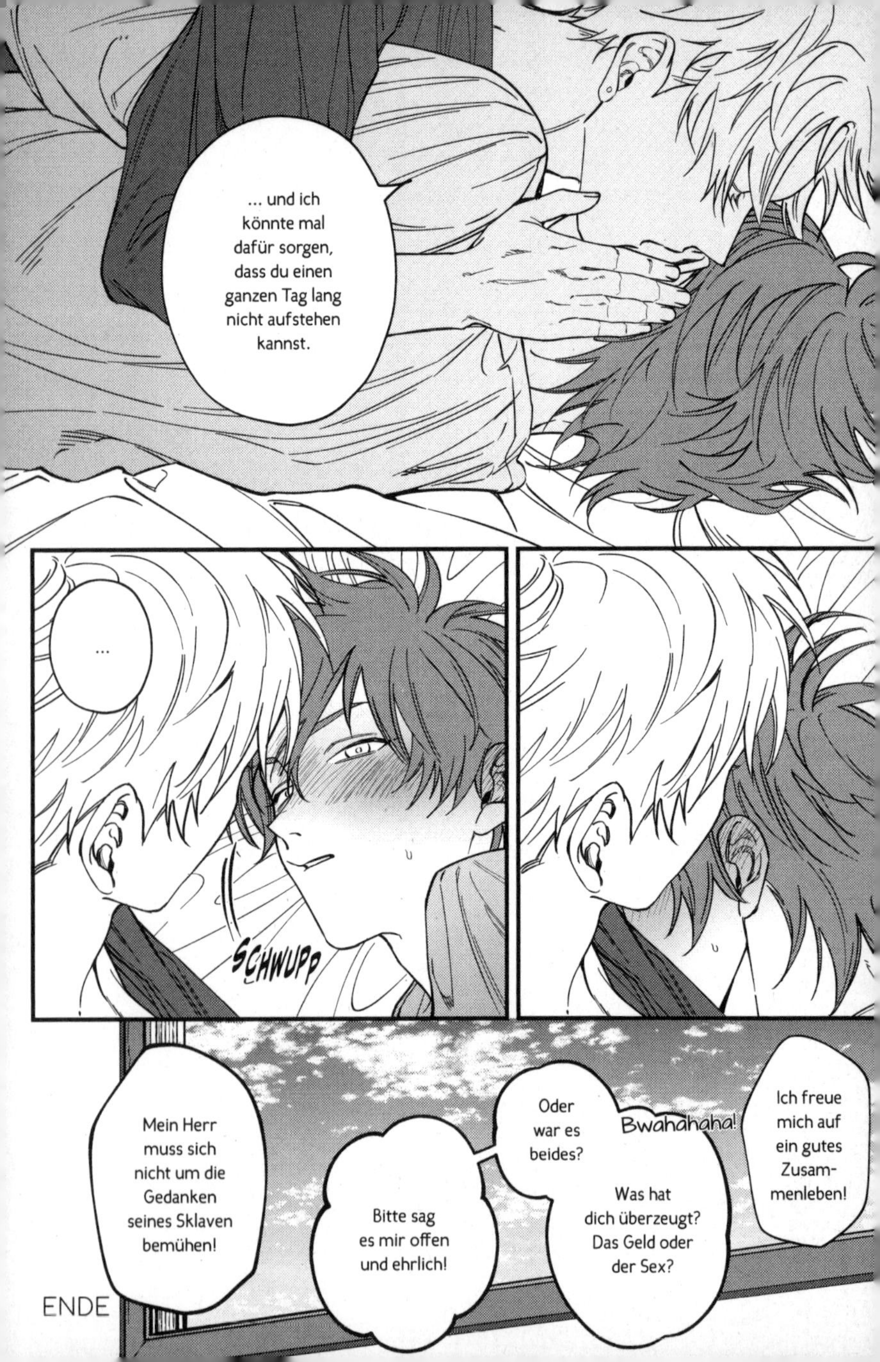
... und ich könnte mal dafür sorgen, dass du einen ganzen Tag lang nicht aufstehen kannst.
...
SCHWUPP
Ich freue mich auf ein gutes Zusammenleben!
Bwahahaha!
Oder war es beides?
Was hat dich überzeugt? Das Geld oder der Sex?
Bitte sag es mir offen und ehrlich!
Mein Herr muss sich nicht um die Gedanken seines Sklaven bemühen!
ENDE

Wenn ein Mann verliebt ist, hält er mehr aus als zu jeder anderen Zeit: Er unterwirft sich allem.

KABUKICHO
BAD TRIP

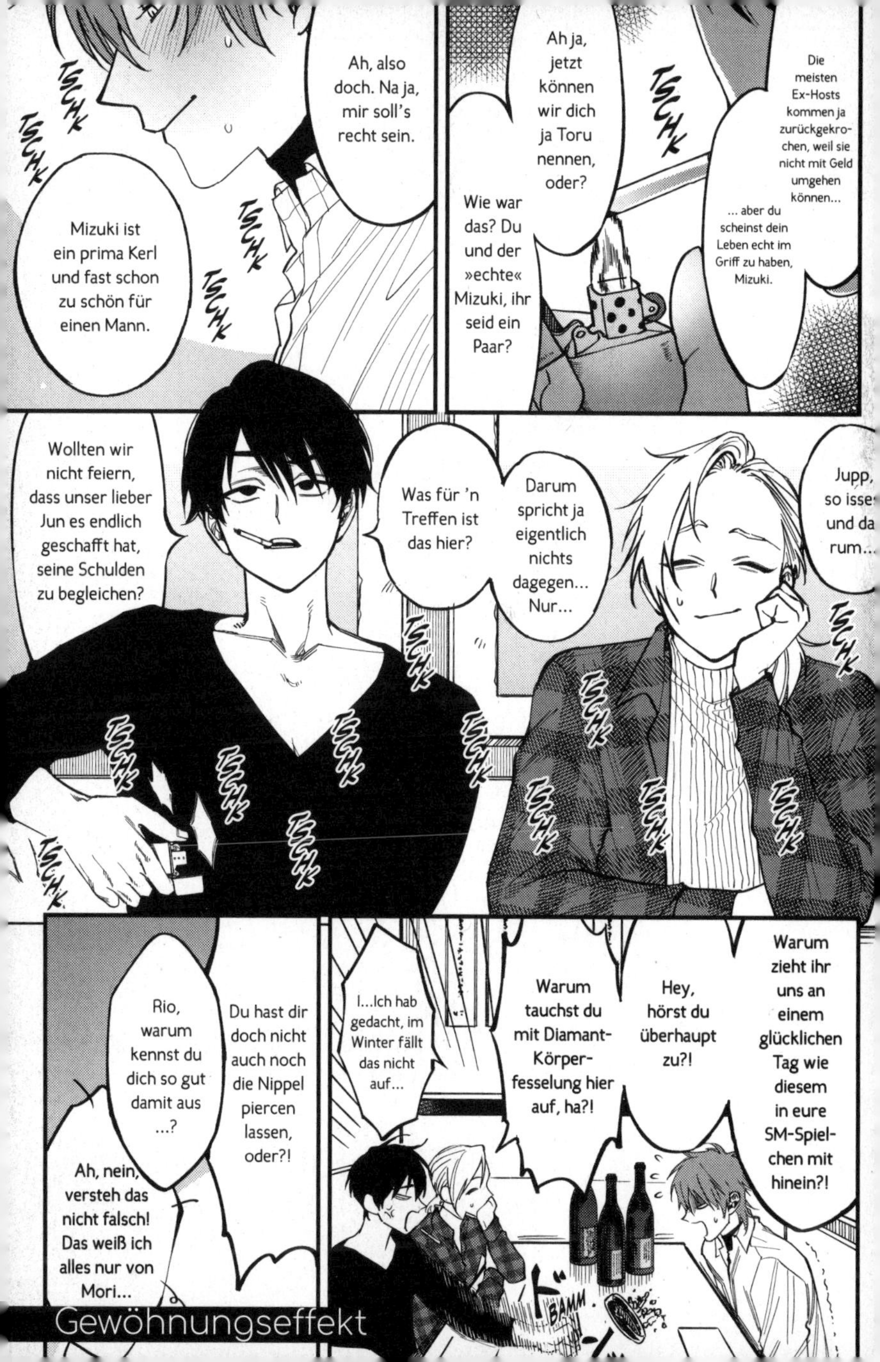


## Gewöhnungseffekt

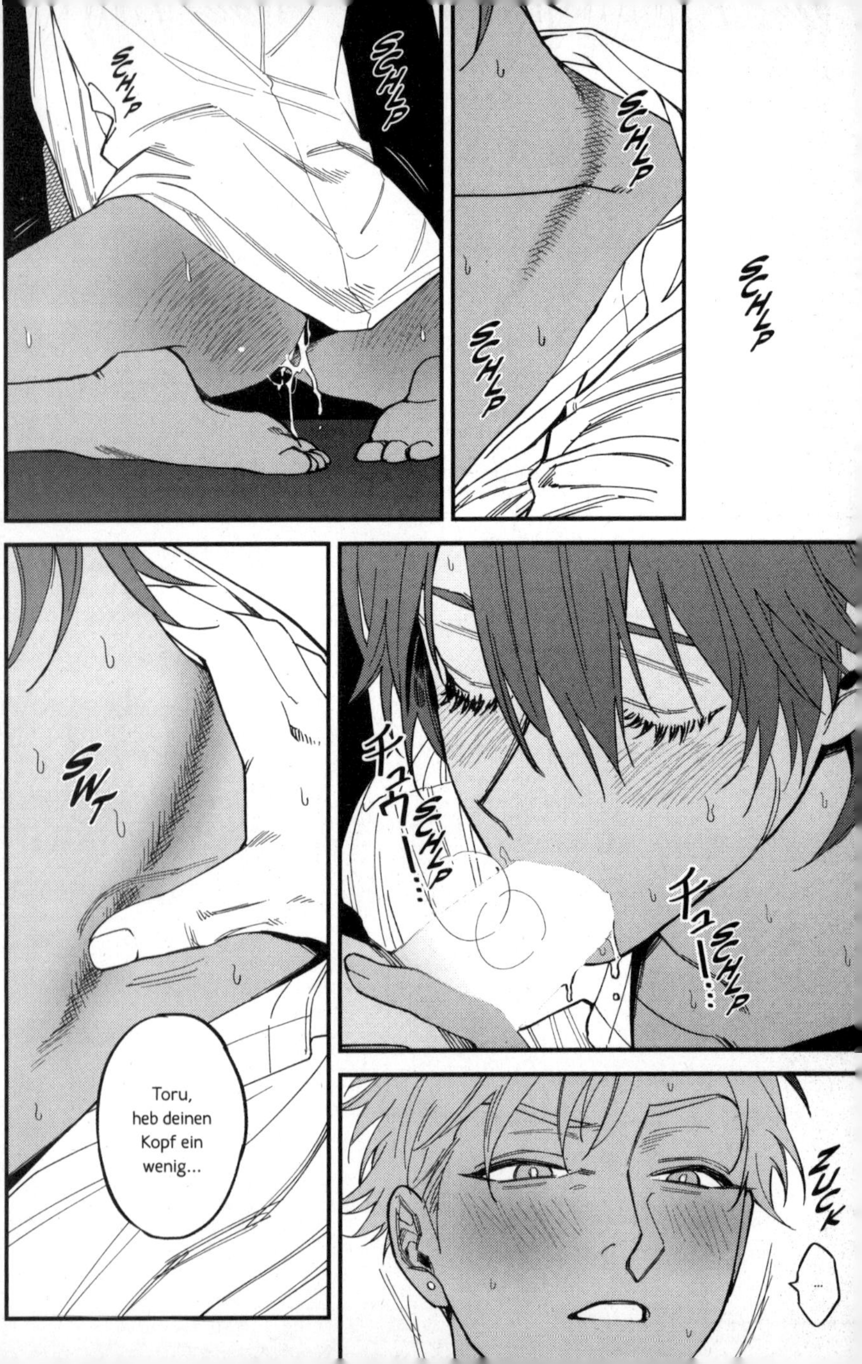
SCHLP
SCHLP
SCHLP
SCHLP
SCHLP
チュウー…
SCHLP
チュー…
SCHLP
SWT
Toru, heb deinen Kopf ein wenig…
ZUCK
…

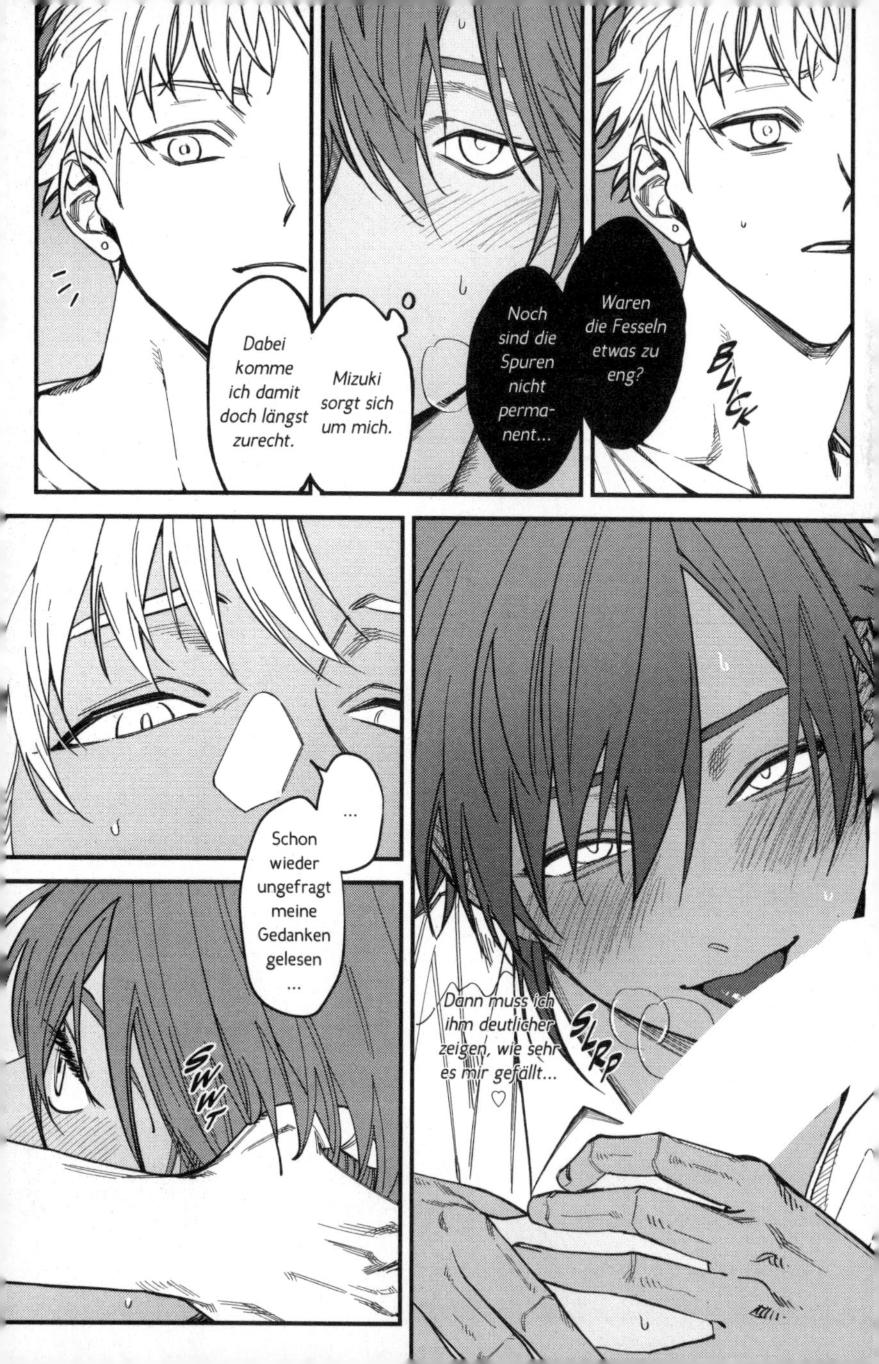

Waren die Fesseln etwas zu eng?
BLICK
Noch sind die Spuren nicht perma-nent...
Mizuki sorgt sich um mich.
Dabei komme ich damit doch längst zurecht.
Dann muss ich ihm deutlicher zeigen, wie sehr es mir gefällt... ♡
SLRP
... Schon wieder ungefragt meine Gedanken gelesen ...

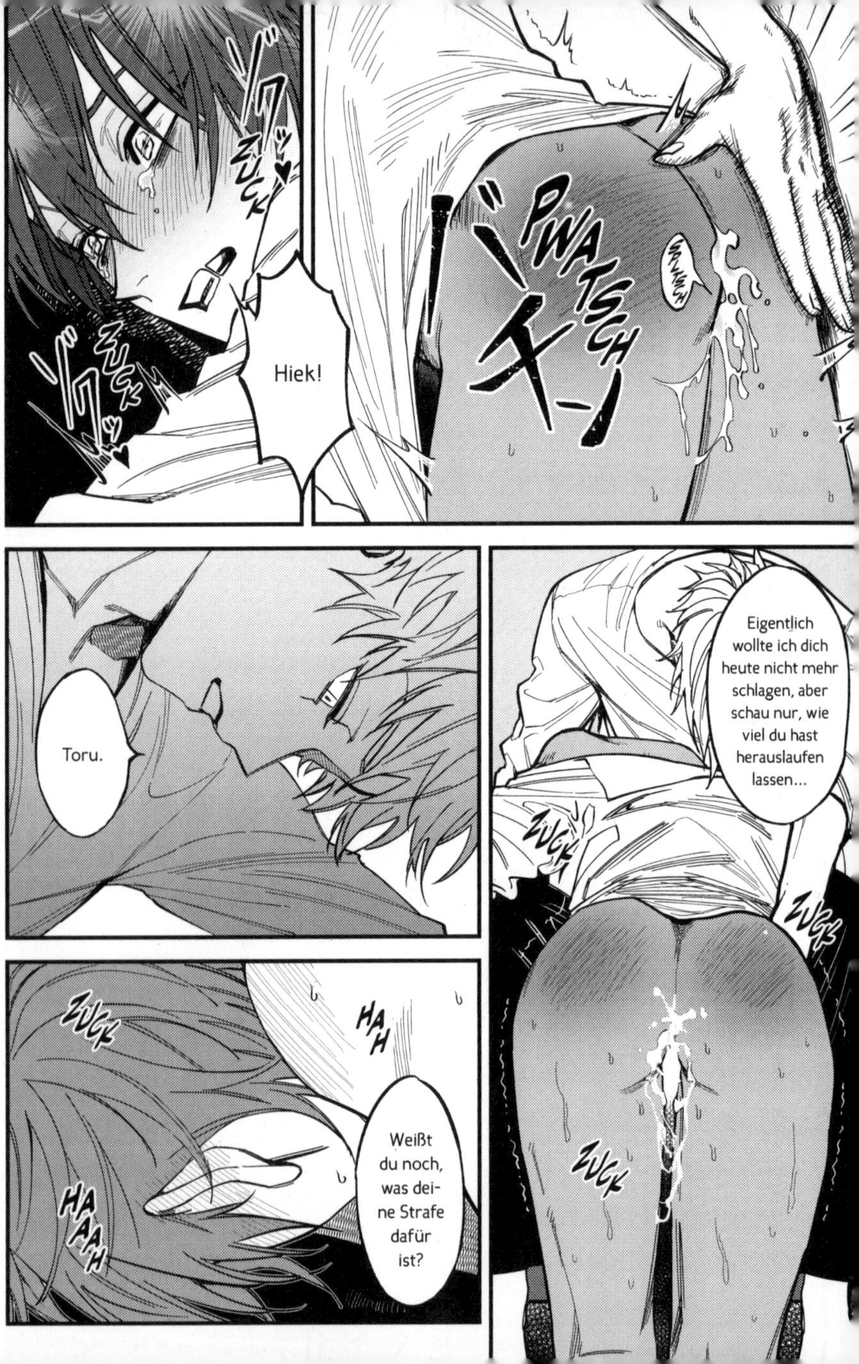

PWATSCH
ZUCK
ZUCK
Hiek!
ZUCK
Eigentlich wollte ich dich heute nicht mehr schlagen, aber schau nur, wie viel du hast herauslaufen lassen…
ZUCK
ZUCK
ZUCK
Toru.
HAH
ZUCK
Weißt du noch, was deine Strafe dafür ist?
HAAAH

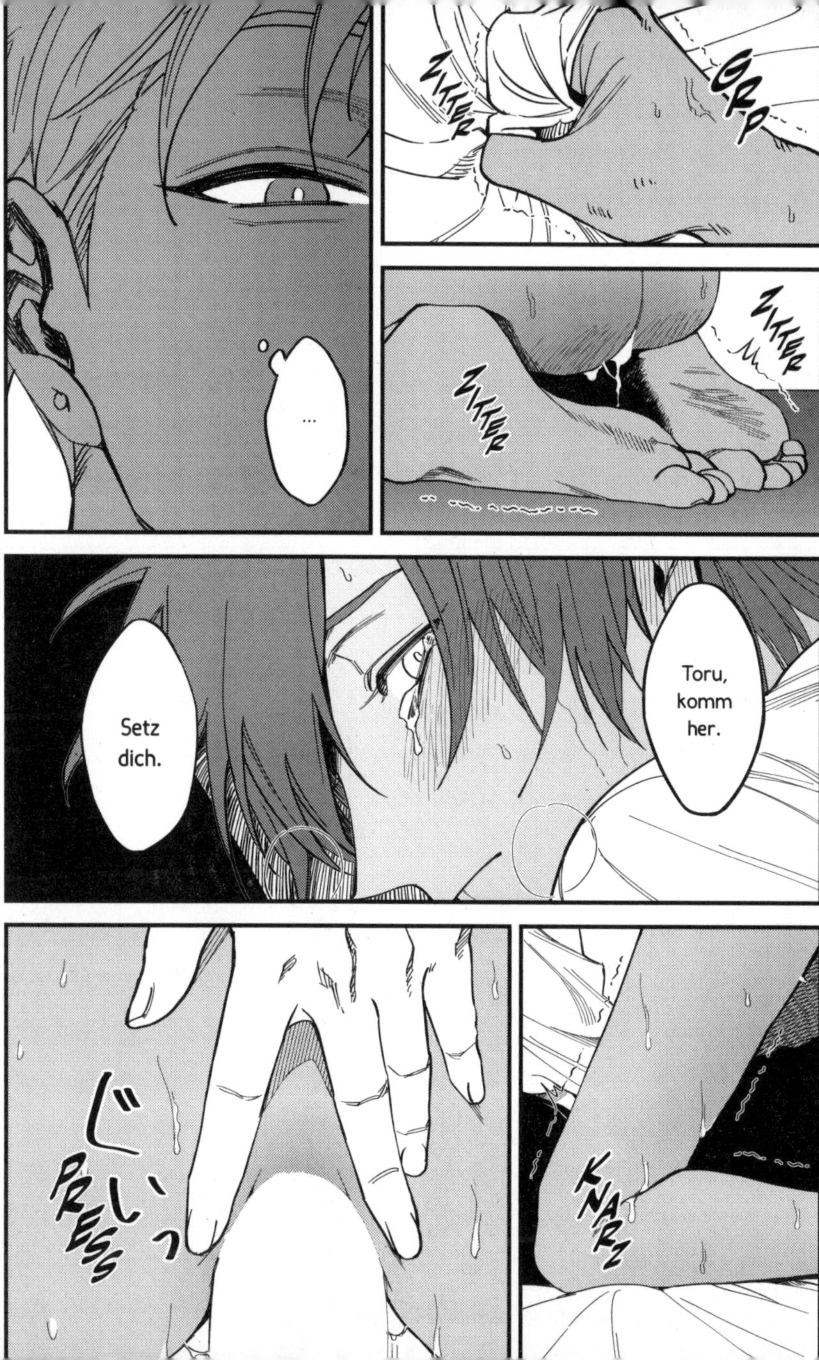
GRP
ZITTER
ZITTER
ZITTER
...
Toru, komm her.
Setz dich.
KNARZ
じっ
PRESS

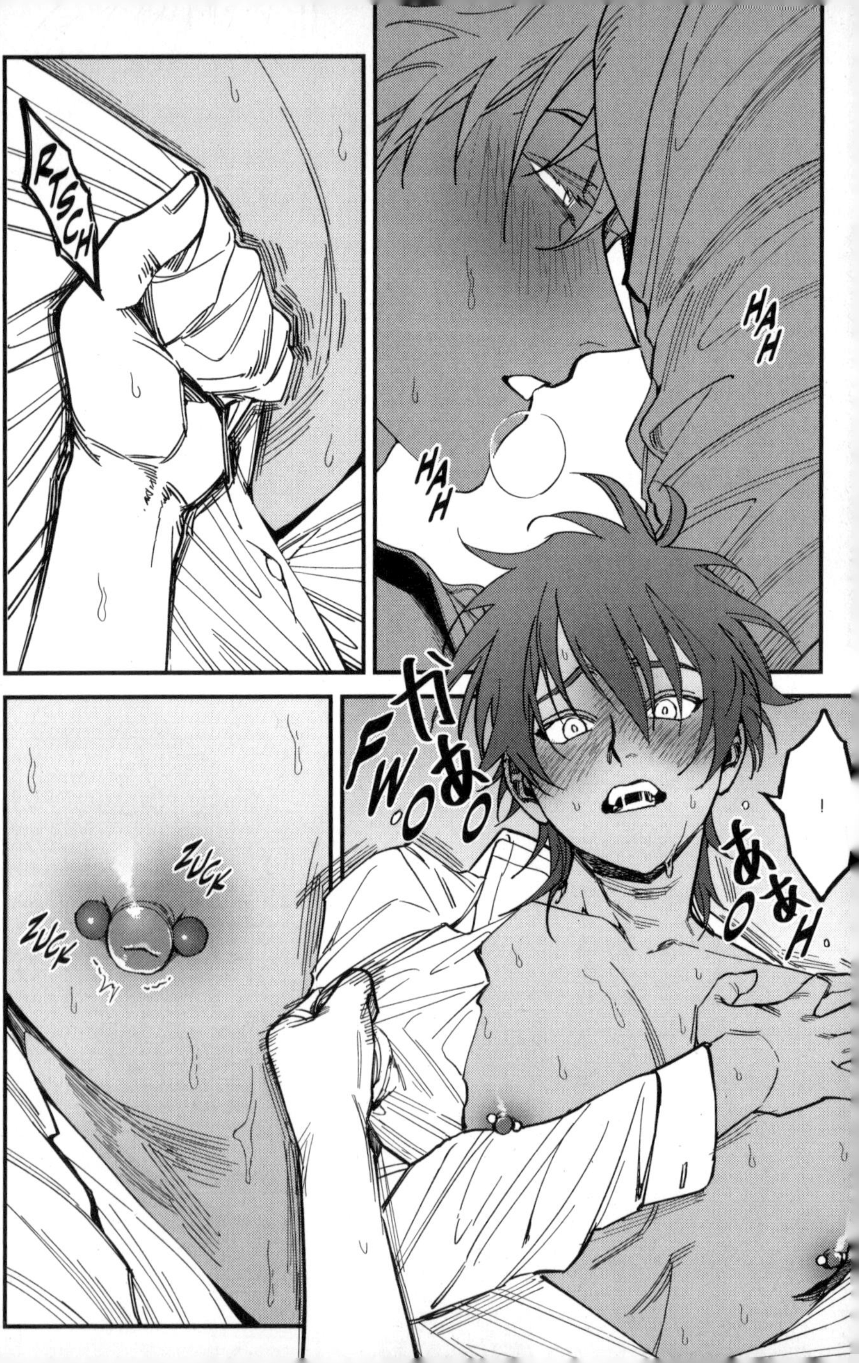
HAH
HAH
HAH
HAH
RASCH
!
ZUCK
ZUCK

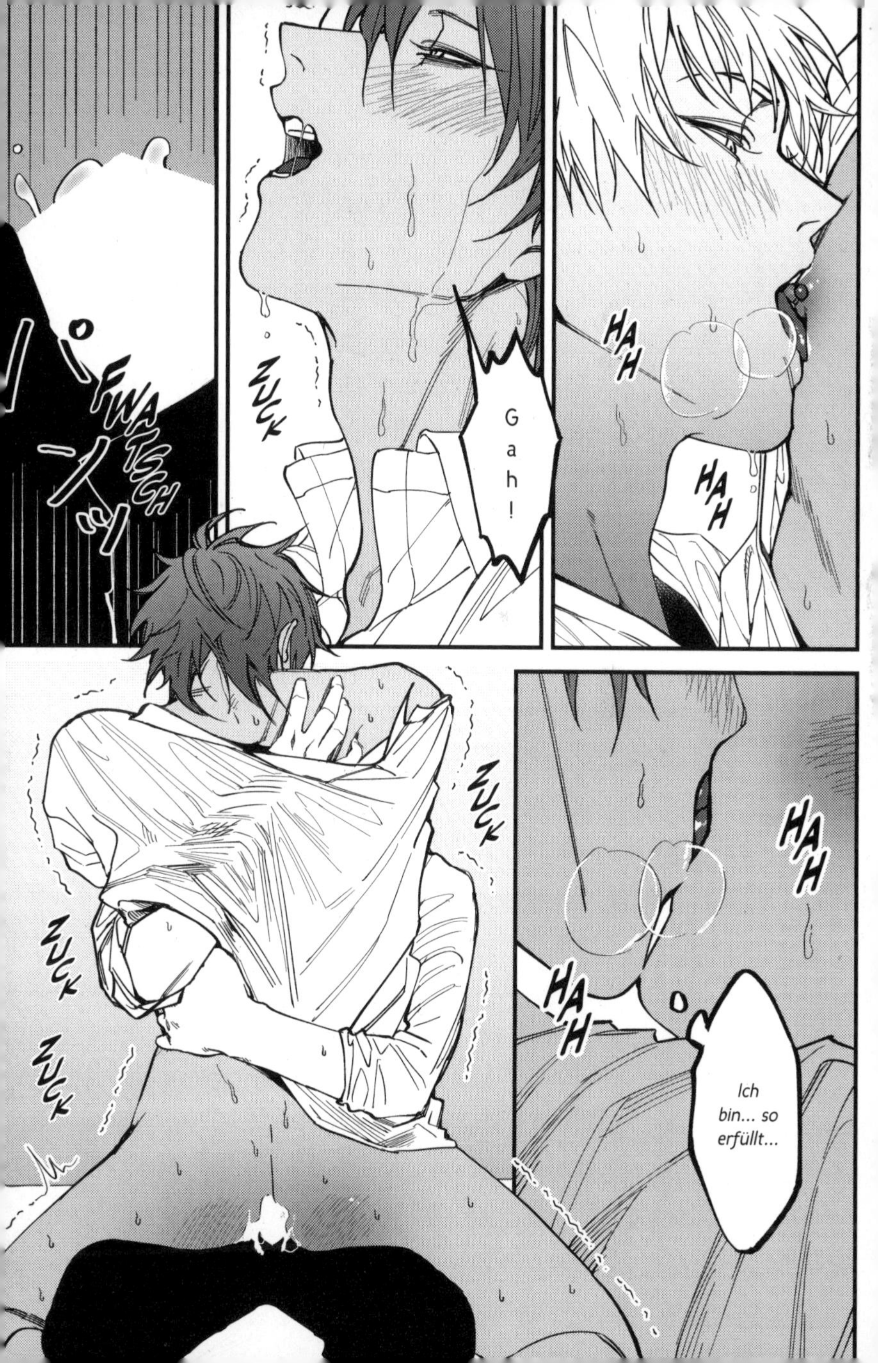
HAH
HAH
Gah!
ZUCK
FWATSCH
HAH
HAH
Ich bin... so erfüllt...
ZUCK
ZUCK
ZUCK

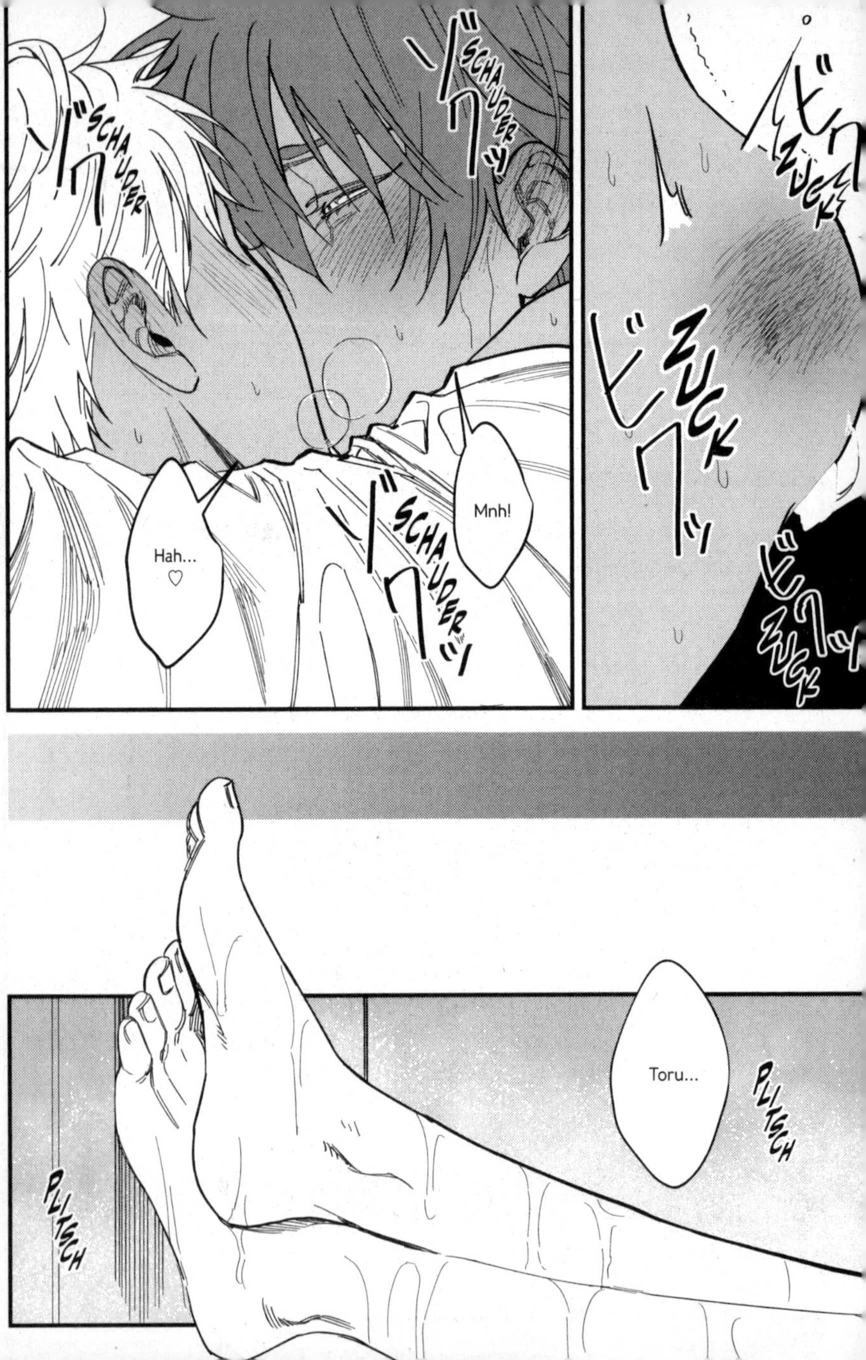
ZUCK
ZUCK
ZUCK
SCHAUDER
SCHAUDER
Mnh!
SCHAUDER
Hah… ♡
Toru…
PLITSCH
PLITSCH

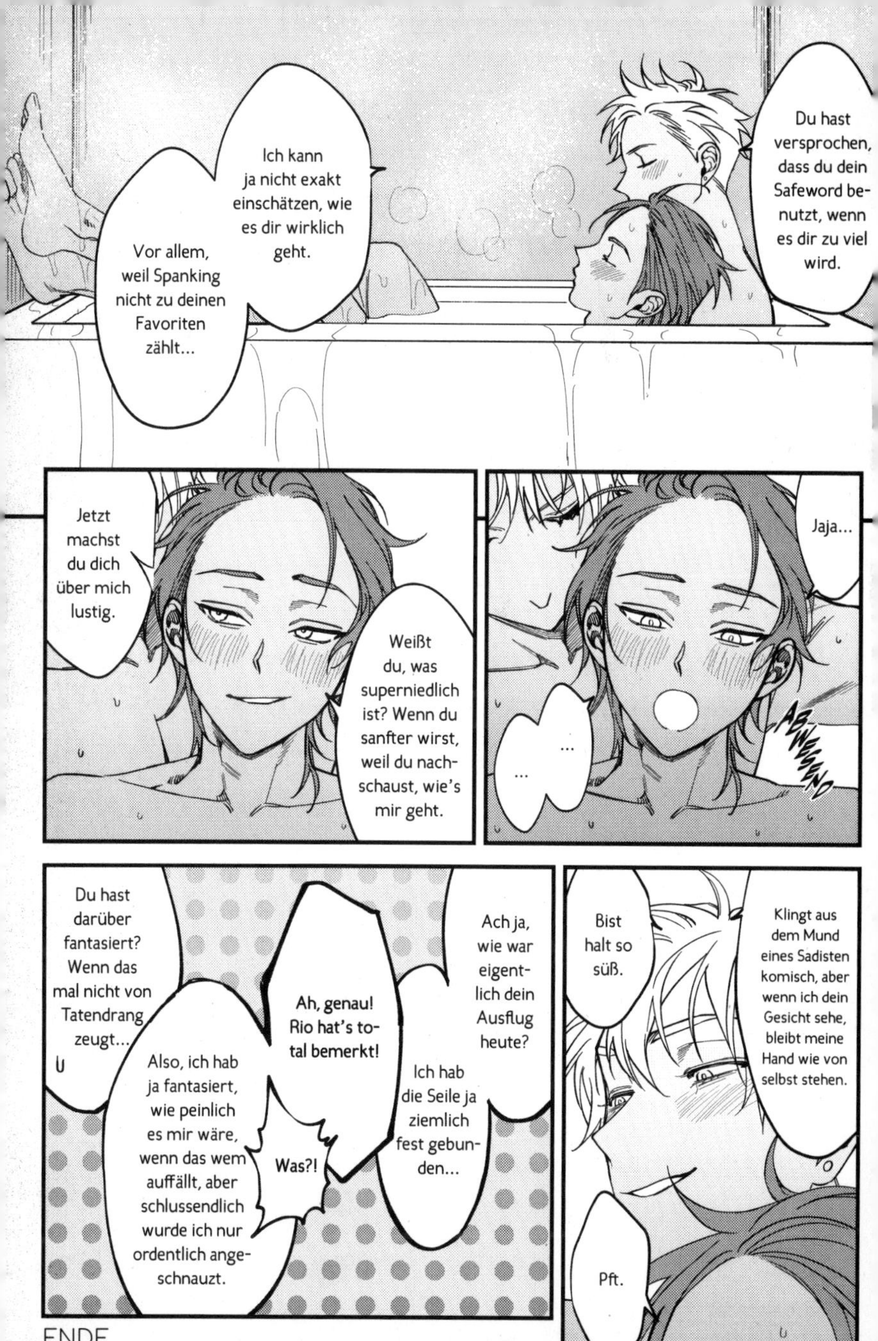
Du hast versprochen, dass du dein Safeword benutzt, wenn es dir zu viel wird.
Ich kann ja nicht exakt einschätzen, wie es dir wirklich geht.
Vor allem, weil Spanking nicht zu deinen Favoriten zählt…
Jaja…
…
…
Weißt du, was superniedlich ist? Wenn du sanfter wirst, weil du nachschaust, wie's mir geht.
Jetzt machst du dich über mich lustig.
Klingt aus dem Mund eines Sadisten komisch, aber wenn ich dein Gesicht sehe, bleibt meine Hand wie von selbst stehen.
Bist halt so süß.
Pft.
Ach ja, wie war eigentlich dein Ausflug heute?
Ich hab die Seile ja ziemlich fest gebunden…
Ah, genau! Rio hat's total bemerkt!
Was?!
Also, ich hab ja fantasiert, wie peinlich es mir wäre, wenn das wem auffällt, aber schlussendlich wurde ich nur ordentlich angeschnauzt.
Du hast darüber fantasiert? Wenn das mal nicht von Tatendrang zeugt…

ENDE

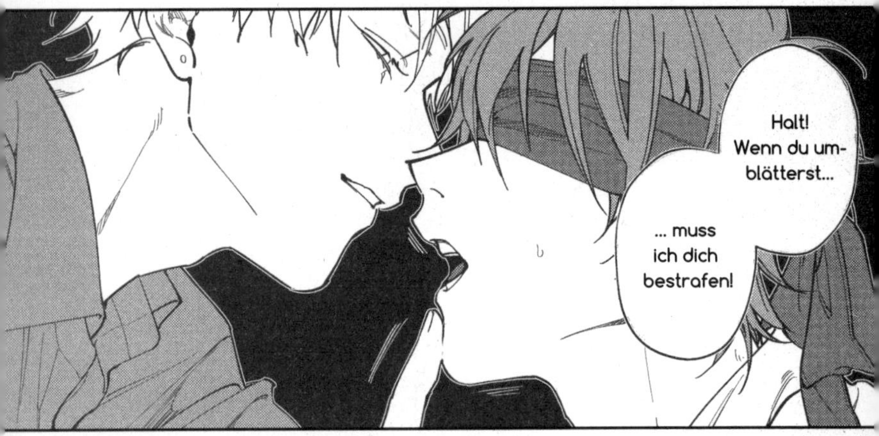


KABUKICHO BAD TRIP ist eine japanische Serie, die originalgetreu von »hinten« nach »vorne« und von rechts nach links gelesen wird! Schlagt das Buch also »hinten« auf und blättert Seite für Seite nach »vorne« weiter! Auch die Bilder und Sprechblasen werden von rechts oben nach links unten gelesen, wie es in der Grafik gezeigt wird!
HAYABUSA wünscht gute Unterhaltung!

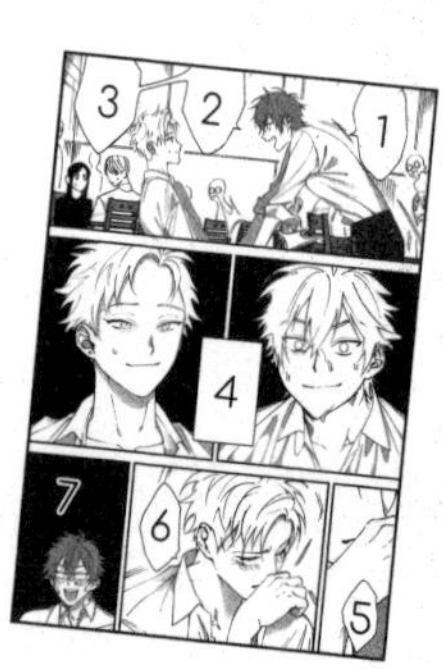



HAYABUSA
2023 Carlsen Verlag GmbH
Völckersstraße 14-20, 22765 Hamburg
Aus dem Japanischen von Christina Rinnerthaler
KABUKICHO BAD TRIP vol.1

Originally published in Japan in 2020 by Libre Inc., Tokyo.
German translation rights arranged with Libre Inc., Tokyo, through TOHAN CORPORATION, Tokyo.
Covergestaltung: Sonnenfisch Production – Laura Bartels
Redaktion: Julia Liebetraut
Herstellung: Lena Voigt

ISBN: 978-3-551-62267-9

FSC www.fsc.org
MIX
Papier | Fördert gute Waldnutzung
FSC® C083411

**Wir produzieren nachhaltig**

- Klimaneutrales Produkt
- Papiere aus nachhaltigen und kontrollierten Quellen
- Hergestellt in Europa

PLAY WITH THE FALCON
www.hayabusa-manga.de
www.carlsen.de
hayabusa_manga
HayabusaTweets